弦斷
有誰聽

二十世紀上半葉
的學人、學術與學校

王學斌——著

昨夜寒蛩不住鳴。
驚回千里夢，已三更。
起來獨自繞階行。
人悄悄，簾外月朧明。

白首為功名。
舊山松竹老，阻歸程。
欲將心事付瑤琴。
知音少，弦斷有誰聽。

　　　　——（南宋）岳飛：《小重山·昨夜寒蛩不住鳴》

自序

　　猶記2014年夏日的一個晌午，時在貴州出差的筆者打開電郵，收到來自《大眾日報》社馬清偉兄的一份郵件。馬兄信中告知，報社正策劃「民國治學與教育」的選題，想約請一人為此專欄執筆供文，對民國*時期學人之治學精神及教育體制之嬗變更迭作一介紹。恰其剛讀完前作《民國底氣》，認定筆者堪勝此任，於是邀我撰寫相關文章。

　　說來慚愧，《民國底氣》一書實寫於筆者攻讀碩士階段。雖筆者那時精力極其充沛，下筆動輒千言，然閱歷尚淺，學養不足，更無絲毫見識可言，故所寫該時代人物的系列文章，大多拾人牙慧，追隨時髦潮流亦步亦趨而已。一言以蔽之，彼時之筆者，可謂典型的「民國鐵粉」一枚。

　　梁任公曾言「不惜今日之是以否定昨日之非，不惜以今日之新我否定昨日之舊我」，筆者深以為是。倘仍以七、八年前的手法與理念寫此專欄，勢必將神話愈描愈玄，距史實漸行漸遠。正秉此念頭，我另起爐灶，從爬梳一手資料著眼，儘量「去熟悉化」，避免觀念先行，拋開那些大師傳奇與學林掌故，力求揭示民國學界、政界與社會的真實一面。自2014年7月首篇刊發，至2015年底尾篇登載，承《大眾日報》社錯愛與大度，一年半內，容許我由著個人想法與文風於寶貴的版面上暢意漫談。不知不覺間，冬去春即來，誰也未曾想到這個專欄居然連載66期，累計15

---

* 文中所用「民國」一詞，代指大陸思想文化界對二十世紀上半葉（1911～1949）所涵蓋政治、經濟、社會、文化等領域諸事件與現象之統稱，有其專門涵義，故沿用之。

多萬字；黃卷青燈下，春走冬又至，我對「民國」的理解亦因之大不如往。

　　吾之粗淺的新理解，大致有二。

　　第一，眼下所謂的「民國熱」，恐怕多有人為建構的意味。提到近三十年來的「民國熱」，確為思想文化界以及通俗寫作界的一重要現象。究其緣由，首先遠因可追溯到上世紀80年代末90年代初，隨著政治形勢的變化，昔日在思想文化領域活躍一時的許多旗手們再度遁回書齋，從中國傳統文化中探尋國家復興之道，二十世紀上半葉學術漸進入其視野當中，於是王國維、陳寅恪、梁漱溟等民國著名學人被「發現」，並日益得到圈內人推崇，因此大陸「民國熱」可謂先在學界升溫。其次，自本世紀初開始，隨著大眾史學的出現，一股讀史熱潮逐漸興起，代表性的便是「X朝那些事兒」系列，慢慢的從先秦聊到清朝，自然而然的便涉及二十世紀上半葉這段歷史。加之有一批頗受臺灣《傳記文學》雜誌風格薰染的大陸民間作家的辛勤「發掘」與努力傳播，二十世紀上半葉的歷史特別是那一批學界名流的知名度已越出高校圍牆，飛入市井巷間。再次，常人讀史，往往懷知古鑒今的情結，較之當下，二十世紀上半葉學術、教育的確有值得讓人懷念、敬仰的地方，於是這種情緒不斷被反覆放大。同時出版社、傳媒界的不斷建構、造勢，大陸「民國」熱度從而不斷攀升。這種讀者與媒體間的「共謀」，亦可從經濟與文化的互動角度來解釋。隨著經濟水準的不斷提高，大眾文化的消費需求日趨攀升，況且讀史熱本就是我們傳統世俗文化的一部分，比如自古就有說書者、唱詞人。當下社會通俗歷史以各種藝術形式呈現，這背後恰恰是文化消費的一種折射，大陸「民國熱」乃其中一支。當然，大眾消費的焦點絕非真實，而是話題。於是乎徐志

摩被渲染成「男神」，林徽因被打造為「女神」，章太炎、辜鴻銘、黃侃等學界宿儒只留下一堆怪癖與八卦。數不盡的名人軼事最終成為現代人茶餘飯後的談資，殊不知這些其實是他們自己的「發明」而已。複次，這也是學術研究的一種現實回應。眾所周知，二十世紀上半葉的歷史距今甚近，斯人未遠，恩怨猶在，很多話題，很多人物，在一段時間內是不方便涉及或者重提的，換言之，這些事件、人物還沒有完全「進入歷史」。隨著時間的推移，尤其是近些年學術研究的不斷深入，很多重要事件逐漸進入大眾視野，如原存於美國斯坦福（史丹佛）大學胡佛檔案館的《蔣介石日記》的公開與揭祕，便引來學者的持續關注。於是學界「發覺」學術成果其實可以轉化為公眾話題甚或文化產品，故紛紛嘗試以通俗化的形式向讀者推介這段歷史，讓人們耳目一新，關注度自然高漲。

第二，審視目前的大陸「民國熱」，總體而言有一些成果問世，但仍存在不小的虛熱。比如媒體、出版界翻來覆去炒作一些學術界都已澄清、或者本來就是子虛烏有的野史、掌故或祕聞。我們距離真實的「民國」，看似很近，實則甚遠。虛熱已久，故猶如患病之人，精氣耗損、勞傷過度、臟腑失調，從而虛弱而生內熱、內熱進而化虛火，終諸症叢生。下愚不才，粗略加以概括，症狀或有六種。

其一，陰虛火旺導致五心煩熱，衝上腦際，於是漸生妄想。不妨以「大師」為例。學者多以「錢學森之問」來批評當下高等教育培養不出一流人才，然二十世紀上半葉亦非孕育大師之沃土。畢竟在近代學術機制遞嬗的大背景中，大學強調「分」而排斥「通」，專家成群結隊，大師自難以容身。

其二，氣虛火旺引發身倦無力，積勞成疾，便落下一身職業

病。譬如二十世紀上半葉名師高徒之典型代表梁啟超與張蔭麟，梁通宵趕稿，透支身體，終油盡燈枯，張較之更甚，玩命加班，中年即早逝。此情形在當下學界何其相似，且並無改觀，反倒呈愈加流行之勢，許多學者多於月光裡開工，在太陽下酣睡。其身體狀況，自令人堪憂。

其三，熱病不知人，虛熱也。恰因由來已久，且日用不覺，故易生流行病。留學生、新青年、畢業論文、學術期刊、學會團體、圖書館等，這些現代學術身分與機構之產生，都拜近代文化轉型所賜。然作為今人，早已對此習以為常，故借此刻之經驗看彼時之情形，難免方枘圓鑿，誤讀頻出。若任其流行，歷史將愈發被幻相所籠罩。

其四，精神外弛，陽無所附，加之現狀不盡如人意，遂愈發寄情於數十年前之舊史，浮想聯翩，相思日重。二十世紀上半葉學術男神之廬山真面目到底如何？先生與名師之風範究係怎樣？學者生前事與身後名反差會有多大？若不基於史實，原原本本地加以還原，那麼世人對民國之瞭解，恐怕只會越關切而越走味，相思成災。人們反覆消費林徽因、神化陳寅恪等人，便是顯例。

其五，火大燥熱，不免潛移默化間影響人之性情，變得張狂自大，與他人常生磨擦，結下恩怨。彼時不少學者薰染文人相輕之習氣，本來相惜相敬，然隨著彼此地位之改換，開始互撕相爭，終致恩怨難解。傅斯年與顧頡剛之始親後疏，黃侃與錢玄同手足齟齬，劉文典與沈從文同事不睦，個中滋味，頗值當下學人反思與自省：古今學壇，多少罪惡，不是假學術之名，行私欲之實？

其六，大陸今人愛談「民國」，多與那時文人怪癖有關。不過諸怪癖是真是假，眾品行孰優孰劣，倘不加辨別甄擇，便會郢

書燕說，流於病態。當時有些學者的確怪異，但怪亦有道，非任意妄為。無論是飲酒、饕餮、吐槽，還是寫詩、用典、行文，他們獨出心裁、別具一格之背後，往往有其隱衷，暗有所指。

今人貪戀於軼事趣聞，徒慕其表，不究其根源，故捕風捉影，道聽塗說。《文子·道德》篇曾曰：「故上學以神聽，中學以心聽，下學以耳聽。以耳聽者學在皮膚，以心聽者學在肌肉，以神聽者學在骨髓。故聽之不深，即知之不明。」如今眾多鐵粉時常樂在「耳學」之中，不問虛實，所傳所信實際上南轅北轍而已。

質言之，當下的大陸「民國熱」，須一分為二看待。回歸常識，尊重歷史的實熱，自當力倡；若是類似前面所道之虛熱，則應袪其虛火，排其誤解，矯其偏見，以史實補之，以常識調之，以誠心養之。對於二十世紀上半葉的歷史，既不當仰視，易將其意義放大；亦不應俯視，勢必遮蔽或低估其價值；故抬頭望與低首看，皆會讓歷史走樣，失其本來面目。不妨平視那段歷史，正視其得與失，美與惡，是與非，利與弊。

「一入江湖歲月催」，筆者混跡寫作圈多年，依然是個庸醫。故斗膽妄替「民國」號脈診斷，必多有錯謬。不當之處，望諸方家賜教指正。

「民國熱」是種「病」，得治；此病之源頭，在心。

筆者識於貴陽修文慕聖齋中
2016年12月18日午後
修正於京西滄浪雲書房
2019年2月25日午間

目次

三　建制

四　風骨

五　恩怨

六　趣味

一　更迭

錦瑟無端五十弦，一弦一柱思華年。

莊生曉夢迷蝴蝶，望帝春心託杜鵑。

滄海月明珠有淚，藍田日暖玉生煙。

此情可待成追憶？只是當時已惘然。

——（唐）李商隱：《錦瑟》

大學出大師嗎？

　　時下老百姓吐槽最多的話題之一，莫過於高等教育。師資參差不齊、課程名不副實、管理過於鬆散、學生就業困難等等，以上看似僅為表象的諸問題，其實都指向背後一個深層次的困境：如今大學很難培養出一等一的優秀人才。撫今追昔，人們容易感覺現在不如以往，於是開始懷念民初大學，並自覺或不自覺描繪出一幅彼時眾多高校大師林立的盛景。就連著名科學家錢學森先生也不禁感歎：「這麼多年培養的學生，還沒有哪一個的學術成就，能夠跟民國時期培養的大師相比。為什麼我們的學校總是培養不出傑出的人才？」

　　錢老之問自是對中國大學人才培養機制憂心忡忡，不過大學能否培養出大師則是另一個層面的問題。「大師」二字，本指古代官名，後泛指所謂學術高明之輩。晚近最早將大學與大師二者連為一體者，似是清華校長梅貽琦。1931年底，梅氏歸國執掌清華，在就職演說上，其借用《孟子》中典故，提出「所謂大學者，非謂有大樓之謂也，有大師之謂也。」此等言論，於當時學界未必產生巨大反響，卻讓頗受當今高等教育問題困擾的人們愈發焦慮難捱。眾人在口耳相傳、反覆討論的過程中，逐漸坐實了一個心照不宣的共識：大學應當培養大師，大師必須出自大學。目前的高等教育培養不出大師，因此很失敗。

　　然這段看上去符合邏輯的結論，卻恰恰忽視了一個甚為關鍵的前提：說話者的歷史語境。任何一句前人話語，若不顧當時的具體語境，即使被後世一味抽象拔高為至理名言，也極易偏離本意，南轅北轍。梅氏的「大師說」，即是一證。若回到歷史現

場，梅氏拋出此論，大致隱含兩層意蘊。其一乃一種願景，新官上任，自當有新氣象，梅氏認定欲令清華發展壯大，硬體齊備之同時，應聘請好的師資，提高學術品味。其二為一種自信，梅敢把大學與大師加以聯繫，其底氣在於彼時清華國學院曾擁有四位大師（梁啟超、王國維、陳寅恪、趙元任）。無論名頭還是功力，此四人皆是學界執牛耳者，況且四位齊聚一堂，此架勢令號稱人文薈萃的北京大學亦難望其項背。故就實際情形而言，梅氏原意是保證清華有大師執教，並無勇挑培養大師重任之意。

假使梅氏心存高遠，欲圖培養大師，然從結果看，並不如人意。首先國學院的四位導師，多非出自大學。梁啟超所受教育來自學海堂與萬木草堂，屬於傳統書院系統；王國維僅是前清之秀才，後赴日勤學苦修，自成一家；陳寅恪倒是遊歷歐美多年，但未帶回過片紙文憑；趙元任確是哈佛博士，但其所學橫跨物理、數學、音樂、語言幾大領域，已非國學所限，故亦不是傳統意義上的「大師」。再者，從國學院實際教育效果而言，也只能讓人慨歎「大師之後，再無大師」。如著名學者姜亮夫在清華求學時，便常常跟不上幾位導師的節奏。

姜聽陳寅恪講學，深恨自己外文太差，因為陳動輒引用印度文、巴利文及許多其他稀見語言，讓學生們似墜入雲裡霧裡一般。故陳的課，姜坦言至多能聽懂三分之一，其晚年感慨「陳寅恪先生廣博深邃的學問使我一輩子也摸探不著他的底」。趙元任講語言學，乃採用物理學原理「描寫語言學方法，定語言音素音質」，而姜氏對物理並不精通，「拿個機器放在我面前我也無法使用」，其語言學方面自然無法深入進展，只得研究古音考古。無獨有偶，以講史聞名於世的黎東方師從梁任公，亦折服於其學識之淵博：「上前五千年，南北東西一萬里，三墳五典、八索九

丘、二十四史、兩通鑒、十通、五紀事本末、《太平御覽》、《圖書集成》，難以數計的詩集、文集、筆記、傳記、碑誌被他順手拈來、我田引水、都成了他的妙論的注腳」。梁上課資訊量之巨，猶如天書，這令黎苦惱到每每聽罷「並未得到多大益處」，故其只得自我寬慰道「這不能怪我程度太低，該怪他講得太深」。總體而言，在諸位學子看來，這四位先生給他們的科研方法增多了，範圍擴大了，深度加深了，但依舊覺得自己「只不過只以舊的為基礎，略知一點新東西的『半吊子』而已！」

按說終日在四位大師膝下請益問學，雖不指望青出於藍，但至少也應承襲其七八成功力，因何資質屬於上乘的弟子們皆自嘲為不尷不尬之「半吊子」？究其根源，實與民初大學體制有關。自清末始，古代書院向現代大學轉變，傳統的四部之學被化整為零，打碎融入西方七科之學範圍內。與學術分科相配套，以院系為單位的部門建制次第建立，再輔以圖書館、實驗室、學報編輯部、評議會等諸多機構，近代中國的大學體制初步形成。與傳統學術宣導通人之學迥異，現代大學主張專家治學，學人隸屬某個院系，各治一學，講求專精。然長此以往，所謂專家由於壁壘自立，視野所限，往往不聞專業外之事，不懂別學科之理，猶如坐井觀天，自成世界。須知大師之學，當通貫與精深兼二為一。若無通貫，精深也只能趨於狹窄；若無精深，通貫則容易流於駁雜。是故在強調「分」而排斥「通」的大學中，專家成群結隊，大師難於容身，又怎談得上培養大師呢？

正是參透近代學術機制轉型其中之玄機，章太炎於民初就曾指出「大學連學問也不出，何況大師？」章氏雖常被時人視作「瘋子」，但這句判斷卻戳中要害。也曾為了為華夏留幾個讀書種子，章晚年移家蘇州，開門講學。一次，國學根柢頗深的蒙文

通赴蘇拜謁章氏，於其身邊論辯十幾日，蒙只覺「先生言談難會
其意，蓋先生學問淵博，談常牽涉過廣，而聽者往往不能躡其思
路而從之，故有難懂之感。」

　　蒙之感受與清華國學門眾弟子可謂極為相像。蒙氏曾言：
「做學問猶如江河行舟，會當行其經流，乘風破浪，自當一瀉千
里。若苟沿邊逡巡，不特稽遲難進，甚或可能誤入洄水沱而難於
自拔。」此經驗之談自然精到，惜治學除細辨經流外，尚需配備
一支結實耐用之木舟（傳統學術根基），亦甚關鍵。無論蒙文
通，還是清華眾弟子，其生也晚，極少經由私塾、書院接受系統
古典訓練，故先天童子功不足，而後天又在大學內無緣惡補，自
然失去了成為大師之資格。

　　如此看來，大學培養不出大師，倒算不得什麼罪過，大家心
情可略微釋然。不過，若高等教育始終孕育不出成規模的優秀人
才，則確確實實值得全社會深入反思了。

民國初年大學的格局

　　大學，本是歐洲教育數百年發展之產物。該模式移植進入中國，則不足百年。雖然中國不少高校前些年紛紛舉行聲勢頗大的「百年校慶」，然倘較真起來，溯其源頭，真正意義上的大學的出現，終究不過是民國初年間的事情。

　　當然，或因當下高等教育已成國人時常熱議甚至批評的「槽點」，於是乎作為情感的一種投射與延伸，回望數十年前，彼時教育似乎尚算優良，迭經媒體與坊間有意無意間之合力再造，民國初年大學已漸被建構成一種「學術盛景」。其實若拂去那層「一廂情願」的心理包裝，真實情形未必會令人滿意。

　　作為那時數一數二的重量級都市，北京與上海兩大都市圈涵蓋了民初半數以上的高校。綜而觀之，這些大學大致可分為四個類型。第一類乃國立大學。其中北京大學當之無愧是北方高校中執牛耳者。而且北大還是當時北京政府統治時期唯一隸屬於教育部的大學。然極其出人意料且十分尷尬的是，這所部屬重點大學，居然常常鬧錢荒。根子就在教育部。彼時教育部可謂典型的弱勢部門，經費短缺是家常便飯。覆巢之下，豈有完卵？北大自然跟著受窮。二十年代，很多北大教授、學生赴政府抗議示威，並非次次都秉持什麼「崇高的主義」，而是為了實實在在的吃飯問題。更加窘迫的是，因為囊中羞澀，教育部不時拖欠北大的電費與水費，導致學校隨時面臨斷電之虞，且游泳池常年沒有水。有財政不景氣的部，當然也有股實有餘的部。比如當時外交部、交通部便油水頗大。清華大學隸屬外交部，不僅學校經費充裕，可以堪稱「任性」的挖其他名校牆角，延攬人才，而且教師、學

生出國深造機會也是多多，故深受時人青睞。上海灘有句時髦語，叫做「金飯碗、銀飯碗、鐵飯碗」。「金飯碗」指銀行，「銀飯碗」指海關，「鐵飯碗」則是交通部。畢竟負責興修鐵路，該部自然財大氣粗，其下屬的交通大學亦惹人艷羨。首先，交大特別強調英文教育，課本一水＊的外文理工科教材；其次，校長唐文治又胸懷「中學為體，西學為用」的宗旨，注重傳統文化對學生的影響。故中西學問皆不偏廢，且不愁銀子問題，交大自然成為許多江浙師生的首選。

第二類為教會大學。燕京大學與輔仁大學是北方教會大學之重鎮。此外南方教會大學則主要分布於沿海及長江流域，這實與基督教會早期的傳教策略有關。教會進入中國，與通商口岸的遞次開放密切關聯。其舉辦教育，也多以傳授英文及自然科技為主，從而吸引家庭相對富足的子弟。無論燕大、輔仁，還是南方的聖約翰大學，它們的學生對象多為租界裡或者富裕的資產階層、工商家族，於傳授知識之餘，同時佈道傳教。如聖約翰徑直將「結合科學與宗教，促成一種新形式的中國的文藝復興」作為校訓。

第三類便是由官紳創辦的私立大學。其中南方最為著名的是中國公學與復旦公學（清末時期可視為大學之前身或雛形）。中國公學是留日學生在1904年時，因抗議日本政府對待中國學生的不公政策，憤然返回上海而組織建立。其最為著名的人物非胡適莫屬。復旦公學則在1905年從震旦公學分離而出，經費靠當時清末的江蘇巡撫衙門劃撥。辛亥革命成功後，經費斷絕，復旦因之停頓關門。後來復旦得以復校，與兩個人密切相關。一是校長

＊ 一水兒，方言，意思是種類或樣式全部一樣。

李登輝，他的一大功勞便是善於四處籌措資金，比如說服了南洋菸草公司、中南銀行等入股。另一位則是青幫大哥杜月笙，每當復旦遭遇危機，他皆能從人脈、財力等方面施以援手，因此成為校董會董事之一。與復旦類似，北方的私立大學亦步履維艱。南開大學雖貴為名校，但囿於私人背景，經費時常捉襟見肘。據何廉回憶，起初依靠「捐款收入、基金捐贈和私人資助維持住局面」，「這裡薪金水準很低，卻起碼可以按時如數照發」。然而隨著每位教師學術研究的推進，經費需求愈發強烈，而南開實在拿不出更多的錢來加以支持，於是不少知名教授紛紛轉投他校。何廉認為這實是無奈之舉，「他們曾忠誠地為南開工作過，薪水剛夠維持溫飽，很難有積蓄，而他們的家庭規模越來越大，開支日益增加，他們趁機到其他有關機構就任報酬更豐厚的職務也是理所當然的」。可見無政府作為穩固的財政支撐，是眾多私立大學發展過程中所遭遇的最大瓶頸。

　　第四類大學則是國民政府成立後所建立的國立大學。它們初創稍晚，但來勢洶洶。1927年後，南京國民政府成立，為了加強對高等教育的管控，其決心改組既有大學模式。蔡元培等原本設想按照歐洲的大學區制來從根本上重組中國的大學體系，然而其時各地學潮不斷，尤以北京為烈，所以試驗一段時間後，蔡氏便放棄了先前思路，採用改組與新設相結合的路徑。如國民政府將之前南京極為有名的東南大學進行整頓。東大本是依託江蘇教育會而建，地方教育派系力量根深蒂固。國民政府經過一番整飭，消除了教育會的影響，在此基礎上創辦了「中央大學」，這是當時政府最重要的一所大學（即當今南京大學的前身）。與此同時，國民黨還設立了政治大學，專門培養政治幹部，與黃埔軍校一文一武，遙相呼應。另外，為打破北平、上海兩大都市圈壟

斷絕大多數高等教育資源的格局，國民政府先後在許多原本高教並不發達的省會城市建立大學，著名者有廣州中山大學、杭州浙江大學、湖北武漢大學、福建廈門大學等。總之，以上在國民政府治下的新興國立大學，要麼位居首都，要麼地處省會，在學科設置方面，所注重的即非北京大學式的文史哲等人文科學，亦非教會大學式的科技外文宗教，也不是交通大學式財經工商之流，而是強調西式理工科學的重點發展，比如天文、地質、農林、生物、地理等門類，故如今南大、浙大、武大的一些優勢學科，淵源往往在於此時。也正因國民政府著重扶植，經費投入也遠超北大等老牌名校，中央大學、政治大學等後起大學異軍突起，一度重構與劃分了高校的勢力版圖。

　　民初大學的格局，可謂前浪與後浪並湧，背景複雜，犬牙交錯，問題亦多，難稱盛景。雖高校版圖變動不居，但畢竟千川百流，同入大海，它們一道構築了那個時期盛衰枯榮的大學氣象。

「教授治校」的神話靠譜嗎？

　　這幾年針對高校改革，產生出不少熱詞，「教授治校」恐怕是其中使用頻率極高的一個。人們之所以倡此主張，倒也理據充分，遠鑒西方中世紀以來之傳統，近有民國初期幾十年之實踐。只是傳統並非本土，實踐亦未必成功。梳理「教授治校」這段歷程，頗有助於世人窺清理念與制度之間的距離。

　　大學最早出現於歐洲，「教授治校」也最早誕生在此。它起源於中世紀巴黎大學的一種管理制度，逐漸演變為西方大學理念之精髓，亦是西方大學管理的基本模式。所謂教授治校，其意指通過大學憲章或規程以及一定的組織形式，由教授執掌大學內部的全部或主要事務，尤其是學術事務的決策權，並對外維護學校的自主與自治。早在民初所頒布的《大學令》中，政府已提出要學習西方「教授治校」模式，在大學層面上，「設評議會，以各科學長及各科教授互選若干人為會員，大學校長可隨時召集評議會，自為議長」，其主要許可權是「審議」「各學科之設置及廢止」、「講座之種類」、「大學內部規則」、「大學院生成績及請授學位者之合格與否」等事項；在學科層面上，「各科各設教授會，以教授為會員，學長可隨時召集教授會，自為議長」，教授會主要「審議學科課程、學生試驗」以及「審查大學生屬於該科之成績、提出論文請授學位者之合格與否」等事項。可惜受內外因素所囿，此政策並未付諸行動。

　　到蔡元培執掌北大時，該理念才得以「落地」。自1917年始，蔡氏先後主持制定了《北京大學評議會規則》、《北京大學各科教授會組織法》、《評議會選舉法》、《國立北京大學內部

組織試行章程》等一系列具體規定，建章立制，完善制度。據沈尹默後來回憶，就在蔡元培出任北京大學校長後不久，時任文科教授的沈向蔡提議：「北大的章程上規定教師組織評議會，而教育部始終不許成立。中國有句古話：百足之蟲，死而不僵。與其集大權於一身，不如把大權交給教授，教授治校，這樣，將來即使您走了，學校也不會亂。」另外，馬非百晚年也說他於1919年6月考取北京大學，因不滿當時北京大學沿襲多年的京官具保制度，遂寫信給校長蔡元培。蔡接信後，很快給馬非百回信道：「查法國各大學，並無此制。然本校系教授治校，事關制度，必須經教授會討論通過才可決定。」可見蔡氏推行「教授治校」，亦是破舊立新之形勢所趨。

那效果如何？起初尚差強人意。據彼時在北大讀書的顧頡剛所述，蔡到任後即刊出一佈告，聲明「此後學生對校長應用公函，不得再用呈文……學生對於學校改進有所建議時，他也就把這議案送登《日刊》，擇其可行的立即督促職員實行。」不唯如此，蔡在北大還努力營造一種民主平等的氣氛，使師生之間、教職員之間無隔膜，沒等級差別。1920年的北大已呈現出這種民主氣象。

蔡曾在出國話別會上說：「現在校中組織很周密，職員辦事很能和衷，職員與學生間也都有開誠布公。」這種「集思廣益、開誠布公」的民主氛圍，既是拜「教授治校」制度所賜，又利於該模式推行。

正因蔡氏的實踐取得一時之效，到了二十世紀20年代，各大學紛紛效仿北大模式。清華設立校級教授委員會，東南大學確立教授會制度，復旦大學成立由教授主導的「行政院」，名稱不同，實質皆較為接近。教授治校，自然形成一股抵禦行政權力

干預的力量。比如清華，1931年初吳南軒出任校長。清華教授委員會對吳不滿，就徑直與教育部展開博弈，要求改換校長。當時蔣介石兼任教育部長，一度與教授會形成僵持之態。不過清華教授們放出最厲害的「大招」，48名教授聯名寫信呼籲吳南軒「下課」。要知道那時候偌大的清華，一共才59名教授，其中還包括10名外教。眼瞅著教授們惹不起，蔣也只好請走吳南軒，另任翁文灝代理校長職務。

　　然而，這看似興盛一時的大學勝景為何轉瞬即逝？其中一大關鍵原因便是該制度與中國實情多有扞格不入之處，終陷入困局。首先，「教授治校」需要外部環境特別是政府的支持。然彼時無論北京政府，抑或南京政府，對文化領域皆有所管制，對高校進行嚴格管控甚至推行「黨化教育」，誠如蔡元培在《不肯再任北大校長的宣言》中所寫：「我絕對不能再作那政府任命的校長……要是稍微破點例，就要呈請教育部，候他批准。什麼大學文、理科叫作本科的問題，文、理合辦的問題，選科制的問題，甚而小到法科暫省學長的問題、附設中學的問題，都要經那拘文牽義的部員來斟酌」。大學校長平常尚不能治理學校，又何況教授？其次，校長亦是該模式能否推行的一大要因。北大之所以一度推行得下去，與蔡元培個人特質密不可分。曾多次當選北大評議員的馬敘倫指出，「教授治校」的精髓之一即校長的無為而治。而在實際操作中，校長一方面要服從教授的集體決策，另一方面要對學校負有全部責任。故沒有校長的清公雅量，便難有「教授治校」制度的實施。蔡元培恰有此「清公雅量」。時任北大教務長的顧孟餘回憶道：「先生長校數年，以政治環境關係，在校之時少而離校之時多。離校之時，校務之非但不陷停頓，且能依照計畫以進行者，則以先生已樹立評議會及各種委員會等之

制度……然而非校長之清公雅量，則此制度不克成立，非師生絕對信賴校長，此制度不易推行也。」再次，作為治校主體，擁有一定決策權力的教授們，必須清醒地處理好公共事務與個人利益上的關係，懂得取捨。《胡適日記》中曾記下這麼一件事情。在1922年一次評議會上，大家討論「教授兼任他校教課鐘點的限制」的議題。這是一個關涉評議員自身利益的決議，多數人從保障個人私房錢角度出發，於是討論得昏天黑地卻毫無成效。最後蔡元培不得不強行叫停，「我們今天只能以評議員資格發言，不應該以私人資格發言」，從而結束了大家的爭辯。

1930年底，被視為蔡元培得意門生的蔣夢麟卸任教育部長，再次掌舵北大，公開提出「校長治校、教授治學、職員治事、學生求學」的辦學方針。對此主張，褒貶不一。拋開蔣氏此舉背後的具體原因不談，單就此做法而言，確有其道理：他國再好的教育理念，都面臨一個與本國實情相接榫的問題。推行制度，既要有熱討論，更需要冷思考。莫讓本來看上去很美的龍種，一旦播下，到最後只收穫一群跳蚤。

「學霸」的青春也迷茫

　　眼下社會所風靡的民初「神話」，常講的一條即彼時「讀書種子」不計其數，加之學術土壤肥沃，故日後自然大師輩出，群星閃耀。此等說法，乍聽起來彷彿頗有幾分道理，畢竟說一千道一萬，目前中國學界確實沒有產生如王國維、陳寅恪這般造詣與等級的學者。不過仔細尋思，該說法卻又與常識相悖。若不安心讀書，孜孜以求，即使天賦異稟之人，也難成就良材。「三分天賜，七分用功」，這往往是古來學術大咖之必經正途。當然，其間不少人在起步階段也曾彷徨失落，甚或恣意任性，而他們的反面案例倒也說明就算種子品質優良，倘自身不努力生根發芽，依然難鑄大器。

　　最荒唐且甚勵志的學人莫過於胡適。此君在上海中國新公學讀書時，絲毫未顯現讀書種子的端倪，反倒因學業未能順遂而終日「百無聊賴，僅有打牌以自遣」。除靠牌局消磨時光，年紀輕輕的胡適還成了名副其實的酒鬼。一日，剛睡醒懶覺的胡遇見一位友人，於是他呼朋喚伴，其友「桂梁出家肴沽酒飲之。時諸人皆抑鬱無俚，得酒尤易醉，計所飲只一壺，而醉者三人」，其中便有胡適。喝酒往往醉時逍遙，醒後難受。折騰了半天，胡「中夜醒酒，乃不成寐，至天明始睡」，又白白荒廢了一日光陰。更離譜的是，胡與諸友尚有招妓惡習。有一回他們在名叫花瑞英的妓女家中打牌，玩到凌晨一點，其友「君墨適小飲已微醉，強邀桂梁及余等至一伎者陳彩玉家，其家已閉房臥矣，乃敲門而入。伎人皆披衣而起，復欲桂梁打牌。桂梁以深夜驚人清夢，此舉遂不可卻。余又同局，是局乃至天明始終。」早上六點，通宵未睡

的胡適強撐疲態，又去學校給學生改試卷，效果可想而知。胡後來坦誠自剖「從打牌到喝酒，從喝酒又到叫局，從叫局到吃花酒，不到兩個月，我都學會了」，「我那幾個月之中真是在昏天黑地裡胡混，有時候，整天的打牌；有時候，連日的大醉。」

　　如此任性胡搞，遲早要出大事。一個冬日的雨夜，眾人又聚在一起狂飲，吃完又招妓打牌。胡因明日有課，故計畫僱車先走。孰知酒意湧上頭，胡酩酊大醉，直至斷片。次日清晨，待胡醒來，發覺自己「不是睡在床上，是睡在硬的地板上」，身「在一間黑暗的小房裡，只有前面有亮光，望出去好像沒有門……口外不遠還好像有一排鐵柵欄」，原來這裡是巡捕房。胡適昨夜酒醉竟失手與巡邏的巡捕廝打成一團，誤傷對方。經歷此不堪之事，胡決心與數月的頹廢生活澈底作別，「那天我在鏡子裡看見我臉上的傷痕，和渾身的泥痕，我忍不住歎了一口氣，想起『天生我才必有用』的詩句，心裡百分懊悔，覺得對不住我的慈母——我那在家鄉時時刻刻懸念著我，期望著我的慈母！我沒有掉一滴眼淚，但是我已經過了一次精神上的大轉機。」於之後留學生涯中，胡屢有懺悔。1914年，遠在美國的胡適在日記中寫道，「吾在上海時，亦嘗叫局吃酒，彼時亦不知恥也。今誓不復為，並誓提倡禁嫖之論，以自懺悔，以自贖罪，記此以記吾悔。」兩年後，他在戲贈朱經農的詩中寫道：「那時我更不長進，往往喝酒不顧命；有時鎮日醉不醒，明朝醒來害酒病。一日大醉幾乎死，醒來忽然怪自己：父母生我該有用，似此真不成事體。」並且赴美學習期間，胡還頑強與菸癮作鬥爭，反覆在日記中警醒自己當戒菸健體，如其寫道：「吾年來志力之薄弱極矣，即戒菸一事，屢戒屢復為之，真是懦夫無志之為！吾去國以來，雖滴酒不入口，然紙菸之惡影響仍不少」，「自今日始，決不再吸紙菸或

菸斗之類。今日之言，墨在紙上，不可漫滅，吾不得自欺。」可見其洗心革面之意甚堅。

其實人處青春期，活力旺盛，好奇心強，從而興趣過泛，不易專心學業，自是再正常不過。譬如比胡適晚一輩的著名歷史學家何茲全先生，在輔仁高中讀書時，其心思全在足球上。據說當時北大、清華、師大、燕京、輔仁號稱五大校足球聯賽。作為鐵桿球迷，「球賽到哪校，我跟著去看到哪校」。那時中國足壇的頭牌號稱「南李北孫」，儼然類似於當下西甲聯賽巴薩梅西PK皇馬C羅的架勢。何經常不顧學業，去公安局操場觀看巨星對決。「有一次去看球，到得晚了，圍牆大門已閉不讓進去。裡面踢得熱鬧，喊聲大振，進不去，看不見，心裡急」，何「和熱鍋上的螞蟻一樣，左跑跑，右跑跑」，癡迷程度非同一般。或受此影響，何在輔仁待了一個學期便讀不下去了，於是託關係赴私立中學插班，居然一年時間「混了個高中畢業文憑」。雖後來考上北大，但根基著實不牢。當時任職北大的傅斯年善意提醒他「大學期間要學好外語，學好古漢語」，何頗感羞愧，從此發憤讀書。

與何類似，考古學家夏鼐的大學生涯也曾一度迷茫。夏最初在燕大求學，並未抱定獻身學術的念頭。譬如有次宿儒張爾田主講《史學概論》，學生們覺得他樣貌滑稽，不禁笑出聲來，而張氏以為「學生們聽得有興味而笑」，於是高興「說他自己是想造就幾個人而教書」，然夏一語道破：張「卻不知道這下面一大堆人都是為學分而讀書」。正因為對學問興趣不大，終日無事、心浮氣躁的夏學會了玩撲克牌，從一竅不通到愛不釋手，幾乎忘記了學生的天職乃讀書。好在夏善於自省，在日記裡告誡自己「今日仍舊沒有讀書，這幾天不知怎的，總是心神不寧，不能靜

032 弦斷有誰聽：二十世紀上半葉的學人、學術與學校

坐讀書，雖在日記簿上寫著『讀書，讀書』，而實際上仍不能行，恰像嗜賭者口口聲聲說戒賭，一看見牌又眼紅了，指癢得不可當，於是只好立誓這次暫破了戒，下趟誓不再來。鼐！你這十天到底幹得什麼事呢！這種糊里糊塗將光陰蹉跎過去，連一點書也沒有讀，你也覺得對得起自己嗎？」此後夏鼐顯讀書多而打牌少，然並未徹底戒掉，一次「玩牌輸去1,500餘枚，為平生第一次大輸」。直到其考入清華歷史系，被恩師蔣廷黻幾番醍醐灌頂般「教訓」後，夏鼐方傾力於學業，不久便發表了人生第一篇文章，走上了研究之路。

是故，「學霸」絕非天生的，誰的青春不迷茫。不過，尚須贅言的是，時下我們激勵學生用功上進，常以二十世紀上半葉學人的「巨大」成就作為楷模，此舉看似勵志，實則倒果為因。若不將前輩之成材歷程（特別是教訓）完完整整和盤托出，而僅斷章取義，牽強附會，那反倒給人一種遙不可及的感覺。我們最該告訴同學們的，應是「學霸也是人」，如此而已。至於想不想當學霸，由自己做主吧。前人給後人開了道，我們可以循轍而行，亦可以另闢蹊徑，走自己的路。

再說了，當不了學霸又如何？至少還擁有豐沛而多彩的青春。

當「公器」成為「飯碗」

　　1926年，已赴廈門大學任教的顧頡剛，在致恩師胡適的私信中對自己目下之處境大倒苦水：「到了廈大以後，為組織研究院，學術會議，事務會議，天天開。我受職務的規定，不得不天天到，費去許多可以做研究工作的時間，已不堪其恨。但心想既是『為貧』而且看金錢面上犧牲了吧」。《論語》有言：「古之學者為己，今之學者為人」，傳統讀書人治學的目的在於自我完善與實現，大有些「為學術而學術」的意味。當年顧氏亦是懷揣此等宏願，從蘇州北上京師，立志「從此做一個北京人，一生不幹別的事，專研究歷史」。並且他信誓旦旦地認為，「我的學問的發展，並不在薪水和地位上，也不在主任的信任上，我只要有空閒，只要有一徵求材料和發表論文的機關」，便可謂足矣。然而理想非常豐滿，現實出奇骨感。因北大欠薪過多，顧氏被迫南下廈門，然此地亦不適宜治學，於是次年4月，他又到中山大學執教。

　　不過中大的日子似乎也不妙。這在其日記中多有反映。一來會多。顧氏素來不善於處理庶務，一次他「出席教務會議兩小時，既未發一言，而所聽之話亦不能入耳。辦事與為學畢竟兩途，予為生計所迫竟兼而有之，奈何！」二來課重。工作不及一載，顧之健康已頻頻出現狀況，一天「晨起，陡覺身體疲軟無力，心悸不止，蓋予太不休息，心臟病又作矣。予做事太賣力，現在每星期需發八十頁講義，連抄點帶預備，費時既多，上課又增至十八小時，宜其然也。」既然棲身此處，拿人薪水，必當承擔相關義務，只是顧終究難以安之若素，禁不住屢次向胡適吐

槽，「自從回粵之後，功課事務紛至遝來，也沒有做成一篇研究文字。去年還有兩冊筆記，今年竟無一字了」。他甚至悲觀地感歎：「照現在這樣的做下去，不到五年，我是一個落伍者了，我完了，我除了做學閥之外再沒有別的路了！」

顧氏之處境絕非個案，此在學壇頗有普遍性。無論北大、廈大，還是中大，皆是現代學術體制下的產物與載體。毋庸置疑，學術體制化為現代學術研究發展之基本趨勢，它的實現需要一套剛性的規範加以貫徹，建章立制的同時，學者自身的研究也因之受到限制甚至是規訓。往昔依憑個人興趣而展開的研究，逐漸被計畫性或引導性的制度所取代，這勢必於一定程度上導致志業與職業之間的緊張甚或分離。

現在學術體制對於研究的裨益顯而易見，既可提供系統的制度性保障，促使學術愈發獨立，真正的「學界」脫離政治束縛，漸趨形成；又能保證研究之正常運轉，尤其是促使學科的專業化、體系化及研究的規模化、精細化。然體制化畢竟是一柄雙刃劍，它解決了學者的生計問題，卻會引導大家「著書皆為稻粱謀」；它確定了學者的角色定位，卻容易令師生「課後形同陌路人」；它便利了學者的科研管道，卻不免令著述「參差不齊滿天飛」。

現代學術的創建，必然促使研究成為一項職業，不再是一種志業。對於二者之別，吳宓曾有過頗精到之解釋：「職業者，在社會中為他人或機關而做事，藉得薪俸或傭資，以為謀生糊口之計，仰事俯蓄之需，其事不必為吾之所願為，亦非即用吾之所長。然為之者，則緣境遇之推移，機會之偶然。志業者，為自己而做事，毫無報酬，其事必為吾之所極樂為，能盡用吾之所長，他人為之未必及我。而所以為此者，則由一己堅決之志願，百折

不撓之熱誠毅力，縱犧牲極巨，阻難至多，仍必為之無懈。」由此可見，放眼整個社會各行業，有職業者比比皆是，具志業者寥寥無幾。然現實情形往往是擁有職業者未必要懷揣志業，而有志業者則還需有份賴以謀生之職業。故若能志業與職業合一，實乃人生一大幸事。馬克斯・韋伯曾指出學術是一項以神召為使命的「天職」，不過當治學成為一種可以糊口的手段，不免令眾人趨之若鶩，隊伍自會魚龍混雜，神聖性亦隨之大打折扣。

　　愈是職業化，愈要求從業者提供標準化的服務，那麼教師給學生上完課，便意味著形式上知識傳授的過程已告結束，剩下的就是領工錢而已，師生關係自然疏離隔膜。此類似於「買賣知識」的狀況在民初時期已尤為明顯。古之師者，其責任乃傳道授業解惑，學生所學自然不單單限於知識層面，尚應涵蓋人格修養等內容。但大學教育則另一番景象，謝國楨曾感慨：「昔也吾嘗聞人格修養之一語，今者已闃乎無聞矣。所講者知識也；所授者科學也；談及修養，則群相笑之」。況且即使傳授知識，由於心中不再懸繫衛道與弘道之理念，純粹為了養家糊口的教授們，也時常流於敷衍塞責。難怪謝氏披露當時高校「以速成之教授，授未入流之學子，教授者每能服學子之心。其治國學者，尚須參考群書，稍自策勵。其研究科學，僅有英文之教本，探學生之識短，即可蒙蔽於一時，而學子亦未識何者為善，何者為良，猶如盲人騎瞎馬，教育終未入軌道也」。當然，不是所有教授都存心忽悠學生，但志業與職業間的矛盾常使其左右為難。按體制化遊戲規則，不履行一定的授課任務，則沒有績效，無績效便意味著收入縮水，收入縮水必然導致開支拮据，若吃穿住行都捉襟見肘，又何談安心研究？可一旦全心投入教學之中，到頭來便無暇進行研究，繞來繞去，這幾乎是個無解的循環。

　　為了在教學與科研間求得平衡，不少學人只好從事短、平、快之研究。如此作法，看似成果頗豐，實會引發學風之浮躁、功利。此現象讓不少著名學者憂心忡忡。如潘光旦指出「近年來各書坊之出品中，有所謂百科小叢書、常識叢書、新時代叢書及各種百科全書等，其內容大都淺率簡陋，鮮有可以成為著作者。」朱自清的觀感更不佳，「從前人著述，非常謹慎。許多大學者終生不敢著書，只寫點箚記就算了。印書不易，版權也不能賣錢。自然是一部分的原因；但他們學問的良心關係最大」，「現在我們印書方便了，版權也能賣錢了，出書不能像舊時代那樣謹嚴，怕倒是勢所必至……現在的『概論』、『大綱』、『小史』等等，卻被青年當做學問的寶庫，以為有了這些就可以上下古今，毫無窒礙。這個流弊就大了，他們將永不知道學問為何物。」

　　梁啟超曾言：「夫學術者，天下之公器也」。故歷代學人多將學術視為己之志業。一旦學術體制化推廣開來，「公器」成為「飯碗」，職業觀念對學術神聖化之消解作用顯而易見。此或為現代學術演進不可逆轉之趨勢，然如何儘量將其弊端最小化，該問題似直至當下，仍無轍可循，有待破解。

出山還比在山清

「我以為在君確是新時代最良善最有用的中國人之代表；他是歐化中國過程中產生的最高的菁華；他是用科學知識作燃料的大馬力機器；他是抹殺主觀，為學術為社會為國家服務者，為公眾之進步及幸福而服務者。這樣的一個人格，應當在國人心中留個深刻的印象。」這段話寫於1935年底，出自傅斯年之手，此時著名地質學家丁文江在野外因中毒氣，不幸逝世。傅、丁二人相識，亦是一則趣聞。1925年，丁氏出任上海總辦，為軍閥孫傳芳出謀劃策，這在政治上給其嚴重後果。南京國民政府成立後，丁一度遭到通緝，只得避居大連，陷入一生中之低潮期。眼界極高的傅斯年雖與丁沒有交往，但對他的為人處事十分敬佩。1926年，傅正在歐洲留學，當聽說丁為孫傳芳服務時，氣得到處跟人說：「回國後我一定要殺了丁文江。」待回到國內，傅與丁同時參加一次朋友聚會，胡適給兩人介紹時，對傅說：「這位就是你想殺的丁文江。」然後又對丁講：「這位就是想殺你的傅斯年。」兩人當時之尷尬可想而知。「傅斯年要殺丁文江」，也成為學界的一件逸事。

傅斯年要殺的這位丁文江，為何偏偏要替軍閥效勞？這與其一貫宗旨息息相關。丁氏發表過一篇其一生最重要之政論文，題為〈少數人的責任〉。他開門見山道：「我們中國政治的混亂，不是因為國民程度幼稚，不是因為政客官僚腐敗，不是因為武人軍閥專橫；是因為『少數人』沒有責任心，而且沒有負責任的能力。」「無論哪一個時代，哪一個社會，少數優秀的分子，握了政權，政治就會清明。用他們的聰明智識能力，向政治方面去努

力，是少數人的責任。」既然如此看重少數人的責任，那麼在中國，何種人才可以算是少數人呢。丁申言道：「中國的人民，號稱有四萬萬：進過小學堂以上學校的，最多不過四百萬；中學堂以上的，不過四十萬；進過大學堂的，曉得一點科學，看過幾本外國書的，不過八萬。我們不是少數的優秀份子，誰是少數的優秀份子？我們沒有責任心，誰有責任心？我們沒有負責任的能力，誰有負責任的能力？」可知丁氏認定大學生就是少數人，他們應該擔負起匡扶社稷的重擔；而他自己，不僅大學畢業，而且還留過洋，更是少數人中的少數。終其一生，他都以少數人來要求自己，他做事情的出發點是對國家有無益處，而不是考慮社會輿論對他的看法，這也是他後來輔助孫傳芳的原因之一。

　　「青年的讀者，有人告訴你，『社會是萬惡的』、『世上沒有好人』。你不要相信他，因為翁先生就是一個極好的反證。」這句話恰出自終生以「少數人」自居的丁文江，所指的「翁先生」則是棄學從政的另一典型人物翁文灝。翁氏之進入政壇，倒頗有些無心插柳的意味。本來，翁對政治一向是興趣索然，不甚關心。他曾坦誠表露心跡：「我原是一個毫無大志的小百姓，家裡省吃儉用，只想在自己範圍內盡一些力，做一點與自己興趣相合、於社會無害的小工作便算了。對於那些政治社會問題，或是現在所流傳的各種主義，都沒有什麼意見可說。」

　　不談政治，盡力工作，這便是翁文灝的宗旨。然樹欲靜而風不止。像翁文灝這樣的踏實肯幹、不唱高調的知識份子，自然引起了蔣介石的注意。蔣敏銳地發覺，籠絡知識份子的做法好處頗多，既能擴大自己的智囊隊伍，又可化解批判自己的社會力量，還能以「鼓勵學者從政」的美名，把自己裝扮成慧眼識才的明主，可謂是一舉三得。況且蔣介石在物色幕僚時，格外注意寧波

人乃至浙江人，湊巧翁就是蔣的寧波小老鄉，而且名氣特別大。所以他拍電報催促翁文灝面見。起初翁氏一再婉拒，對政府邀請並不感興趣。

　　直到1934年2月16日，翁在武康發生車禍，生命垂危。蔣介石得知此消息後，明白這是一個施與「皇恩」的大好時機，於是命令部卜召集最好的醫生搶救翁文灝。在閻羅殿走了一遭之後，翁文灝順利脫險。武康車禍被世人看作翁人生的一大轉折點，大都認為自此以後，翁抱著知恩圖報的念頭，死心塌地為蔣盡心效忠。其實，這是沒有看透翁的現代知識份子的屬性。作為留學多年、深受西方民主自由傳統薰陶的知識份子，即使腦海中還留存著些許正統觀念，但畢竟已同傳統的士大夫迥然不同，他進入政府工作，雖不排除有報答救命之恩的考慮，但更多的是希望為復興中華民族盡一份自己的微薄之力，許身國家而不是替君賣命，這便是現代知識份子同傳統士大夫的區別所在。然而進入政府後，翁滿眼所見，竟是與所宣揚的「實事求是、經世致用」背道而馳的官僚主義、形式主義等做派，他不禁大加揭批，暗下改革決心。他始終以一名溫和的技術官員的身分默默工作，充當著政府機構「潤滑劑」的角色。翁並非不想改革，不想扭轉這種人浮於事、行政效率低下、貪墨成風的狀況，他是認為時機未到，需要靜觀其變，把政府內部的人事關係處理好，將所有積弊一一摸透，創造出一切利於改革的內部條件和外部環境來。可以說，翁的心思不可謂不縝密，準備不可謂不周全。然而，奈何翁的一片愛國勤政之心無人能曉，西安事變後的行政改革建議本已見曙光，不成想敗壞於政客間的明爭暗鬥之手；接管經濟部之後，翁本以為有了實權，可以揚眉吐氣，做一些經濟改革，而其頂頭上司卻是顢頇無能的孔祥熙，不但不支持其改革措施，反而一而

再、再而三的往自己頭上潑禍水，改革又被扼殺。次次改革，皆化作一紙空文，怎能不讓翁失望沮喪。

更令翁文灝做夢也沒料到的，一生自律自愛、清廉正派，竟在解放戰爭期間成為「一等戰犯」，一失足成千古恨，為他人作嫁衣裳，此刻，沒有人比他更能深刻體會這兩句話的真意所在！

翁文灝後遷居英國。一天他專程去拜訪老友中國古代科技史專家李約瑟。久別重逢，二人不禁海闊天空地暢談起來。言語之間，翁不禁發現昔日摯友已是成果頗豐，著作等身，而反觀自己，棄學從政，二十年來的辛勤操勞換來的竟是「頭等戰犯」四個字，而且自己的地質學研究也是荒廢已久。本行半途而廢，從政適得其反，人到晚年，竟是一無所獲，兩手空空。這怎能不令翁感慨萬千，黯然神傷。

雖出身自然科學，丁、翁二人又不乏詩才。丁氏曾以詩自言其經世之志：「紅黃樹草爭秋色，碧綠琉璃照晚晴。為語麻姑橋下水，出山還比在山清。」與之異趣，翁氏則撰詩悔其入閣之舉：「世事緣何反覆爭，耄年靜坐保清明。彩雲易散玻璃脆，悟徹榮枯與重輕」。出山究竟比在山清立與否，學者從政能否皆悟透榮枯，自然見仁見智，不過丁、翁二人，本學識通淵，安棲象牙塔，然胸懷社稷，投身宦海中。海內，往往波雲詭譎，海外，依舊微瀾不驚。出山，早知註定不歸，在山，心緒終繫廟堂。或許躊躇滿志，難免頓挫扼腕；即使志趣寡淡，亦引喟歎一片。最後留下一個巨大的疑問：學人從政，難有善終，時耶？命乎？

其實「寂寞」並不可怕

　　想必每位元初登學術堂奧之人，都會從前輩處聽聞這麼一句質樸無華甚至讓人感覺老掉牙的話：「做學問，要耐得住寂寞」。代代學人皆重複此大巧若拙般的治學箴言，自然說明忍不了寂寞，便做不得學問。其實這恰戳中人性之軟肋，世事多變遷，內心豈能安？一波波原本天資甚高的讀書種子，終究選擇了棄學從政，前仆後繼地以親身經歷告訴後人，若想守住此學術清規，沒那麼簡單！

　　章太炎於清末民初自恃甚高，輕易不會誇人。而他卻對劉師培情有獨鍾，並送上聽來頗為溢美的「天下第一讀書種子」的讚譽。劉確也卓爾不凡，其出身於江蘇儀徵的學術世家，可謂當時惹來無數人豔羨的「學二代」。劉天資聰慧，12歲便已將四書五經倒背如流，後更遍覽古籍，通貫群經，較之父輩，大有青出於藍而更勝於藍之勢頭。若是沿著家學的路徑孜孜以求下去，劉師培或能坐上清末民初學界第一把交椅。然造化存在的意義，便是捉弄世人，演繹出一部部人間悲劇。劉文弱書生的外表之下隱藏著一顆躁動又不乏激情的心。二十世紀前後的中國，是革命思潮湧動翻騰之時，劉師培亦乘風逐浪，取「攘除清廷，光復漢族」之意，改名劉光漢，加入革命團體。他筆耕不輟，佳作頻生，沒幾年便成為一名思想深刻、文筆銳利、鬥志昂揚的重炮手。

　　然而劇情若就此發展下去，那劉勢必是後人瞻仰膜拜的革命英雄。孰料幾年後劉之節操卻陡然走低，竟私下向兩江總督端方輸誠投降，表示「將往日之眚，自首於明公之前。今承明公知遇之恩，試將中心所欲言者，陳其一得之愚，以備採擇」。其替

清廷通風報信，甚至偷走摯友章太炎的印章，假冒太炎之名，在《神州日報》上刊載偽造的《炳麟啟事》，陷其於囹圄之地。此行徑實在不堪。

進入民國，劉再度政壇失足。這回他致信袁世凱，若「爾有嘉謀，庶備南宮之專對；朝無闕事，願窺東觀之遺書。」袁心知劉並非從政之才，但為了稱帝，可借劉之名氣與文筆為己收買人心、宣傳造勢。於是乎袁賜給劉上大夫一職，其投桃報李，列名籌安會第四位，一時間成了洪憲鬧劇中的風雲人物。據說彼時劉享有「國師」之雅號，其公館不但「樓館壯麗」，而且有「軍士數十人握槍環守之」，每當劉回府之際，車子剛到胡同口，守衛士兵就要舉槍高喊「劉參政回來了！」自胡同口一直到公館大門口，聲聲相接，夫人何震則在樓上憑欄以目迎之，如是者「日以為常」。然老袁一倒，國師瞬間化為老鼠，東躲西藏，人人喊打。劉年少即暴得大名，升至峰巔，卻因心智未全而輕狂不羈、迷失方向，終一再失足，跌入深淵。這般結局，惟讓世人喟歎一聲：「卿本佳人，奈何從賊？」

即使有如許慘痛的教訓在此，後輩依舊無所畏懼地重複著昨天發生的故事。抗戰爆發，北大、清華、南開三大名校南遷雲南，蔣夢麟與張伯苓、梅貽琦組成校務委員會，共同管理日常事務。由於三校合併，故西南聯大內部人事關係錯綜複雜，利益衝突在所難免。蔣深知若是過問太多，勢必招致其他兩校師生的猜測與反感。基於此種考慮，蔣乾脆採取「無為而治」，整日不是躲進防空洞裡寫寫自傳，就是與沈尹默切磋書法，探討學問，如同賦閒之人一般。也許寂寞久了，蔣做出了一個並不明智之選擇：1945年6月，接受新任行政院長宋子文的邀請，出任行政院祕書長一職。蔣接受宋之邀請，初衷不過是想體會一下政壇中樞

之內的滋味如何，並無辭掉北大校長之念。然在北大諸位教授眼中，蔣之舉動無疑是「官迷心竅」。眾人看來，蔣要麼踏踏實實地做校長，要麼一心去追求自己的高官夢，絕不能三心二意，腳踏兩隻船。昔日知交周炳琳指出：「蔣校長的興趣不在大學教育，戰時他對北大的事不問，但他每日忙著招待無關緊要的外國人和雲南的顯要，可見他的興趣所在。」因而一場「倒蔣迎胡」運動難以避免。眼見眾人已攤開底牌，蔣沒有再作挽回，也沒多做辯解，而是不失風度地在8月份的昆明北大教師茶會上完成了權力交接。就這樣，蔣夢麟執掌北大二十年來的「演出」就此「謝幕」。一步走錯，滿盤皆輸，令他始料未及且悔恨不已的是，昆明一別竟也是其在教育事業上的「絕唱」，從此再也無緣進入教育圈。

無獨有偶，地質學先驅朱家驊本在學術界與教育界做得兢兢業業，後書生參政投入宦海。雖其做官乃「於國家，於革命，皆有深刻的認識與抱負，其放棄教學，當然非一般教書匠可比，或自鳴清高，甚至又在宦場幹幹票友之流」，但面對權力之黑光，朱還是一念之差，犯了糊塗。1943年，蔣介石有一次參加中央訓練團紀念週，在休息室裡發現了九隻鍍金大鼎。向身邊下屬詢問，方知原來是中央組織部部長朱家驊策劃工會鑄造，向蔣公獻禮。蔣立馬大發雷霆，當面痛罵朱家驊，說他糊塗，把他當作皇帝看待，真是豈有此理，罵得朱氏無地可容、極度難堪。一介書生居然也學起官場老油條們迎風拍馬之事，格調實在太低，自然備受學界詬病。

較之蔣夢麟、朱家驊，陶希聖則陷得更深。陶原是北京大學法學院政治系教授兼主任，創立了著名的「食貨學派」，在平津學界威望頗高。1937年夏，其應邀到廬山參加蔣介石召集的

「牯嶺茶話會」，被突然任命進入侍從室工作。期間陳布雷帶陶去見蔣介石。陳說：「在會中，你是客人，現在則是以黨員的身分見主席。」蔣見到陶，說：「你在北平做得很好，你還是回去指導他們繼續努力。」陶問道：「總裁，國民黨有四個單位四個組織，我指導誰？」蔣起身回答：「我叫他們聽你的話。」出來後，陶問陳布雷：「這是怎麼回事？」陳說：「這是命令。」據陶希聖後來回憶，那一刻，他感到十分惶恐。突如其來的一個口頭「命令」，使名牌大學的教授一夜間進入政府高層，這改變了陶希聖的人生軌跡。或許陶心中只有惶恐，卻沒有不安，於是還是接受此任命。其人生夢魘亦自此開啟。他後來跟隨汪精衛，出任汪偽中央常務委員會委員兼中央宣傳部部長，在歧途上越走越遠。幸後來迷途知返，氣節雖虧，但尚未淪為千古罪人。《箜篌引》曾言：「公無渡河，公竟渡河，墮河而死，將奈公何！」於此信然！

倘若以上數例具有典型之意，那麼即使對於本該心境淡泊的學者而言，寂寞也並不美好，難於消受，否則他們緣何紛紛奔向熱鬧與喧囂呢？

其實寂寞並不可怕，可怕的是不甘寂寞。

文末，筆者禁不住想起了電影《美人魚》裡的插曲歌詞：「原來無敵也是一種寂寞……」當學問做到一定程度，一時難遇敵手之際，學人們該何去何從，費思量啊！

書生何以報國？

　　1931年9月18日，瀋陽一聲槍響，民族危機陡然加劇。在北平各界著名人士的一次聚會上，傅斯年提出了「書生何以報國？」的命題，號召知識份子們反躬自問，探索救國救民之佳策良方。

　　四天後，蔣廷黻就以學術報告的形式回應了傅氏的呼籲。

　　22日晚，蔣氏在清華大學禮堂，主講《日本此次出兵之經過及背景》，在梳理日本侵華之來龍去脈後，指出若想解決東北問題，治標之法在於「（1）喚起國際同情，無大效果；（2）宣戰必敗；（3）排貨運動，唯一辦法」。至於治本之法，蔣氏認定「在於民族與個人之根本改革。中國人遇小事則萎靡不振，遇公事則貪婪腐敗，此種習性非大行改革不可」。

　　蔣氏此番演講果然激起眾多學子對東北問題之關注。當然，若想全面深入掌握東北問題，則非書籍不可。就在事變發生四月後，蔣廷黻原在南開的老同事傅恩齡，應校長張伯苓之命，編撰成長達數十萬字的《東北地理教本》，作為教材供南開大、中、女、小四部通用必讀。名為地理教本，但書中內容已涉及歷史人文、地理風俗、行政交通、資源礦產、工業商業、租借地、中東鐵路公司、南滿鐵路公司及周邊經濟形勢、地緣政治局勢等諸多方面，資料豐贍，條目明晰，對當時東北地區的政治、經濟、軍事、文化情形的介紹非常全面。正基於對資料、輿情的充分搜集與佔有，教本中所得出的觀點令人信服。如結論部分，編者提出了解決東北問題的消極與積極兩套方案，戰略眼光可謂長遠，同時著手之處又非常務實，可見其考慮之周全。文末編者更是強

調：「東北之權益，既由吾人失之，故東北所失權益之歸復，其責任亦應由吾人負之。簡言之，東北問題之解決，在於吾人者多，而在於他人寡。中國建設成功之日，恐即東北問題完全解決之時也」。這一段飽含愛國熱忱的有溫度的文字，可謂點出了東北問題癥結之所在。

除卻教材，學者們還紛紛撰寫學術著作，以證明自古以來東北乃中國之疆土，駁斥日本之歪理邪說。傅斯年召集方壯猷、徐中舒、蕭一山、蔣廷黻四位彼時頂尖的歷史學者，聯手撰寫《東北史綱》。在卷首語中，他們道盡寫作的兩大初衷：「然而前途之鬥爭無限，知識之需要實殷，持東北以問國人，每多不知其蘊，豈僅斯文之寡陋，亦大有係於國事者焉。吾等明知東北史事所關係於現局者遠不逮經濟政治之什一，然吾等皆僅有興會於史學之人，亦但求盡其所能而已。己所不能，人其舍諸？此吾等寫此編之第一動機也」。再者，「就此二、三千年之歷史看，東北之為中國，與江蘇或福建之為中國又無二致也。今不得已辨此本用不著辨者，此吾等寫此編之第二動機也」。可見基於學術專長，以期有裨於當下，是讀書人大多依循的路徑。

當然，作為有良知的學者，內心總免不了有些「忍不住的關懷」，於是手中之筆便飛出書齋，在報刊上揮灑思緒。《獨立評論》及《大公報》成為他們喚起國魂抵抗侵略的主戰場。面對日本在東北任意肆虐甚至扶植傀儡的暴行，胡適建議政府亟需調整對日方針，「現在滿洲偽國的招牌已撐起來了，日本軍閥和浪人已在那偽國的影子底下實行統治滿洲了」，「此時若再不確立對日外交的方針，若再不肯積極謀外交上的挽救方法，將來只有於我更不利的情勢」。較之乃師儒雅冷靜的文風，傅斯年的筆鋒則滿是毫不客氣的火藥味。針對當時全國上下仍沉醉在「醉生夢

死」的苟安狀態中，傅對現實進行了無情揭露：「我們且看看所謂北平社會：一群群軍閥官僚、學閥學棍、土棍地痞、無賴青年，男女摩登，花他們搶來、摸來、要來的錢住著。一個個的根本沒有辦法徒耗國家錢財的大學設著。一排排的開棧彩鋪主義的學術機關放著。一戶戶的與掘墳的土匪外國的奸商合作的古董鋪子開著。一隊隊的醉生夢死的人們在享樂著，無限的窮苦人在大雜院中坐地待死著。試看自北海公園到先農壇，哪裡有國難的氣味？走遍五城的大街小巷，哪裡有憂國的聲息？聽聽人們的談吐，哪一個想到東北的失地？」為何人們面對國恥國難，竟會這樣無動於衷？傅分析道，這主要還是由於國人那些「靠天活著的心理，毫不振作的生活，做順民或逃之夭夭的幻想，知命的哲學！」所以人民雖眾，卻如一群軟弱無力的羊羔，社會雖繁雜，如一堆毫無聚合能力的沙堆，傅不禁慨歎「以今日之局面比宋明亡時真正再像也沒有了！」傅警告那麼些麻木的國人，如果照此下去，作亡國奴的那一天實在不遠了！

而對於事變發生後國民政府消極曖昧的態度，傅氏更是忍無可忍，他將國民政府的外交政策比作「睡覺外交」，以看似戲謔幽默，實則包含無限失望的筆觸，對這種做法進行了深刻的揭露：「一個人料理自身的事，最怕是做夢的狀態。若常年在做夢的狀態中，雖一件壞事不做，也能夠傾家蕩產的，至於一事無成，更不消說了。一人的事如此，一國的事又何嘗不然。在環境安穩的情態中，昏睡的態度已經不能確保國家安穩了，若在四周波濤動盪的局勢之下，昏睡的態度更要急速送命，這是毫無可疑的。中國人對事的最大毛病，糊塗的看著，昏昏的想著，顢頇的混著，敷衍的賴著⋯⋯試看今日我們的執政者，對付此時世界將在大變化的局面，是不是有些像睡覺的樣子？」傅對國民政府的

一班官僚哀其不幸，怒其不爭的心態，於此可見。

　　同時，傅斯年的報國之心又非止於言，更踐之行。1932年10月，北大教授馬衡等企圖劃北平為中立的「文化城」以苟且偷安。傅聞訊曾加以阻撓，馬衡諸人置若罔聞。傅斯年於是寄信給蔡元培表示反對「斯年實為中國讀書人慚愧！」

　　1935年冬，日本策動「華北特殊化」。日本特務土肥原來到北京，與宋哲元幕中的親日分子蕭振瀛勾結。冀察政務委員蕭振瀛招待北平教育界，以個人的安全為威脅，企圖迫使大家就範。傅聞蕭言即挺身而出，當面斥責蕭，表示堅決反對態度、誓死不屈精神。大家一哄而散，粉碎了蕭的陰謀。並同教授們在慷慨激昂氣氛中舉行大會，共同宣誓：不南遷、不屈服！只要在北平一天，仍作二十年的打算，堅持到最後一分鐘結果。

　　於是北平整個混沌空氣為之一變。要知道當時北平城內到處是日本浪人間諜，傅此種言行，是冒了極大的生命危險的，實令後人蕭然起敬。

　　行文至此，再回望開篇傅氏之問，書生們如何報國？當立足於學術，且時刻關注現實，不把眼光僅放在一地、一域，而是胸懷天下，共同攜手構建一種學術共同體、志業共同體與命運共同體。如此，報國方有根基，亦更有力！

「現代士大夫」的消逝

　　民國肇建，袁世凱就任臨時大總統，然其所言所行令擁戴者頗為失望。革命元勳章太炎實在看不下去，忍無可忍，於是不顧親友勸說，毅然決定北上帝都，挽救危局。臨行前，他留詩一首，頗能反映當時之心境：時危挺劍入長安，流血先爭五步看。誰道江南徐騎省，不容臥榻有人鼾。

　　此詩內含兩個典故。前兩句出自《戰國策》，乃戰國掌故。謀士唐睢受安陵君所託，孤身赴秦，結果不辱使命，迫使秦王放棄侵犯野心；後兩句出自《類說》，是北宋舊事。趙匡胤兵臨南唐都城，後主李煜派徐鉉求和。趙匡胤拔劍屬聲道：「臥榻之側，豈容他人酣睡！」舉兵進攻，南唐遂亡。章作此詩，顯然是欲仿效唐睢，挺劍入京，不管他袁世凱是霸道之秦王還是強悍之趙匡胤，章皆決心以「伏屍二人，流血五步」之行動，來警醒世人，踐履自己民主共和之理想。

　　入京不久，章便上演大鬧總統府之好戲。一日，章身著油烘烘的破棉袍，手持摺扇，故意將袁世凱頒發的二等勳章綴於扇柄，大搖大擺來到總統府，打算與袁世凱好好理論一番。門衛藉故阻止其見袁。此時，次長向瑞琨卻接到通知要進府面見袁世凱，章太炎怒不可遏，身上那股「狂」勁兒頓時發作，「向瑞琨一個小孩子，可以見袁世凱，難道我見不得嗎？」從清晨至傍晚，章將總統府上上下下一干人等悉數痛罵一通，並掄起手杖將府內器物砸個稀裡嘩啦。袁世凱躲在內室，目睹章太炎之「胡鬧」，卻怒不敢言，任其發洩。最後，袁世凱實在沒法，派出軍政持法處處長陸建章出馬，謊稱總統在居仁堂見章，將其帶到

軍隊營房，軟禁起來。章太炎從此開始了一段頗為漫長的幽囚歲月。按照許紀霖先生之劃分，章應算中國第一代知識分子，雖具現代意識，但畢竟深受舊學薰染，對其而言，參政議政與「澄清天下」，實乃義不容辭之責任，故傳統士大夫情懷甚是濃厚。

若循社會嬗變之常態，章氏之後，伴隨一種新式社會群體──知識份子的大量湧現，知識精英與政治的距離當漸行漸遠，他們可以是社會的良心，但未必定要參政議政，甚或可以「回到故紙堆中去」。然而，現實總出人意表，就有這麼一波知識人難以忘情於政治，充當「現代士大夫」之角色。

眾所周知，傅斯年由於其耿直倔強的個性，人送外號「大炮」，曾在40年代接連放出兩記讓眾人為之叫好的炮彈。國民政府中的兩位貪官孔祥熙、宋子文相繼飲彈倒臺，成為傅斯年抨擊時弊的「炮灰」。為平息此事，蔣介石親自宴請傅斯年，意味深長地對他說：「你既然信任我，那麼就應該信任我所用的人。」不等蔣把話說完，傅大炮便回答道：「委員長我是信任的，至於說因為信任你也就該信任你所任用的人，那麼砍掉我的腦袋我也不能這樣說！」敢於當面對蔣介石說「NO」，這表現了一個知識人應有之氣節。也正是憑藉這股子「書生言政」的闖勁，傅斯年成為3、40年代政壇上無官無品的「監察御史」，彈人無數，令惡勢力拿他無可奈何。有人甚至曾戲言：「在中國只有傅斯年一個人，在蔣介石面前敢於翹著二郎腿大言炎炎。」

然而，也就是這尊令人敬畏的「傅大炮」，卻又深陷於「政治泥潭」中難以自拔，他對國民政府的統治極度失望，卻無法擺脫「正統觀」情結，徘徊在學術與政治之間，卻難下抉擇，捨棄一方，只好書生言政，時時刻刻處在巨大矛盾之中，為何這般呢？此矛盾特性並非「傅大炮」一人所獨具，而是當時處於國仇

家恨、社會動盪劇變中的知識份子們之普遍心態。傅斯年乃第三代知識份子，少年經歷過一定的國學薰陶，青年時期沐浴在五四新文化運動的風雨之中，在3、40年代逐漸嶄露頭角，為中華文化的傳承發展做出很大貢獻。不過這代知識份子也有自己的「死穴」，雖經五四洗禮，對傳統文化有著較為激烈的批判精神，已迥異於章太炎式的同政治緊密結合為一體的傳統士大夫，而是新式知識份子。但由於剛剛與傳統文化「割斷臍帶」，所以「以天下為己任」的使命感仍舊在潛移默化地影響著他們，加之其對西方社會公共知識份子參與國家政治、進行輿論監督的責任感之嚮往，致使他們一方面提倡「為學術而學術」，另一方面卻身不由己地走入改造社會的魔方當中，久久不能自拔。厭惡政治而抨擊時政，不願做官卻身居要職，這就是傅斯年們的困境，進退兩難，欲走還留。正如傅斯年所言：「我本以不滿於政治社會，又看不出好路線之故，而思遁入學問，偏又不能忘此生民，於是在此門裡外跑去跑來，至於咆哮，出也出不遠，進也住不久，此其所以一事無成也」。這當然是傅的自謙之言，不過亦透露出作為一名知識份子的無奈與窘迫。傳統文化的影響雖不明顯，但卻化作一種隱含在第三代知識份子體內的磁性，使他們不得不圍繞著本不喜歡的政治這個大磁場轉動，成為一名現代士大夫。

　　當然，二十世紀上半葉最「悲劇」的「現代士大夫」，非陳布雷莫屬。本來，陳人生理想是做一名仗義執言、善打筆仗的新聞記者。其於辛亥革命爆發前進入《天鐸報》，負責社論。其文簡潔有力，觀點鮮明，把矛頭指向了腐敗無能的清政府。一時間，「布雷」之名已是名滿天下。後陳被蔣介石引為幕僚，雖滿足了參與政事之理想，卻深陷泥潭中難以自拔。不該參與政治，卻身處政界中樞；不該選擇蔣介石，卻一生效盡愚忠；不該不識

時務，卻整日裡做著言不由衷之工作。就這樣，陳從充滿希望到漸趨失望，由彷徨痛苦到麻木無奈，再由崩潰絕望終至選擇死亡。一個極度矛盾而凄慘的知識人的末路悲劇在1948年11月13日劃上了休止符。

陳氏之死是個人與時代共同締造的悲劇。已接受民主、自由等現代思想的他，卻又具有傳統士人積極入世之精神，然而此精神必須藉助於一種強大的政治力量方可得以實現。誠如許紀霖先生所言：「中國的『道』欲實現其自身，必須物件化，必須投射於『勢』，體現為『勢』，轉化為『勢』。知識份子的最高使命縱然在於『弘道』，但『弘道』的現實途徑唯有『擇勢』。」於是，陳布雷在經過權衡後選擇了國民政府，從此一步步走向末路。

當下中國，因局勢轉捩之故，「現代士大夫」已然消逝殆盡，全無蹤影。只是知識菁英們對於政治與社會之責任、擔當及作為，卻時常難符世人之期。治學之餘，他們如何盡其所長，有裨時政，仍頗值思量！

試題到底在考誰？

時下之大陸「民國熱」，常以彼時高等教育為範本，用來對比如今大學校園之風氣日下。譬如許多年輕人不買書、不翻書、不讀書，整天忙著談戀愛、幹兼職、玩網遊，其實二十世紀上半葉何嘗不是如此，亦非所謂「黃金時代」。眼瞅著學子們不求上進、虛度光陰，北大教授劉半農曾吟詩諷道：「春天不是讀書天，夏日炎炎正好眠。秋有蚊蟲冬有雪，收拾書包好過年。」

此勸學詩僅可算作劉小試牛刀而已。有一年秋天，劉半農參與北大招考新生閱卷。孰料考生錯別字多得出奇，令閱卷老師大為惱火。有人寫「民不遼生」的；有人寫「歐州」的；有人寫「倡明文化」的；還有人寫「苦腦」的。可見，不少學子國文水準之低絲毫不遜於當下某些大學生。看罷如此讓人哭笑不得的考卷，劉慨歎之餘，調侃之情絲毫不減，遂做打油詩云：

「民不遼生」緣國難，「歐州」大戰本應當；
「倡明文化」何消說？「苦腦」真該加點糖。

有的考生把留學生寫成「流學生」，劉半農云：

先生犯了彌天罪，罰往西洋把學流，
應是九流加一等，麵筋熬盡一鍋油。

「麵筋熬盡一鍋油」，乃指吳稚暉曾言：「外國為大油鍋，留學生為油麵筋，意思是指留學生出國鍍金，去時小而歸來龐

大。」另有一個考生說：「嚴嵩是漢朝人，為王昭君畫像者。」
手捧這等極似「穿越劇」題材的答案，劉半農張口又云：

> 嚴嵩分發漢朝去，畫了昭君失了真。
>
> 止水老爹開口笑，我家少卻一奸臣。

　　彼時不少考生在卷中喜用「迎頭追上」一詞，劉半農心想，
該詞或許確有出處，不是杜撰。但按照江陰老家的話，「追」音
諧音贅，他遂以吳音拈詩道：

> 追要追在屁股頭，迎頭那哼好追求？
>
> 有朝一日兩頭碰，啊呦一聲鮮血流！

　　考生們各種光怪陸離、令人捧腹的答案，著實不少，劉將其
匯總一起，連綴成篇，以《問卷雜詩》為題在報刊上發表了一組
詩作。此詩一出，很快引來社會甚大反響。人們紛紛對學生的語
文水準擔憂不已，不少讀者致信劉半農請其提供解決之良方。本
來意在吐槽的劉教授，面對時人這般高難度的求助，一時也不
知從何解答。其實就連當時執掌北大中文學科的胡適也為此事
苦惱不已，不斷強調「北大招考新生，國文試驗，以最容易的
國文常識測試，而結果大多數學生不及格」，並一再向教育部
回饋改善建議。由是觀之，制定試題，其目的本在考察學生之
基本功，若轉換視角，不也是在考驗教師之眼光、心理與應對
能力嗎？

　　按照常理，老師有權出題，便有責任批卷，不過也有不走
尋常路者，師大教授錢玄同便是一奇葩。每逢考試，錢將試卷發

下後，便從皮包裡拿出一疊文稿，開始寫作，永不抬頭。等考試完畢，他把試卷收齊，也不打分，逕直交給教務處。師大教務處更是特地為他刻了一個木戳，上寫「及格」二字。只要卷上有字者，便可蓋上木戳，記入學分冊。考而不閱，這恰是錢的高明之處。因為課堂所學是入門，自修研究乃個人之事，考試僅是應付形式，根本無法檢驗學生的學術水準。所以在考試上過於較真反而只能適得其反，浪費精力，何不放手不管，一律開綠燈。不過，錢玄同的這種做法也非屢試不爽。他在燕大兼課時，期末考試結束，照例不看考卷，交給學校。學校退回，錢玄同還是不看，亦退回。就這樣三番五次之後，燕大要依據校規，通知錢玄同，如果不判考卷，則將要扣發薪水。錢玄同馬上覆信，附上一疊鈔票。信中說：「薪金全數奉還，判卷恕不能從命。」雙方互不讓步，此事最後也就不了了之。可見錢對個人理念之堅持，亦經得起金錢之考驗。

其實，不管考生素質如何，老師所擬試題絕不應敷衍懈怠，且往往其中頗有玄機，待有心人來解碼。因試題引發的事件最著名者，莫過於1932年秋的清華大學「入學考試風波」。此次國文試卷由陳寅恪命題。陳氏別出心裁給考生出了一道「對對子」題目：「孫行者」，還有一道作文題：「夢遊清華園記」，這在當時誠可謂突破高校考試定規。陳之所以大膽創新，實有其隱衷。二十世紀2、30年代，西學甚盛，洋風勁吹，人們對傳統文化日漸淡漠，反映在中學國文教育方面，即年輕人大都對古典很隔膜，更談不上熟用，陳曾歎「連歲校閱清華大學入學國文試卷，感觸至多」。其同事浦江清更是明言：「今日一般人國文程度太壞，大學生幾如中學生」。故陳破常例之舉，當含有引起社會關注中學國文教育之深意。

　　一石投下，果然泛起層層漣漪，只是國人之反應出乎陳氏意料。比如有人指出「大學入學試題影響到中學課程，非常重大；以堂堂國立清華大學，竟標奇立異的出『對對子』，絲毫不顧全國中學的國文課程」，甚至告誡清華管理層，「希望清華大學負責者對於這個出『對對子』的問題詳細研究一番，如以為可，請發表顛撲不破的理由；如以為不可，請設法矯正；切勿持『相應不理可也』的態度」。更有甚者，認為這種題目背後隱藏著不可明說之「階層歧視」。如有文章指責「夢遊清華園記」是「一個漂亮的麻木不仁的遊清華園的題目」。對於從窮鄉僻壤赴京趕考的學子而言，清華園就像天堂般遙不可及，因此遊清華園是「小資產階級的先生們所想望的事」，窮孩子們「不敢崇拜偉大的清華大學所在的清華園的學生，連那妄想也不敢存，那如何敢夢遊呢？」面對種種質疑爭議，陳寅恪雖如學生回答老師提問模樣去盡力解釋，卻頗感時人未能領會其本意。正因憂惱相疊，陳氏也不禁略失風度，同傅斯年說了「明年若清華仍由弟出試題，則不但仍出對子，且只出對子一種」之氣話。奈何「民意」大過天，來年清華大學迫於壓力，只得換人命題。

　　作為象牙塔，高校向來與社會保持一定距離，故教授講課與命題亦有其自主性。一旦入學考試之類的環節進入公眾視野，並成為社會關注甚或監控的話題，那即意味著教授在考察學生之同時，亦須接受社會大眾之考驗。無論教授們情願與不情願，其命題完畢之際，等待他們的，既要主動給考生們做「結案陳詞」，又得被動地靜候國人之「三堂會審」。大學之獨立性自此逐漸消解，而這似又是現代國家演進之趨勢。

二　時趨

結廬在人境，而無車馬喧。
問君何能爾？心遠地自偏。
採菊東籬下，悠然見南山。
山氣日夕佳，飛鳥相與還。
此中有真意，欲辨已忘言。

──（東晉）陶淵明：《飲酒》

高校如何「挖」教授

　　1929年夏天，時任職南開的何廉對於身邊同事紛紛跳槽深感傷心，不禁惋惜道：「許多工作多年的關鍵的教師，包括蕭遽、蔣廷黻、蕭公權和李繼侗一起離開南開去清華了，這對教學工作和學校的名聲都造成了不可挽回的損失。」高校間人才循環流動，學者們自謀發展天地，本是再自然不過之事。然雖皆是另攀新枝，每位教授之隱衷又各不相同，甚或尚有一把辛酸淚存其心中。故針對境遇迥異之教授，高校挖人手段可謂花樣迭出。

　　不妨還是從何廉的兩位同事蔣廷黻與蕭公權講起。蔣氏29歲赴南開任教，六年內發表的諸如《現今史家的制度改革觀》、《統一方法的討論》等論文，在學界反響頗大，實屬冉冉升起之明星。當時羅家倫執掌清華，準備打造一支文科航母與北大相頡頏。所謂「航母」，無非廣攬名角，形成規模優勢，而帶頭人則顯得愈發重要。放眼國內，羅氏認定年僅35歲的蔣廷黻獨堪此任。於是其親赴南開挖牆腳，來到蔣宅，勸其改投清華。蔣本來在南開幹得好好的，不想離開天津。無奈羅施展軟磨硬泡的功夫，「賴功」一流，坐著不走，整整熬了一夜。蔣廷黻終究拗不過羅家倫，答應赴清華任教。後來，羅更是不惜開罪德高望重的中國史大家、章門高足、自己的恩師朱希祖，將系主任一職讓與初來乍到的蔣廷黻。對於此事，羅後來回憶道：「縱然得罪了我的老師，但是我為了歷史系的前途，也不能不為公義而犧牲私情了。」可見羅對蔣的期望之高。蔣亦不負羅之重託，在人才延攬方面費盡心思，羅織了一批成就卓著的學者，使清華歷史系成為海內第一流的學系。據其同事陳之邁統計，當蔣於1935年離開清

華時，歷史系的陣容是：中國通史及古代史為雷海宗，隋唐史為陳寅恪，元史為姚從吾及邵循正，明史為吳晗，清史為蕭一山，近代史及近代外交史為蔣廷黻，西洋史為劉壽民及張貴永，日本史為王信忠，俄國史為葛邦福（Michael Gapanovitch）。即使在今人眼中，此陣容也堪稱夢幻級別了。

　　若蔣廷黻算被羅家倫「生拉硬拽」到清華的話，那麼蕭公權調任東北大學則屬於「兩廂情願」型。初來南開，蕭氏頗感愜意，享讀書快樂之餘，還深受友朋之樂。他與蔣廷黻、何廉、李繼侗、姜立夫等同仁將學校百樹村十號房改造成教員俱樂部。每到晚飯後，大家隨意去那裡喝咖啡，談天，或作各種遊藝，藉以稍紓一天工作的疲勞。娛樂一個小時左右，眾人盡興而返，「回家去繼續作研究工作，或加緊預備教材」。孰料佳期如夢，好景不常，不及三年，矛盾接踵而至。先是教學任務過大，「一位教授負責的教學包括四門、每週三個學時的不同課程，每週總共12節課。要勝任這麼重的教學任務，備課工作是極其繁重的」。這勢必分散學者的科研精力。接著學校在加薪事件上略有不公，令部分教授心寒，其中蕭之堂兄蕭叔玉負氣北走清華，這讓其也萌生退意。恰好東北大學工學院院長高惜冰受文、法兩院之託來天津延聘教授，蕭就在挖人名單之列，且蕭也有到關外走走之意，於是二者一拍即合。只是東北大學亦有其自身的問題，最嚴重的便是高校衙門化，官氣甚濃。用蕭的原話描述，「文學院和法學院兩位院長的政治色彩似乎比較濃厚。整個大學好像都帶有一點官府的氣息。如果我們說南開辦事的效率過高，我們只好說東北行政的效率太低」。一次，蕭打算找院長商議公事，一名職員居然說：「拿名片來！」待蕭將名片遞給他，一看上面只印著姓名，並無顯赫的頭銜，這名職員便把名片往桌上一扔，口中甩出

四個字：「院長不見！」普通職員對待堂堂大學教授竟毫無敬意，頤指氣使。此情形，在當下的某些院校中是否亦似曾相識呢？蕭氏自然受不了這股子官老爺做派，一年後便應燕京大學之邀，去北平發展。

蕭氏在東北期間，曾遇到一段趣事。當時梁思成、林徽因夫婦同在那裡教書。東北大學的名譽校長乃少帥張學良。張見到林徽因這位女教授，頓時傾倒不已，囑咐手下向她致意，並請其做家庭教師。二人本就是屬於兩個不同世界，奉系「少帥」自然非「女神」的菜，林婉辭謝絕。等到學期結束，林立即同丈夫離開東北，被北平中國營造學社挖走。這也算是「退避三舍」型了吧？

高校聘教授，自然是為了教書育人，繁榮學術。但高校亦是江湖，派系林立，紛爭不已，故有時領導挖人又難免帶有幾分平衡校內勢力的考慮。學人朱希祖身不由己的遭遇即是顯例。民初北大桐城派把持一時。為澈底打擊此勢力，北大校長何燏時從教育部將朱希祖挖來。其後朱利用同門情誼，陸續將馬裕藻、沈兼士、錢玄同、黃侃諸人聘至北大，章門弟子齊聚首，將桐城諸老之影響一掃而空。只是江山代有才人出，各有風騷三、五年，五四後以胡適為代表的新文化人漸成規模，至30年代已呈取章門而代之勢頭。此時朱希祖之處境便異常尷尬。

1930年底，北大史學系學生出現要求朱辭職的風潮。迫於無奈，朱只得請辭。落魄失意之際，朱曾經的學生、現中央研究院史語所負責人傅斯年伸出援手，力邀其加盟史語所擔任專任研究員。不過傅尚有一條件，即朱必須完全與北大脫離關係，「院中規定專任研究員之待遇，一面固優為俸給，一面亦詳為限定。蓋專任者必不抱束牽西掛之意，然後可以濟事，必以其自己之事業

與研究所合為一體，然後可以成功。」然朱對北大仍有感情，於
是保留一個北大研究所國學門導師之虛銜。即使如此，傅卻不依
不饒，聲稱朱未踐前諾，將其轉為特約研究員。這相當於宣佈朱
希祖並非史語所正式人員。而此際，朱一沒有在北大復職，二沒
有再去清華大學、輔仁大學兼職，三也未收到史語所正式聘書，
真真正正在北平下崗了。其實傅將朱挖過來之本意，在於澈底肅
清太炎弟子在北大文科之勢力。又怎能容忍朱同北大還留有一絲
聯繫？

　　據朱希祖兒子回憶，「老人家因和北方的學閥們相處得不
大好，新近受了傅斯年一批學棍的排擠，把他調離了北京大學，
這學年甚至沒有能夠開課，所以心境十分不佳」。直到1932年10
月，朱不得不接受中山大學校長鄒魯的聘請，南下廣州任教授。
至此，朱方走出學術低谷。其實，對於高校而言，人才流動實屬
平常，但落到個人身上，卻往往不平常，其間的緣由並非皆足與
人道。是故，每個曾經被挖或出走的教授，都是有故事的人吶！

那些選擇跳槽的教授們

　　1920年秋季開學之際，北大代理校長蔣夢麟不無沮喪地向全校師生宣布，學校近來出現頗為嚴重之經費困難。由於北京政府的財政撥款遲遲不到位，北大日常運營所需居然要靠四處賒帳，倘若「長久不付錢，下次就賒不動」，「譬如電燈、電話、自來水，不能欠錢太多，欠了太多，電和水就不來了，電話也要叫不通了！」臨近中秋節，因建築公司的欠款催逼甚急，蔣索性逃到西山躲債。堂堂一校之長，竟落得如此狼狽，這在時人看來，殊堪發笑。

　　然而隨著時局之日益惡化，政治動盪、軍費激增，與之形成鮮明對照，非但北大，京城其他各大高校之經濟狀況可謂俱跌至谷底，情形已絕非一個「笑話」可輕鬆帶過。1921年4月，因索薪無果，北京八校（北京大學、北京高等師範大學、北京女子高等師範學校、北京法政專門學校、北京醫學專門學校、北京農業專門學校、北京工業專門學校和北京美術學校）教職員宣布辭職，後釀成「六三事件」。次年秋天，北京國立八所大學校長更是集體辭職，表示「竊近年以來，教育經費支絀異常，校長等力所能及，無不竭力維持，茲以開學在即，不名一錢，匪特教職員受經濟上之壓迫，生活不能自由，即學校行政亦復受影響，幾於停頓。國家財政困難，校長等未嘗不深切顧慮，無如積欠已在五個月以上，實無法以應付！」

　　無論請願，抑或辭職，皆改變不了時局激變所引發的經濟蕭條。至1926年，各高校教授們已至忍耐之極限，據《申報》載：「所有債主，陸續而至，教職員個人方面，大多數亦俱以薪水積

欠過巨，典質一空，不克維持其生活……事實上，學校暨個人兩方面，已到山窮水盡之際，負債累累，至少非有一個月之經費，不能應付。」魯迅1920年時，年薪被拖欠三個月，次年被拖欠半年，到了1926年，他已乾脆不於日記裡細算這筆糊塗賬。沒有最慘，只有更慘。後起之秀顧頡剛此時之窘境談得上是山窮水盡。

這一年其「在兩個多月之中只領到一個月的一成五厘，而且不知道再領幾成時要在哪一月。友朋相見，大家只有皺眉嗟歎，或者竟要淚隨聲下！」年初，北大仍無法按時發薪，顧兼職的孔德學校也「亦僅半薪」，無奈之下，他只得請北大研究所國學門主任沈兼士向學校借了88元，「可還許多小債」。然此終非長久之計，由於不能拿著白花花的大洋回來，顧在家中地位亦一落千丈，妻子時常面露「不懌之色，萃面盎背」，更讓其鬱悶之極。到了6月份，實在無計可施，顧向恩師求援，「近日手頭乾涸已極，後日須付房金。沒有法子，只得向適之先生開口借錢，承借六十元」。然胡適亦不是印鈔機，其生活水準也隨局勢惡化而風光不再。窮困到無計可施，向來視學術為生命的顧頡剛不得不「賣稿」，用其言講，即把學術變成了「生計的奴僕」，「以至有不忠實的傾向而生內疚」。如果當時有買血收腎的生意，估計不少大牌教授會捨命前往。

況且，1926年之北京上空，還籠罩著一層厚厚的恐怖陰霾。由於北方軍事情況趨於緊張，城內上午能看到飛機投彈，晚上則炮聲不絕，著名報人胡政之描述的彼時情形為「今日環圍北京之軍隊，不下十數萬。而一出城門，招兵旗幟，猶隨處可見」。當年更是爆發了「三一八」慘案，這對知識階層內心之震懾力可想而知。

據時在北大執教的梁實秋回憶，「教員的薪俸積欠經年，

在請願、坐索、呼籲之下每個月只能領到三幾成薪水，一般人生活非常狼狽，學校情形也不正常，有些人開始逃荒」。窮則思變，所謂「逃荒」，實另謀高就之意。恰好廈門大學剛剛新設的國學院，正摩拳擦掌，欲招兵買馬。已從北大調往廈大任教的林語堂，以文科學長的職務，利用原來的人脈關係，向往日那些苦於衣食無著、提心吊膽北大國學門老同事們拋出橄欖枝。林經過廣泛聯絡，且其開出的待遇也足夠誘人，以北大國學門主任沈兼士為首，包括顧頡剛、張星烺、魏建功、林萬里、孫伏園、章廷謙、容肇祖、陳乃乾、潘家洵、黃堅、丁山等人集體南下，魯迅也跟隨其中。

廣東中山大學亦從這股學人南下潮流中獲益匪淺。1927年中大公布了一份文史學科教授名單，原在北平任教的傅斯年、顧頡剛、江紹原、汪敬熙、馮文潛、毛准、馬衡、丁山、羅常培、吳梅、俞平伯、趙元任、楊振聲、商承祚、史祿國等人赫然在列。

1928年夏，國民政府籌建武漢大學，時任南京國民政府大學院院長的蔡元培指派劉樹杞、李四光、王星拱、周鯁生、麥煥章、黃建中、曾昭安、任肯南八人為籌備委員，其中李、王、周俱是南下的北大教授。

教師們紛紛南下謀生，青年學子們也大批負笈求學。據《晨報》報導：「自北伐軍占陽夏，由滬往粵投效者三日之內達三百人，由京往粵投效者六百人，類皆大學學生」。這份報紙還專門刊出一幅題為「孔雀東南飛」的插畫，生動描繪居京知識群體的浩浩蕩蕩之南下盛況。眾人先後逃離後的結果，自然是北平知識界的寥落不堪，「留下來的也大多銷聲匿跡，深自韜晦；走不開的許多教授，也大多考慮如何應變，另謀出路；或者轉到清華大學、燕京大學去。北大從第一院到第三院，呈現一片零落景

象。」

　　這一批學術候鳥們集體向南遷徙，勢必帶動了南方學術之發
展，遂扭轉了民初以來南北文化格局發展的不平衡，南方學界的
活力與影響力大為提升。然而北平古都濃厚的文化氛圍與成熟的
學術環境，依舊令「候鳥們」內心無比眷戀。誠如顧頡剛所想，
其學術人生規劃中，南下僅是迫於生計之暫時選擇，在北京的
「書籍什物，一切不動，只算作一旅行而已。」伴隨二十世紀20
年代末、30年代初北平局勢漸趨穩定，許多南下學人展翅北上，
掀起又一波遷徙大潮。這股潮流甚至裹挾著周邊高校學者一同進
京，如當時任職南開的何廉惋惜道：「1929年夏季，許多工作多
年的關鍵的教師，包括蕭蘧、蔣廷黻、蕭公權和李繼侗一起離開
南開去清華了，這對教學工作和學校的名聲都造成了不可挽回的
損失。」由此可見，一個政局平穩的北平，對於學者之誘惑力實
在太大。

　　南下教授們回歸後數年內，北大中興，清華改制，燕大與輔
仁崛起，於是北平「四大高校」並峙之局面形成。

　　看來，但凡北平無戰事，政府少干預，學術氣候便趨於適
宜，候鳥們也就歸巢雁棲，選擇不再飛。

怎樣做一名合格的「青椒」？

　　前些日子上山訪友，與一位前輩閒談學林往事。興之所至，這位書法精湛的前輩聊到其業師啟功先生當年初入輔仁大學的趣聞。啟功先生早年因家境貧寒，中學畢業即棄學謀生。但他卓越的天資與勤奮的態度引來著名學者傅增湘的關照，將其推薦到陳垣先生門下。陳先生先是安排啟功到輔大附中教書，孰料有人認為其不具備中學教員資格。陳索性力排眾議，將啟功調至輔仁大學任職。

　　面對如此破天荒的「三級跳」，啟功實在是誠惶誠恐。初登講壇，他總覺一籌莫展，陳先生經常私下向其反覆傳授九條「上課須知」：一、一個人站在講臺上要有一個樣子，人臉是對立的，但感情不可對立；二、萬不可有偏愛、偏惡，萬不可譏誚學生；三、以鼓勵誇獎為主；四、不要發脾氣，你發一次，即使有效，以後再有更壞的事件發生，又怎麼發更大的脾氣？你還年輕，但在講臺上即是師表，要取得學生的佩服；五、教一課書要把這一課的各方面都預備到，設想學生會問什麼；六、批改作文，不要多改，多改了不如你替他做一篇；七、要有教課日記；八、發作文時，要舉例講解；九、要疏通課堂空氣，不但作文課要在學生座位行間走走，講課時寫了板書之後，也可下臺看看。既回頭看看自己板書的效果如何，也看看學生會記不會記。正是這些教學箴言，讓啟功的講課水準日漸提高，且練就了一手好書法。若無陳垣之教誨，恐難有後來之啟功。

　　質言之，啟功先生的經歷，恰是一名「青椒」（大學青年教師）走向成熟的案例。試想每一位初入高校任教的年輕人，心中既

懷憧憬，又有迷茫，如何儘快找到狀態，確實是個蠻重要的問題。

1917年秋，學成歸國的胡適進入北大教書，月薪已高達280元，要知道同在北大工作的圖書館館長李大釗工資僅有120元。故甫入紅樓，胡已被無數雙眼睛盯上。既然是「青椒」，胡適的定位甚是明確，勤勤懇懇工作，扎扎實實寫書。新人往往兼課頗多，胡非但不為所累，且樂此不疲。如1918年春天他給家裡寫信，說：「今天七點起，吃了四個雞子，一碗豆腐漿，坐車到教育部會場講『墨子哲學』的第四次，足足講了兩點鐘。我本只有三次講演，因章秋桐先生不在北京，故延長一次，其四次講畢。此項星期講演，專為普通人士設的，頗有功效。我的講演，不但有許多少年男女來聽，居然有一些老先生來聽，所以我雖辛苦，卻很高興」。到了暑假，胡也顧不上返鄉探望老母及新婚愛妻，而是孤身待在北大集中精力修改擴充其《中國哲學史大綱》。忙了一年，收效如何？據學生反映，這位年輕的「胡博士」風度翩翩、學貫中西，在眾多本科教授裡屬於佼佼者。而在校長蔡元培眼裡，胡適深堪大用，第二年便任命其位代理教務長。

胡適後來雖自謙「青年時期如果沒有蔡元培先生的著意提挈，我的一生可能就在二、三流報刊編輯之生涯中度過」。然而爛泥終難扶上牆，若胡自身不夠優秀，想必蔡亦不會竭力扶持。

授課與科研之餘，胡尚不忘關注時事。1918年初，胡適正式加盟《新青年》，成為新文化領軍之一。其後的事情，世人便耳熟能詳：《中國哲學史大綱》一紙風靡，學界轟動，新文化運動風起雲湧，唱響啟蒙。

當然，不是每一個「青椒」都能像胡適這般華麗轉型，不適者大有人在。1930年秋，錢穆北上執教燕京大學。此際錢已三十六歲，按理說對於人情世故早有閱歷，不當稱之為「青

椒」，然這是他首度在大學教書，卻也是不折不扣的菜鳥。之前長期在中小學工作的錢氏剛進燕大，便頓覺「一進大學，則感覺迥異」。有兩件事可見錢氏言行與燕大校情頗不相宜。剛來不久，出於禮節，燕大監督司徒雷登宴請各位新同事。錢「終不能忘以往十八年半在中小學校中故態，視校事如家事，有問輒直吐胸臆，不稍隱避」。當司徒雷登問及諸人初到學校之印象，錢徑直發難：「初聞燕大乃中國教會大學中之最中國化者，心竊慕之。及來，乃感大不然。入校門即見『M』樓、『S』樓，此何義，所謂中國化者又何在。此宜與以中國名稱始是」。錢話音落下，於是乎舉座默然良久。到了月考時，錢穆在批改考卷上又與教務部門發生齟齬。錢一貫認為，「余往常考試批分數，率謂分數無明確標準，僅以分成績優劣。成績分優劣，亦寓教育意義。不宜有劣無優，亦不宜有優無劣。優者以寓鼓勵，但不宜過優，故余批高分數過八十即止，極少在八十五分以上者。劣者以寓督勸，故余在一班分數中必有低於六十分者，以為分數不及格只補考一次即可，然常不在五十分以下。」不過按照燕大規定，「新生月考不及格例須退學」。恰好錢穆給數人打了不及格，他們遂面臨退學之虞。錢到辦公室，索取考卷，欲更改分數。主其事者講明學校無此前例。錢曰：「余乃今年新到，初不知學校有此規定，否則新生月考決不與以不及格分數。」主事人答：「此乃私情。君今不知學校規定，所批分數乃更見公正無私。」錢頗為不滿道：「余一人批分數即余一人之私，學校烏得憑余一人之私以為公！？」在錢一再堅持下，終得以索回考卷，另批送校，避免了一場退學風波。通過此事，錢氏方才體悟到高校的遊戲規則：「始覺學校是一主，余僅屬一客，喧賓奪主終不宜。然余在此僅為一賓客，而主人不以賓客待余，余將何以自待。於是知職業與

私生活大不同，余當於職業外自求生活。此想法為余入大學任教後始有」，其不免感歎「余性頑固，不能適應新環境，此固余之所短。然余每告人，教大學有時感倒不如教中學，教中學又有時感倒不如教小學。此非矯情，乃實感」。

　　錢氏如此遭際與感慨，似與其不善交際的性格密切相關。某日燕大舉行宴會，新舊同事皆集，每人身懸姓名為標記。錢僅與同桌左右座略交談數語而止。「越後數十年，在美國紐約哥倫比亞大學遇何廉淬濂（何廉字淬濂），乃即往日同桌座右人也。遂相敘如故舊交。」錢不禁「真恨相識之早而相交之晚也」。而同為「青椒」的何廉，卻在南開搞得風生水起，竅門即善於同學校主政者溝通。一到南開報到，何便去校長辦公室拜謁張伯苓，雙方進行了一次極為誠懇的交談。同一天，張又帶何拜訪了南開創始人嚴修。如此一來二往，何廉很快與主政者結下了深厚的私交，得到了他們的信任。因此之後無論是教學科研，還是申請資金，何都得到校方的特殊照顧，學術事業自然順風順水。

　　時至今日，高校青年教師似乎漸已成為社會不太關注的一個群體。甚至有人將他們比作「工蜂」，在「基於物質主義建立的座標系中，極富極貧才引人注目，像高校青年教師這樣的群體，不上不下，境遇難免有些尷尬」。外部環境即使如此，但「青椒」們仍須保持淡然，以砥礪學問為本。雖說不能兩耳不聞窗外事，但畢竟首先將窗內之務做好，方才更好地充當社會的良知。惟願「青椒」們在褪去昔日青澀之後，心態不要變得蒼老麻木，甚至是圓滑世故。倘真這樣，那恐是知識界最大的悲哀。無論世界怎樣變遷，世事如何紛擾，身為知識人，首須之務，仍是要先做好自己。

當高校只剩下「叫獸」

　　古人治學，尤重師承。祖師開宗立派，弟子繼其衣缽，其學術得以代代相傳不輟，其學脈亦因之時時明晰可辨。是故換言之，彼時的學術界，頗有幾分「江湖氣」，各尊開山宗師，皆循一路門徑，主張歧異，交鋒甚密。降至清代，考據學大熾，呈「家家許鄭，人人賈馬」之態；而貴為官方意識形態的理學自不甘淪為廟堂之冷炙，故漢宋之爭貫穿終清一代，諸君不妨翻翻江藩之《漢學師承記》及方東樹之《漢學商兌》，從其火藥味十足的商榷中，便可窺學派爭執之一斑。

　　學者背景不同、師承各異，其間的對壘辯論，往往易於固化所謂的學派意識，清末仍餘音繞梁。譬如樸學大師俞樾，曾師從名儒陳奐，陳氏則拜於乾嘉碩學段玉裁、王念孫父子門下，故他們三代學人皆上承漢學重鎮戴震一脈。俞樾樂於開門授課，一時「門秀三千士，名高四百州」，其中最得意弟子莫過於章太炎。

　　雖是革命急先鋒，章氏帶徒弟，依舊是乃師風範。章氏避居東京後，眾多留日學生慕其大名，登門求教。其弟子許壽裳曾有一段十分生動之回憶，「每星期日清晨，步至牛込區新小川町二丁目八番地先師寓所，在一間陋室之內，師生席地而坐，環一小幾。先師講段氏《說文解字注》、郝氏《爾雅義疏》等，精力過人，逐字講解，滔滔不絕，或則闡明語原，或則推見本字，或則旁證以各處方言，以故新誼創見，層出不窮，即有時隨便談天，以復詼諧間作，妙語解頤；自八時至正午，歷四小時毫無休息，真所謂默而識之，學而不厭，誨人不倦。」傳道授業解惑之餘，章不忘與弟子們調侃，一次偶然興起，他模仿太平天國的封號，

戲封其弟子為王。他封黃侃為天王，汪東為東王，朱希祖為西王，吳承仕為北王，錢玄同為翼王。此雖屬戲言，亦可見章對弟子的喜愛之情。

當然，清末民初，畢竟已進入由傳統到現代之提速期，師生觀念的衍變實大勢所趨。對西學頗為留心的章太炎常說：「大國手門下，只能出二國手；而二國手門下，卻能出大國手。大國手的門生，往往恪遵師意，不敢獨立思考，學術怎會發展？二國手的門生，在老師的基礎上，不斷前進，故往往青出於藍，後來居上。」故章並不主張弟子們株守舊學，鼓勵他們自由發展，融匯各家。於是，諸門生可謂百花齊放，黃侃之五朝學獨步一時，朱希祖為史學之翹楚，魯迅以雜文聞名於世，而錢玄同走得更遠，與陳獨秀、胡適一道，高倡五四新文化，認定「學術之有進步，全由於學者善疑，而贗鼎最多的國學界，尤非用極熾熱的懷疑精神打掃一番不可！」一反其師崇古學風。

許紀霖先生曾將二十世紀的中國知識份子劃為六代，章太炎屬於晚清一代，他們「既是中國歷史上最末一代士大夫，又是新知識、新思想、新時代的先驅。」以胡適為代表的五四一代方「是中國第一代現代意義上的知識份子」，他們「大都放洋日本或歐美留學，對西方文化有比較完整的、直接的認知」，故其身處高校，其同學生的關係已十分現代。胡適初入北大，主講中國哲學史，徑直拋開唐、虞、夏、商，從周宣王講起。此模式引來之反響自是褒貶不一。當時學生們公認傅斯年學問最佳，於是顧頡剛鼓動傅去聽胡的課，對其水準做一評估，以決定胡的去留。傅認真聽了幾天，告訴大家：「這個人書雖然讀得不多，但他走的這一條路是對的。你們不能鬧。」胡適由此躲過一劫。十幾年後，胡才知道原來是傅斯年暗中做了自己的「保駕人」。也就從

此起，傅同胡結下了深厚的師生之誼。傅經常去胡家做客，起初尚客氣禮貌，時間一長，相互熟識了，傅便漸漸「肆無忌憚」起來，與胡適辯論到酣處，竟不顧師生之別，大吵大嚷起來。胡適也不以為忤，盛讚這位學生為「人間最稀有的天才」。可見師生關係已非前代那般拘謹。

傅之所以敢同老師「頂牛抬槓」，與這一代對師生觀的反思大有關聯。他們是後五四一代，「求學期間直接經歷過五四運動的洗禮……大都有留學歐美的經歷，有很好的專業訓練。」故在他們看來，舊時學術，「以學為單位者至少，以人為單位者轉多。」「歷來號稱學派者，無慮數百：其名其實，皆以人為基本，絕少以學科之分別……無論何種學派，數傳之後，必至黯然寡色，枯槁以死。」且「其所學之目的，全在理古，理古之外，更無取於開新；全在依人，依人之外，更無許乎獨斷。於是陳陳相因，非非相衍，謬種流傳，於今不沫」。如此率直激越之文字，那當是傅大炮之手筆。此論斷雖不免絕對，確也點中了傳統授徒治學的弊端：由派系生門戶之見，因墨守致學術消亡。所以昔日的學術生產方式已不能滿足當時高校體制的需求，老派學人也逐漸呈「適者生存，不適者淘汰」的趨勢。民初北大有一位朱蓬仙教授，也是太炎弟子，其所教《文心雕龍》卻非所長，硬傷頻出。恰有一位同學借到朱的講義，交給傅斯年。傅一夜看完，摘出三十幾條錯誤，由全班簽名上書蔡元培，請其換人。書中所列各條錯誤，身為內行的蔡氏，看了自然明白，於是要求召見簽名的全班學生。同學們害怕蔡校長只考傅斯年一人，責任未免太重，每人分任幾條，預備好了，方才進去。果然蔡當面口試起來，分擔的人回答得滴水不漏。考完之後，蔡一聲不響。不久，這門功課重新調整，朱蓬仙從此不再任教。此事在當時轟動一

時，腦海中尚留有古時師承觀念的人們，視此舉過於荒唐。只是時光是把殺豬刀，十幾年後，第二、三代知識份子成為高校教師主體，學生炒老師魷魚的情況愈來愈多，大家便也習以為常，見怪不怪了。彼時雖有一些宿儒耆舊於各地創建書院，招收門生，續傳統學術之薪火，然這已不足以扭轉師生關係的演變。

從上不難看出，無論古時老師授徒，還是晚近教授講課，師生關係縱使有天翻地覆之變化，其共同追求的目標永遠是由獲知而聞道。所謂「道」，可以說是核心價值，可以說是終極真理，也或是頂尖學問。依此標準，老師、教授須是懷求道之志、有悟道之力、具傳道之法、秉殉道之心的前輩。學生願意追隨，或起而質疑，皆與道之真偽息息相關。從某種意義上講，教授乃道之人格化身，絕非僅僅販賣知識之徒。道之所存，師之所存，其任也重，其途也遠。

當下的高校師生關係，多有不盡如人意之處，也常被拿來調侃，如「大師」滿街走、「叫獸」課堂吼、「老闆」富流油等。其實，二十世紀上半葉也不乏此等濫竽充數、有辱師道之徒。不過，任何一個時代，出現所謂的「大師」、「叫獸」和「老闆」並不可怕，真正可怕的是，於偌大的象牙塔裡，只剩下一群「大師」、「叫獸」和「老闆」。

經費愁煞人

　　對於如今高校或研究機構的學者們而言，課題真是個讓人又愛又恨的東西。愛的是拿到課題便有了一筆或多或少、可供支配的經費，至少可保些許日子中衣食無憂；恨的是某些課題中標率並不高，即便使盡渾身解數後有幸入圍，日趨嚴格的報銷制度也令不少人絞盡腦汁去找發票，想盡辦法早日變現，故課題報銷較之撰寫論著，難度似伯仲之間。可謂中，教授苦，不中，教授亦苦。

　　或許正因對當下經費管理制度的吐槽，近來微信朋友圈裡流行一種說法，認為民國時期沒有課題經費制度，照樣出了一大批著名學者和學術經典。客觀而言，此言論背後所透露的情緒可以理解，不過卻有悖史實。

　　毫無疑問，學術研究本身就是一件只投入不盈利的事業。其實古代中國官方資助與商人贊助學者研究已蔚然成風。若無朝廷出資，《永樂大典》、《四庫全書》則難以集一時之選，順利告竣；若無江南鹽商巨賈扶持，乾嘉諸位漢學家也無法安心皓首窮經、撰寫名著。當然，步入近代，學術研究逐漸演化成一項專門化的知識生產活動。既然屬於生產知識，那麼相當數量的經費配套與支持自然是應有之義，否則何以能保障學術研究這臺龐大機器的正常運轉。與古代不同的是，隨著歐風美雨的薰染，二十世紀上半葉的學術資助更多是依託政府與工商界，並且不限於國內，管道多，來源廣，並形成了一套制度性的保障。

　　進入民初，高校依次建立，科研機構增設，研究更趨專業化與職業化，經費需求堪稱急迫。任鴻雋指出：「吾國多數機關，所以成為伴食衙門，而多數學者所為扼腕憤慨於用武之無地者，

皆此缺乏少數之事業費為之爾」。若無經費，一來學者終日為稻粱所困，焉能安心於研究，二來近代科研需要大量的設備與資料，亦耗資巨大。於是乎，有識之士紛紛仿效西方基金會辦法，利用社會募捐嘉惠學界。1918年底，中國科學社基金會成立，蔡元培在啟示中強調：「吾聞歐美政府若社會之有力者，恒不吝投巨萬資金，以供研究科學各機關之需要。今以吾國惟一之科學社，而所希望之基金，又僅僅此數，吾意吾國政府若社會之有力者，必能奮然出倍在於人員所希望之數，以湔雪吾國人漠視科學之恥也」。風向所及，各種基金會不斷湧現，其中最為著名的一為哈佛燕京學社，一為中華教育文化基金董事會（簡稱「中基會」）。

哈佛燕京學社源於美國鋁業公司創始人霍爾所立的教育基金。霍氏去世後，遺囑交代將其遺產的三分之一用於日本、亞洲大陸、土耳其和歐洲巴爾幹半島教育機構的創建、發展。

1928年初，哈佛燕京學社正式於北京成立，其所獲資金達百萬美元。正是憑藉雄厚財力，燕大引進了陳垣、洪業、伯希和等多位知名學者任教，並資助趙元任、陳寅恪、胡適、梅光迪、李濟、梁實秋、湯用彤等一大批學者赴哈佛大學訪問研究。另《燕京學報》亦成為彼時國內學術研究的重要陣地。中基會則利用兩次美國退還庚款而創辦。1925年成立伊始，中基會便確定了「為而不有」原則，旨在以「有限的財力，謀最大最良的效果」。正是秉著好鋼用在刀刃上的原則，中基會先後資助了當時的很多新興而關鍵的學科學者，如中央研究院歷史語言研究所的李濟、化學研究所的莊長恭、北平地質調查所翁文灝等人，課題專案雖少，但資助額度甚大，影響深遠。故任鴻雋後來不無自豪地評價中基會在促進學術發展中的作用：「寧與已成機關合作，蘄以較

少之經費，收最大值效果，不願另起爐灶，多所耗費而色然矜為獨創也。故歷年以來，凡在國內具有成績之研究機關，無不獲中基會之補助」。

何廉便是中基會的獲益者之一。當時何氏在南開大學展開經濟學研究，起初經費主要依靠自己留學美國時的一些積蓄。然沒過幾年，何已感到捉襟見肘、坐吃山空般的危機。恰好南開校長張伯苓是中基會董事會成員之一，一方面他從學校撥款支持何的研究，另一方面為其申請中基會資助提供便利。一番努力之下，何收穫甚巨，「大學預算撥款現洋5,000塊錢，『中華文化教育基金會』資助現洋4,000塊錢」，另還有海外贈款500美元，「按照當時中國的標準看來，這筆款子是頗為客觀的」，陡然躋身「萬元戶」行列，何大喜過望。

然而高興了不足一年，經費支絀再度擺在何氏面前。隨著研究範圍的拓展與課題的深入，所需開支亦因之增加，但南開財政卻趨於緊張，中基會的資助也同時中斷，何氏面臨無米之炊的境地。何本打算從彼時的金融機構和工礦企業大亨那裏拉點贊助，孰料卻屢屢碰壁。比如享有「實業大王」稱號的劉鴻生保證從他控制和經營的在南京和上海的兩家水泥和紡織廠中為何氏提供經費資助，不過「儘管我們一再要求兌現，他的保證卻從來沒有實現過」。後來好友張嘉璈和陳光甫一語點醒夢中人，「一家上海的工業企業或銀行去支持天津的一家教育機構是不可想像的」。何自然感慨「經濟上的地方主義原則居然殃及公益慈善事業」！

好在東方不亮西方亮，國內課題經費無著，何只好將目光投向海外。1929年9月，何與太平洋國際學會祕書長卡特結緣，他對何提出的山東、河北人口向東北邊疆遷移與定居運動的研究課題表示出極大興趣。之後何動身去日本奈良再做遊說，幾經曲

折，終於拿下了每年撥款7,500美元，為期三年的資助項目。可謂終得善果。

　　當下的學者們，大多不必如何廉那樣為搞不到經費而四處奔波，愁緒交加。但大家恐怕很多都面臨到另一種愁：怎樣花掉這一筆筆課題費。有道是愁啊愁，有人愁得白了頭，有人愁得耍滑頭。在筆者看來，經費本就是用於做學問的，若想靠課題致富，徒耗資源不說，且實在是不智。您如果真想發財，天底下那麼多賺錢的好營生，何苦單單守著學術研究不放呢？

序言內外有乾坤

　　學人著書立說，本就是雅事一樁，正文大功告成，再撰一序言以講明寫作初衷，做一收束，如此方可稱之完滿。按照慣例，序言置於篇首為「引」，列於文末乃「跋」。不知自何時起，請同道名人作序蔚然成風。在常人看來，他者之序多屬錦上添花，大都酬庸之作，實無甚可取。然短短一篇序言，內外卻頗含玄機，另有乾坤。不妨摭拾幾則故事，與諸位道來。

　　民初最有名的序言，則非蔡元培為胡適《中國哲學史大綱》所寫的莫屬。堂堂北大校長為一年紀輕輕的留美博士跨刀「捧場」，其中因緣頗深。蔡氏執掌北大，宣導學術相容並包，故新舊學人濟濟一堂。只是老輩皆已成名成家，新人卻籍籍無名，如初來乍到的胡適，雖工作勤奮，為人和藹，但卻並未引來學界之廣泛關注。1918年底，胡赴南開演講，擬順道拜訪前輩梁啟超，「甚思假此機會趨謁先生，一以慰平生渴思之懷」，可謂極盡謙恭之態。不過梁似對這位胡博士有些感冒，臨到見面當日，突然告知爽約，徑直赴京與徐世昌總統「商討巴黎和會事宜」。

　　想必後進們的如此遭遇，蔡氏都看在眼裡，記在心頭。為了真正實現新老學人之勢力均衡，推動新文化，就必須提攜新人，樹立典型，而入職以來勤懇踏實，頗受好評的胡適，自然成為蔡力推之對象。1919年2月，胡適的《中國哲學史大綱》上卷整理出版，卷首蔡序赫然在列。蔡先是指出研究中國哲學史存在兩大難處，一是材料，二是形式，眼下研究「漢學」的人雖還不少，但卻沒有西洋哲學史的功底。留學生中治哲學的本沒有幾人，這幾人中能兼治「漢學」的更少了。胡適生於世傳「漢學」的績溪

胡氏，稟有「漢學」遺傳「基因」，雖自幼進新式的學校，還能自修「漢學」，至今不輟。又在美國留學的時候，兼治文學、哲學，於西洋哲學史是很有心得的。所以編中國古代哲學史的難處，一到先生手裡，就比較的容易多了。「故其書兼備證明的方法、扼要的手段、平等的眼光和系統的研究四大特長。蔡這般不吝溢美之詞，可見他捧場之心極切；不知是無心之失，抑或有意為之，蔡錯將胡適置入績溪胡氏的學術譜系當中（其實胡適並無績溪家學背景，但他彼時將錯就錯地予以默認），以抬高其學術功力，亦知蔡塑造學術新銳之意甚濃。正是蔡氏為胡鳴鼓開道，是書一出，便造成洛陽紙貴之盛況，據說《大綱》剛運到四川，「購者爭先，瞬息而罄」。至1930年，《大綱》已累計印刷15版，胡因此名利皆賺得鍋滿盆滿。

後輩幾年內暴得大名，自然反過來會深深觸動前輩。之前曾不睬胡適的梁任公，便心中很是焦慮。1920年，梁啟超等人歐遊歸來，同行的蔣百里將沿途所見所聞所思所感整理成書，題為《歐洲文藝復興時代史》，向恩師任公徵序。梁自然欣然應允。只是到落筆時，梁「覺泛泛為一序，無以益其善美，計不如取吾史中類似之時代相印證焉，庶可以校彼我之短長而自淬厲也。」於是其決心從清代學術中尋覓中國文藝復興之痕跡，孰料「既而下筆不能自休，遂成數萬言，篇幅幾與原書埒。天下古今，固無此等序文。脫稿後，只得對於蔣書宣告獨立矣。」作序者將序言寫成了專著《清代學術概論》，後來蔣還不得不倒貼一序言，這在民國學界也算是一件奇葩趣聞。梁之所以下筆滔滔不絕，除卻其文思泉湧外，與胡適之「挑戰」大有關聯。《概論》自序頭一句話，便是梁交代寫作初衷，首要動機即「胡適語我：晚清『今文學運動』，於思想界影響至大，吾子實躬與其役者，宜有以紀

之。」今非昔比，已儼然升格為學界領軍人物的胡適，他的話之於梁氏，不再是耳旁風，而是「緊箍咒」。有道是「長江後浪推前浪」，為避免「前浪被後浪拍死在沙灘上」，梁必須適時拿出上乘之作，以回應新興力量。故梁彼時著實「壓力山大」。想必著書之意已久蓄任公心中，蔣氏索序終激發梁的寫作衝動，否則短短半月內速成此書，似不可想像。知師莫若徒，蔣百里在贈序裡講「今時局機運稍稍變矣，天下方競言文化事業，而社會之風尚，猶有足以為學術之大障者……多金為上，位尊次之，而對於學者之態度，則含有迂遠不實用之意味。」世易時移，局勢之巨變，後進之緊逼，若無這本《概論》問世，梁氏壓透紙背的擔憂，真不知該往何處安放。

　　人一旦出名，必然會惹諸事上身。作為學界翹楚，胡適自難免俗，他人邀序漸成日常事務一般。不過既然已是圈內大腕，胡明白愛惜羽毛之重要，一來作序過濫，影響個人聲譽，二來泛泛推介，也易誤導後輩，為己留顏面，同時亦是對讀者負責。故能進入胡氏法眼者，才有機會獲其撰序推薦。如稍晚於胡氏的劉文典，廢寢忘食著成《淮南鴻烈集解》一部。劉本請蔡元培為己作序，不知何故，蔡遲遲未見答覆。退而求其次，劉致信胡氏索序，「典因為一種關係，急於要掛塊招牌」，表明欲借胡的名望抬高自身價碼之意。英雄惜英雄，胡樂助其成，破例送上洋洋灑灑一篇文言文序言，賣力為劉吆喝：「今日坊間所行，猶是百五十年前之莊逵吉本，而王（王念孫、王引之父子）、俞（俞樾）諸君勤苦所得，乃不得供多數學人之享用；然則叔雅《集解》之作，豈非今日治國學之先務哉？」如此「扶上馬送一程」，堪稱周到之至，依稀有當年蔡校長為胡博士助陣的意味，你說劉文典焉能不火？

　　有應允，便有拒絕。胡適就曾向何炳松「說不」。1921年，何將美國學者魯濱遜的《新史學》翻譯成書，準備出版。為提高影響力，何向胡邀序，並聲稱胡「很願意代我著手作一篇序文」。然春來秋往，一晃三年，何口中的那篇序言卻仍不見蹤影，雖出版社幾番催促，何自信按照其與胡的交情，「適之先生的序文能夠遲早之間發現在這本書的前面」。其實胡對何之學問並不認同，二人關係也很尋常。胡適這種「沉默式的婉拒」，更讓人相信何未免過於一廂情願。

　　序言之妙，有時在於文雖在書內，意超然書外。陳寅恪為馮友蘭《中國哲學史》上冊所作審查報告（亦可看作序言）便得此神韻。陳序指出：「對於古人之學說，應具瞭解之同情，方可下筆。所謂真瞭解者，必神遊冥想，與立說之古人，處於同一境界，而對於其持論所以不得不如是之苦心孤詣，表一種之同情，始能批評其學說之是非得失」，否則「其言論愈有條理統系，則去古人學說之真相愈遠」。揭示治學之精髓，點出學界之痼弊，陳氏之論真是妙不可言哉！想想也是，若所有序言都是「你好我好大家好」之類的吹捧文字，那恐怕是文壇之恥、讀者之災了。

「名師」如何培養「高徒」？

1931年9月初，剛從燕京大學社會學系轉入清華的青年學生夏鼐，陷入莫名彷徨之中。一天他碰巧遇到舊時同學，二人一打開話匣子，便提到今後的出路問題。夏心中頓時亂作一片，「自己的轉系到底怎樣好呢？我現在非轉歷史系便轉生物系，至於到底哪一系好，臨時再行定奪」。思來想去，夏氏終覺文科、法科的功課是「空虛」的，還是生物系比較實在，且將來就業也不會太差。於是在「九一八」事變爆發的次日，夏去找生物系系主任陳楨申請轉系事宜，可惜陳不在，於是此事只得暫時懸置。三天後，歷史系系主任蔣廷黻在清華校內發表題為「日本此次出兵之經過及背景」的演講，夏特意去現場聆聽。由於受國難刺激而激發的憂患意識以及蔣氏演講所產生的巨大號召力，夏發覺歷史可以照進當下與未來，並不「空虛」。此後兩月內，他一氣讀完李劍農的《最近三十年之中國政治史》、劉彥的《帝國主義壓迫中國史》及樊仲雲《最近之國際政治》，最終下定決心進軍歷史系，拜蔣廷黻門下。或許是巧合，當年赴美留學的蔣氏起初在專業選擇上，原本想鑽研政治學，以便將來在中國政壇馳騁一番。但他後來又發覺政治學所說的政治太過於理論化，不切實際，「欲想獲得真正的政治知識，只有從歷史方面下手」，於是他專攻歷史學，主修政治史。但蔣又不僅僅為歷史而歷史，而是為了致用而研究歷史，「學習歷史以備從政之用，此一見解倒是深獲我心。在過去，不分中外，許多歷史學家均能身居政府要津即其適例」。師徒二人研究歷史之初衷，可謂如出一轍。

恰看中夏鼐學史之意願所在，蔣廷黻對其之培養頗具特色。

蔣深知夏的史學功底較薄弱，於是命他多讀史料、多寫書評。半
載後，尚不知學界這潭水深淺的夏鼐，興沖沖地將所寫書評彙集
成冊，希望老師推薦出版。蔣通篇閱畢，告知夏撰寫歷史著作
非常艱難，此書評集過於稚嫩，「非同時兼閱其他參考書不為
功」，況且「以中國對於純學術的著作殊難求銷路之廣，書店不
敢出版恐致折本」。蔣師此番點評如同一盆冷水，將夏心中旺盛
的熱情驟然澆滅，其禁不住在日記裡吐槽：「我知道自己入歷史
系是弄錯了，嗚呼！今日中國之出版界！」

　　其實此舉不過是蔣欲揚先抑之策，目的在於袪夏身上的虛驕
之氣。待夏備受挫折後，蔣適時開出一份三十多部的書單，令其
逐一精讀。沒了浮躁，夏讀書自然心平氣和，加之他天資不錯，
很快便「上道」。兩年內，在蔣悉心指導下，夏發表三篇論文及
一篇書評，可謂成果頗豐。對其畢業論文，蔣更是幫夏反覆修
改，並指出「做得頗不錯，但希望修改後再發表。又說我的文章
的弊病，一在貪多，因之屑瑣散漫，不能擒住主要點去發探，所
以這一篇四萬多字本子，最好能刪成三萬字左右，二在文氣不尊
重，常夾雜報章雜誌通俗文章的油腔，學術論著應嚴肅一點。」
經過數易其稿，該文終於刊發在彼時國內一流學術雜誌《清華學
報》。

　　與夏鼐同年畢業於清華歷史系的同學中，有一位天賦極高，
此人便是吳晗。相對於夏讀歷史的誤打誤撞，吳的遭遇則頗為曲
折。青年吳晗的求學生涯，一直與胡適密不可分。最早吳在胡適
任校長的上海中國公學讀書。在1930年底，胡回歸北大。吳晗也跟
著北上，打算轉學到北大。幾經波折，吳晗考取了清華，但因經
濟窘迫，就讀成為問題。發覺此情況後，胡馬上伸出援手。有回
兩人見面，胡問吳晗是否要用錢，還當場掏錢包打算拿錢給他，

吳拒絕了胡的好意。但對於怎麼解決就讀清華後的經濟問題，胡還是予以安排。胡特別寫信給清華校長翁文灝、教務長張子高，誇讚吳晗是很有成績的學生，中國舊文學的根底很好；他有幾種研究，都很可觀。請他們給吳晗一個工讀的機會，讓他得以順利讀書。可以說，若無胡適這名伯樂，就無日後著名學者吳晗。

知徒莫若師，對於吳晗的學術特色與未來方向，胡適心中早有規劃。進入清華後，吳晗本想研究秦漢史，然系主任蔣廷黻卻希望他治明史。胡對蔣的想法深以為意，寫信點撥吳晗：「蔣先生期望你治明史，這是一個最好的勸告。秦漢時代材料太少，不是初學所能整理，可讓成熟的學者去做」。另胡還忠告吳治明史之態度在於「治明史不是要你做一部新明史，只是要你自己做一個能整理明代史料的學者。」至於具體的研究路數，胡亦不憚其煩地加以提示：「應細細點讀《明史》，同時先讀《明史紀事本末》一遍或兩遍。《實錄》可在讀《明史》後用來對勘」。並反覆囑咐吳在進行專題研究時，千萬不可做大題目，題目越小越好，小題大做才能得到訓練。經如此剴切導引，吳深感「先生指示的幾項，讀後恍如在無邊的曠野中，夜黑人孤，驟然得著一顆天際明星，光耀所及，四面八方都是坦途。」其長進可謂一日千里，畢業後順利留校執教。

對吳晗青睞有加，但對其他學生，胡適卻非皆如此，甚至都沒那麼好脾氣。譬如羅爾綱，胡之教誨堪稱嚴厲。羅早年確定將太平天國做為治學陣地後，一度甚是用功。但迫於生活壓力，羅不得不思索解決生計之道。一次，羅被吳晗拉去參加由一群年輕的史學工作者組成的史學研究會。這個小團體得到天津《益世報》與南京《中央日報》之資助，於是羅得以在這些刊物上發表了不少文章，換取稿費。當羅完成《洪大全考》一文後，估計可

得一百多元的稿費，幾乎等於他兩個月的薪資，這讓其彷彿看到了一條通往致富的金光大道。於是羅開始奮筆疾書，進軍通俗史學圈。其《太平天國史綱》一書便是在謀生壓力下，於1935年底至翌年春，花了三、四個月時間匆忙完成的作品。

在此書中，或許為吸人眼球，增加賣點，羅有意拔高太平天國的意義，如他認為太平天國的種種改革，「都給後來的辛亥革命時代，以至五四運動時代的文化運動，以深重的影響」，像是「施行太平天曆，剷除宜忌吉凶的迷信，提倡通俗文字，主張刪浮文而用質言，去古典而貴明曉，標出『文以紀實，言貴從心』的文學革命的理論，是對風俗思想的革命」。

須知這般說法，雖可忽悠一般讀者，卻逃不出老師的犀利法眼。胡不久便將羅單獨喊來，嚴厲批評道：「做書不可學時髦。此書的毛病在於不免時髦。……我們直到近幾年史料發現多了，始知道太平天國時代有一些社會改革。當初誰也不知道這些事，如何能有深重的影響呢？」「你寫這部書，專表揚太平天國，中國近代自經太平天國之亂，幾十年來不曾恢復元氣，你卻沒有寫。做歷史家不應有主觀，需要把事實的真相全盤托出來，如果忽略了一邊，那便是片面的記載了。這是不對的」。

胡之調教可謂一語驚醒夢中人，羅羞愧難當，「適之師的話，叫我毛骨悚然」，「我這種牽強附會的說法……也就是違犯了適之師平日教我們『有一分證據說一分話，有三分證據說三分話』的教訓！」自此羅將雜念盡數拋棄，一心沉潛於學術研究當中，其之後成就，於恩師之痛責不無關聯。

其實說白了，因材施教，恩威並施，即為名師授徒的不二法門。順之，則高徒由之而生；逆之，便有誤人子弟之虞。如今高校牆內的諸多「老闆」們，怕是早將這八個字忘到九霄雲外了吧？

學者們的「職業病」

　　這兩年來，每次參加體檢，筆者都會發現周邊同事朋友的身體指標出現這樣或那樣的問題，幾乎無人倖免，且明顯呈年輕化趨勢。久而久之，好像在學術圈裡，「有病」成為「新常態」，而「沒病」卻被視作「稀罕物」。學者們對待疾病的心態也發生了戲劇性的轉變，從彼此慨歎健康不再到紛紛互相誇讚「也是蠻拼的」。不過身體有恙畢竟非好事情，且對於學者而言，雖平日無須風吹日曬，傷筋動骨，但常坐書齋，埋首鑽研亦是一件苦差事，很多看似無礙的慢性「職業病」如同軟刀子殺人，令學者們叫苦不迭，甚至危及生命。此情形非當下獨有，民國學界已是司空見慣，不妨舉幾例子，望諸君引以為戒。

　　對於學者而言，年少成名往往是可遇不可求之事，然而成名之後如何保持水準，不負眾望，便會如同有一柄達摩克利斯之劍始終懸在自己頭頂。此揮之不去的危機意識自然而然逼迫學者廢寢忘食般玩命創作，而長期透支健康的結果便是身體亮出黃牌。胡適即顯例。背負著高扛五四新文化大纛之巨任，胡肩上所承分量之重，心中所擔壓力之大，可想而知。故連軸轉的講座、應酬，不停歇的研究、撰稿，令其身體在不滿二十九歲的年齡，便垮了下來。1920年5月，胡頗感不適，只得暫停授課，請名醫謝大夫給其治療。據胡回憶，大夫「看了我的病，疑是心臟的活門不太靈活，可能出血不止就會送命的」。數月後，胡又患腳風病，陪同學者站了三個小時後，居然不能走路。經謝大夫診斷，所謂「腳上風氣」，根源「是由於積勞致心臟病有病，須靜臥幾天」。可是或許寂寞難耐，抑或盛名所累，沒幾天胡又跑了出

去，結果自然是大病一場。面對這位不聽話的病人，醫生忠告
道，「你患的是心臟病」，「雖不是急性病，二三十年之內或
無意外事，但必須靜養，切不可勞力過度。菸酒和其他刺激物，
絕不相宜。我望你以後務必早眠和多睡，不要太用功。」經此
一劫，胡適不敢怠慢，迅即制定了一個養病恢復的計畫：「十時
睡，七時起。下午睡半時至一時，著書：每日二小時；看書：每
日一小時」。幸好胡彼時還年輕，且執行得較為澈底，於是身體
較有起色。

　　不過人時常是「好了傷疤忘了痛」。不及兩載，胡適又開啟
了沒日沒黑的工作節奏。1922年春天參加一次運動會的半公里賽
跑，胡「跑到最後半圈，我竟跑不動了。到將近終點時，我踏著
一塊石頭，便跌倒了……回到司令臺上，有人遞一杯茶給我，我
喝了一口，忽覺得眼前發黑，似將昏暈。」原來是舊病復發，而
且較之前更為嚴重，「細看痛處在左腳踝骨裡面，面上有點腫。
睡時又覺兩腿筋肉內酸痛」，胡「頗有點怕」。除了心臟狀況不
佳，尚有一難言之隱時常困擾胡適。常言道「久坐成痔」，學者
無論讀書還是寫作，皆須長期坐著，於是痔瘡往往不請自來，胡
適便備受此病折磨。一次，胡與諸位師友聚會，恰逢痔瘡犯了，
「我覺肛門更腫，不能坐了。但大家都高興，我不便向隅，就一
起到公園吃飯。吃飯之時，真是如坐針氈。吃完飯匆匆回家，面
已失色」。實在不堪此病困擾，胡赴協和醫院做了一個手術，足
足養了一百天才完全康復。而且當時這類手術的醫藥費居然是
150塊銀圓（相當於人民幣2萬多塊），堪稱天價了。想必對於大
多數人而言，痔瘡真的是長得起，卻治不起啊！

　　與乃師相比，素來在學術上自我要求甚嚴的顧頡剛，亦積勞
成疾，大毛病沒有，小問題不斷。單就1930年來看，年僅三十七

歲的顧幾乎天天受病痛折磨。年初,顧就連日便祕,「以用力故出血矣」。不久,失眠又來侵擾。為了能入睡,顧只得每晚臨睡飲酒。然而終日寫作尤其挑燈夜戰,導致大腦一直處於興奮狀態,終致神經衰弱,此非幾杯醇醾便能醫好的,且長期休息不佳易引發心臟不適。顧感到「日來心蕩頗劇,失眠病雖不作而怔忡病竟成,夜間遂不敢工作矣」。更糟糕的是,長期伏案,缺乏運動,飲食不按時,作息不規律,一系列的問題接踵而至。首先是造成骨頭變形,如顧突覺「胸間肋骨頗痛,按摩之不愈,想是伏案太久之故」,之後到了交稿之日,「但伏案時依然肋骨痛楚,實在沒辦法,焦急之至」。顧告誡自己「可憐的頡剛,你經此挫折,以後總不可太刻苦了!」其次是腸胃蠕動不足,往往消化不良,如一次赴宴,顧飯後竟腹瀉四次,頗傷元氣。再就是飯量不濟。才三十來歲,顧「午餐不過碗半,多一口即吃不下。與七八年前,冬間每餐進四碗者,大不同矣」。倘不加調理,便易導致陰虧肝旺,內熱脾虛,顧便坐下此病根,時常感覺腔內痰多,「早晨醒時,周身疼痛,胸前脹緊。肺病耶?發勞傷耶?心臟病耶?」更有甚者,諸病從至,體質之虛弱常出乎己之預料,盜汗的出現就為顧敲響警鐘。下半年,顧一月之內頻繁盜汗,「初僅頸間有汗,今日乃至全背部皆出,衣如水浸矣。心頭為一涼」。不出幾年,昔日英姿勃發的顧頡剛已略顯老態。1931年一次故友重逢,其老同學章元善仔細打量顧,歎道:「多年不見,蒼了!」傅斯年也好奇顧「何白髮之多也?」顧不禁感慨「嗟乎,歲月不居,倏忽已老,再不自立,當如之何!」其實此刻的顧頡剛,尚不到四十歲,蒼老之貌實與平時缺乏保養密切相關。

好在胡、顧二人後來皆注意休息調養,體質逐漸恢復,終享得高壽。但並非所有學者都意識到這一點。如錢玄同,拜年輕時

揮霍健康所賜，人到中年，失眠、心慌、氣短、胃疼、高血壓等諸病集於一體，時常苦不堪言，「日來腹疾未愈，而又大赤化，腦不能稍用，稍用即脹（不用且脹矣），身不能稍動，稍動即疲（不動且疲矣）。噫，如此活死人，有何生趣乎！！」既然自知身體堪憂，就當悉心調理、認真治療，孰料錢依舊任性，終致突發腦溢血離世，年僅五十三歲。誠可謂學壇一大損失。

除身體之病外，不少學者尚有「心病」。終日冥思苦想，加之缺乏運動，學者們往往難從精神高度緊張中調適過來，於是焦慮、煩躁、憂鬱、妄想諸精神症狀叢出，輕則影響生活，重則危及生命。當下不少學人棄世自殺，與此不無關聯。

學術圈常流行一句話：「只有活得久，才能把同行熬垮，成為一代宗師」。雖屬戲言，但確道出健康對於學者的重要性。唯有身體好，避免各種「職業病」，學者方能長期保持上佳的研究水準，才可為後世多貢獻才智與作品。倘身體沒了，不僅乃學界之憾，更是家庭之憂。故學者們，山高路遠，治學譬如細水常流，則能穿石，都悠著點！

試想一下，你這麼玩命，真值得嗎？

用「繩命」搞學術的大咖們

　　自古著書立說，雖道酣暢快意，但畢竟屬於費腦傷神之事，若耽情於此，往往會危及健康。曾幾何時，學者們紛紛愛上了夜的黑。似乎唯有待萬籟俱寂、夜深人靜之際，端坐青燈黃卷，口啜清茗一盞，才能遠離塵囂，文思泉湧。殊不知熬夜最傷人，耗損精氣、紊亂臟腑，實在是生命之大敵。不少著名學人難得高壽，與此關聯甚大。

　　據有人統計，梁啟超一生所撰文章篇幅至少兩千萬字左右，可謂著作等身。尤其是其避禍日本期間，一人先後主持《清議報》、《新民叢報》，天天筆耕不輟，每日寫作量達萬字以上。長此以往，梁便養成了熬夜奮筆之習慣。展現才華之另一面，便是透支健康。到了中年，梁身體每況愈下，頻亮黃燈。1923年初，梁頗感不適，赴滬檢查，結果確診為心臟病。鑒於此乃多年積勞成疾所致，醫生叮囑梁任公靜養數月，戒菸戒酒。梁起初還算聽話，「酒是要絕對的戒絕了，菸卻不能」，「我便連日連夜睡他十來點鐘」。然而樂於熱鬧，沉醉寫作的梁任公豈能停得下來？到了該年十月，為了回應戴東原二百年生日紀念會，梁竟然「接連三十四點鐘不睡覺」趕稿子，這真是用「繩命」在創作。六年後，梁終油盡燈枯，不治而亡。

　　梁氏晚年執教清華，收得一名得意弟子。一天晚上，梁主講中國文化史，他從衣袋裡取出一封信來，在聽眾中問張蔭麟是哪一位。只見一位清瘦的男生當即起立致敬。原來張曾寫信質問梁任公前次演講中的某一點，梁在講臺上當眾答覆他。其實別看張那時還是年僅十七、初進清華的新生，卻已在《學衡》雜誌上登

過一篇與梁商榷老子問題的考證文章。《學衡》雜誌編輯甚至以為他是清華的國學教授。後來梁對張蔭麟異常歡喜，勉勵有加，當面稱讚他「有作學者的資格」。

就是這位天才史學家張蔭麟，不僅具備了梁的才情，更承襲了在黑夜裡思索的習慣。特別是留美歸國後，張似乎永遠倒不過時差。據其好友賀麟回憶，「他這時寫文章，養成一個很不好的習慣，就是每寫一篇文章，總是幾晚不睡覺，直至文章一氣呵成時，然後才大睡幾天，大吃幾頓，或進城來逛書攤，買書籍，找朋友談笑開心。這種看書寫文章至夜深不睡的習慣，可以說是他不壽的主因。」另據張的學生記載，當時其任教貴州，因教學勤奮，生活孤單，乏人照顧，身體健康狀況欠佳。張本患有慢性腎炎、肺氣腫等疾病，時常不斷地流鼻血，後發現小便有血，嚴重至終日失眠之程度，但他並不在意。學生曾多次勸他及早去醫院診治，還讓他注意營養，多多保重身體，少熬夜。而張仍時常通宵看書、寫文章，不覺窗外旭日早已東升。他曾對學生講：「老毛病，不要緊的，吃一、兩瓶肝精片，就會好的。」肝精片怎能治好腎病？期間賀麟曾收到兩三封張的來信，對於自己的生活情形，努力方向，一字不提。「那信箋之短簡潦草，墨蹟之枯淡，總令我感得那是精力短絀，神志不旺的徵象。」後來賀聽說張曾大淌鼻血一次，又聽說他在貴陽中央醫院治病，便料想他的病必不輕，故特意借從昆明來重慶之便，由公路順便到遵義做一探視。待賀來到張之寓所，眼前所見之人可謂形容消瘦，顏色不佳，賀為之吃一大驚，「覺得他陷入了病的深淵，頗有黯然神傷之感」。賀當時便忍不住很淒然地問他道：「你的顏色很不好，何以你的身體會弄得這樣壞？」張立即取出鏡子來照，並自己忙加辯解，認為臉色不算壞，又說睡得很好，胃口頗佳。雖然病與

梁任公相同，但輕得多。張特意又當著賀麟面，用白水吃了三個燒餅，而且談起學問與時局，也貌似蠻有精神，滔滔不絕。

明眼人一望便知，張無非強打歡顏，寬慰友人。其如此拚命寫作，自有其隱衷，用他自己的話講即「個人自行政以來，每日的時間都被辦公廳占去。傍晚歸家，精神已經透支，而知友們多以過去曾寫作練習，紛來索文，卻既不恭，只有於夜闌人靜，一燈縈繞之際，強打精神為之，資料之未能備，論斷之未正確，那是事實使然。行文之始，本已惴惴，文成之後，總希望由此引起同好的興趣，繼續作研究，冀得究竟，所以讀到反對的文字，從不慍怒，非常高興。」自我學術志向甚大，加之周遭友朋期望亦高，暫緩不是，推脫也不是，張氏唯有自我加壓。其英年而夭，多半即終日通宵達旦，用功太過，預支了體力，遂致短命，年僅三十七歲。

若說梁任公、張蔭麟師徒之熬夜稱得上「忘我」之舉的話，那麼黃侃之熬夜則算得上是「任性」了。翻看《黃侃日記》，滿是其熬夜不睡的紀錄。黃乃書癡，又極力反對閱讀「殺書頭」，故往往不顧時間早晚，精力怎樣，一氣讀到「疲甚而眠」、「夜深乃寢」。更加虧損精力的是，黃還經常酒足飯飽後熬夜讀書，如「暮飲冷酒後偕兩生出食，冒夜歸，點書至子夜寢，爐火無溫，畏寒發熱，呻吟達旦」，真是毫不顧惜己之健康。黃還好下圍棋，於是時常與人「手談至夜」。如1922年春夏之交，黃十幾次同友人下棋熬通宵。4月2日，「遇姚仙舟、陳和生，邀之來寓手談，遂達曉」；4月12日，「獨詣文欽，約手談，自晡達曉」。若對弈不成，則麻將代之，如同年1月21日，「梅僧、蔚農來，欲手談不成，雜作骨牌戲至夜」。但凡下棋搓麻之人，都明白此娛樂項目小玩怡情，若一發不可收，便極為勞心耗神，其

傷身程度絲毫不亞於熬夜趕稿。

正由於這麼有才，這麼任性，不到五十歲，黃侃已是落下一身毛病：畏寒、腹瀉、失眠、心悸、齒痛、咯血、頭眩、咳嗽、多痰、便祕等不一而足。故其五十即逝，實非偶然。

時至今朝，熬夜之風於學界不僅未見衰減之跡象，反倒呈愈加流行之勢，身邊諸多師友皆多樂此不疲於月光裡開工，在太陽下酣睡。其身體狀況，自令人堪憂。文末筆者不妨撰小詩一首，勸告各位夜遊者：

學問千秋功，健康日養成；熬夜太傷身，今宵多珍重。

說不清的「國學」

　　大概從二十世紀80年代末起，華夏大地興起了一股「國學熱」，至今尚無降溫的跡象。不誇張地講，它已遍佈中國社會，深入尋常百姓間。如今的「國學」既具市場化氣息，各式各樣的「國學班」應時而生，遍地開花，又有很強的大眾色彩，前幾年有「講壇國學」、「手機國學」、國學網站應運而生，這兩年國學博客、國學微博、國學微信等亦橫空出世。不過，於一片喧囂熱鬧的背後，對於何謂「國學」、怎樣研究「國學」、國學研究之目的何在，依然是眾家爭鳴，意見紛紜，各說各話，人言言殊。這倒頗有些圖紙尚未完工出爐，高樓早早平地而起之意味。於是乎，「國學」已成為不少人心中說不清的「跨世紀之惑」。其實，就算在民國那會兒，「國學」也是道不明的。

　　「國學」一詞，古已有之，但並非今人理解之意。《禮記・學記》言「古之教者，家有塾，黨有庠，術有序，國有學」。由此可知，「國學」於中國古代，專指國家一級的教育機構，與太學相當。而近代意義上的「國學」，則是舶來品，實借鏡於鄰邦日本。「國學」在日本，本指各國設置的郡司子弟學校。降至近代，詞義發生嬗變，成為江戶時代興起的一門學問的代名詞，主要是對日本的古代典籍進行文獻學式的研究，以探明其固有文化，又稱和學、皇學或古學。因此清末學人黃節在《國粹學社發起辭》中特意聲明：「國粹，日本之名辭也。吾國言之，其名辭已非國粹也。」

　　歸根究柢，「國學」在清末的勃興，實肇因於國人意識到西學乃至東學的不斷湧入，漸呈太阿倒持之勢。西學取代中學的強

勢局面，迫使新式學人在中西文化觀上不再僅僅是拒斥或附會，而是開始反思，進而謀求轉變，決心借鑒歐日，以宣導「國學」來復興傳統文化。進入民國，此趨勢非但未因政權鼎革而停歇，反而愈加流行。彼時學者不分新與舊，無論老中青，都投入到討論之中。1919年，北大學生毛子水發表《國故和科學的精神》一文，認為「國故就是中國古代的學術思想和中國民族過去的歷史」，正因為是代表古代和過去，所以「國故是過去的已死的東西，歐化是正在生長的東西；國故是雜亂無章的零碎智識，歐化是有系統的學術。這兩個東西，萬萬沒有對等的道理。」那麼研究國故的學問，即是國學。且毛氏指出須由具備「科學的精神」的人來整理國故。不久，便有名為張煊的學者撰文與毛氏商榷，指出「國故，東洋文明之代表也；歐化，西洋文明之代表也。今日東西洋之文明，當然處對等地位」，如果學者們僅僅追慕時髦，「抄拾歐化，歐化之本身不加長也，整理國故，以貢諸世界學術界，世界反多有所得」。故在張氏看來，凡是「蔑視國故者，無世界眼光」。毛氏自不示弱，迅即回擊，稱「倘若只知道向國故裡面找尋什麼將來世界文明的材料，恐怕孟二爺要笑我們緣木求魚呢！」

　　面對此番爭論，向來不甘寂寞的胡適出來調停。胡主張撇開有用無用的「狹義的功利觀念」，而去追求一個「為真理而求真理」的態度。惟其如此，才能真正涉及「用科學的研究法去做國故的研究」。後來，胡更是提出「用歷史的眼光來擴大國學研究的範圍」、「用系統的整理來部勒國學研究的材料」與「用比較的研究來幫助國學的材料的整理與解釋」，其學術口號堪稱「高大上」。奈何世間的事，往往話好說事難做。1923年，應清華學生之邀，胡適為了青年學子們開了《一個最低限度的國學書

目》，並聲明「只為普通青年人想得一點系統的國學知識的人設想」。誰知剛一刊佈，便引來陣陣質疑。先是《清華週刊》的記者發難，認為胡氏書目「所說的國學範圍太窄了」，雖未對國學下準確定義，但「似乎只指中國思想史及文學史而言」，況且僅就這兩方面而言，也未免「談得太深了」，不合於「最低限度」四字。緊接著，坐鎮清華的梁啟超又拋出《國學入門書要目及其讀法》，有針對性地開列自己心中之國學書目，同時對胡氏書目做了一番點評。在梁眼中，胡之書目，一來「不顧客觀的事實，專憑自己主觀的為立腳點」，二來「在把應讀書和應備書混為一談，結果不是個人讀書最低限度，卻是私人及公共機關小圖書館之最低限」，比如「裡頭有什麼《三俠五義》、《九命奇冤》，卻沒有《史記》、《漢書》、《資治通鑒》，豈非笑話？」「若說不讀《三俠五義》、《九命奇冤》，便搆不上國學最低限度，不瞞胡君說，區區小子便是沒有讀過這兩部書的人。」自幼受過傳統學術之系統薰染，且為後見之明，故梁指出「史部書為國學最主要部分，除先秦幾部經書幾部子書之外，最要緊的便是讀正史、通鑒、宋元明紀事本末和九通中一部分，以及關係史學之筆記文集等，算是國學常識，凡屬中國讀書人都要讀的。」槍打出頭鳥，於是胡適只落得個啞巴吃黃連的結局。

　　梁、胡二人雖在具體問題上頗多歧異，但實則享有基本共識：即用西方的學術標準與方法來重新詮釋「國學」。不過當時並不是所有人都對所謂「國學」充滿溫情與敬意，如何炳松質疑「國學」概念本身，「根本上便不應該有什麼『國學』，根本上研究中國的東西便不應該全部混雜於一個所謂『國學』的包羅萬象的名辭之下」。鄭振鐸也斷定「『國學』乃是包羅萬象，而其實一無所有的一種中國特有的『學問』」。故這種國學運動，在

成仿吾看來，「充其量不過能造出一些考據死文字的文字，充其量不過能增加一些更煩碎的考據學者」。因而何炳松甚至喊出「中國人一致起來推翻烏煙瘴氣的國學」，也不足怪了。

　　民初的「國學熱」，絲毫不亞於現在，其觀點之紛紛擾擾，較之當下，更是有過之而無不及，總讓人感覺霧裡看花，水中望月，難以把握其真意所在。然高明者早有至論公諸於世。1911年，王國維在《國學叢刊序》一文開篇寫道：「學無新舊也，無中西也，無有用無用也。凡立此名者，均不學之徒。即學焉，而未嘗知學者也。」仔細琢磨，確如其言，若一國的學術真正達至新舊中西融匯一爐之繁盛狀態，渾水摸魚之輩便無處藏身，各類虛熱假象亦逐漸消退，誰還會為一個說不清、道不明的概念斤斤計較呢？此道理，雖不中，似也不遠矣！

三　建制

人事有代謝，往來成古今。

江山留勝跡，我輩復登臨。

水落魚梁淺，天寒夢澤深。

羊公碑字在，讀罷淚沾襟。

　　　　　　——（唐）孟浩然：《與諸子登峴首》

留學生為啥總被「黑」？

　　1902年，尚於日本流亡的梁啟超別出心裁地寫了一部名叫《新中國未來記》的小說。在這部「未完待續」的作品中，梁構想出一個甲子後亦即1962年之中國盛況。時值「大中華民主國」的國民慶祝維新五十周年之際，南京舉行萬國太平會議，上海開展大博覽會，諸友邦鄰國紛紛派兵艦來賀。大中華民主國的構想和建立離不開兩個留學生：一位是留學英德的「黃克強」（暗喻「黃種人克西方列強而勝出之意也」），一位是留學英法的「李去病」。這兩位留學生，心懷「古今萬國革新的事業」，選擇留學一則是為了「廣集寰宇的智識」，二則「實察世界的形勢，將來報效國民」。可見梁任公筆下的留學生，其形象絕對高大上。亦知在梁心中，未來中國振興之重任，端賴西來的「海歸」們。

　　倘梁之小說只是抒發其對留學生之期許，那不少歸來的人，確實滿懷抱負，感覺甚佳。譬如胡適，在1917年3月的日記裡，他意氣風發地引用《伊利亞特》第十八章的話道：「吾輩已返，爾等且拭目以待！（You shall know the different now that we are back again）」。此間洋溢的自信、自豪、自得之情，恰是對梁啟超等本土學者厚望之回應。

　　然而，弔詭的是，翻看民國時之報刊書籍，對留學生之描述，卻往往負面多於正面，而出國者之自述，亦是憂鬱蓋過激昂，頗讓人感覺像是一扇虛實難辨、真偽莫測之羅生門。

　　彼時就留學生負面描寫最多者，莫過於小說，諸作者對海歸們之冷嘲熱諷，亦殊堪各有千秋。其中留日學生成為競相刻畫之「重災區」，在崔萬秋的《海濱邂逅》中，以四位青年人的形

象來概括留日群體之全貌：「這四位青年，是東京留學生中的四大金剛，一位是有名的周星庵，北方大軍閥的兒子；一位是王占魁，是北京政府時代，鹽務督辦的兒子；一位是秦冷，他的老子在江浙曾經作過事實上的王者；還有一位顧容，是一個在任的省主席的小舅子。這四個人，有的是錢，有的是閒暇，所以一天到晚打麻將、逛舞場、上咖啡店、玩女人；到青年會吃吃中國菜，看看中國報、談談中國話、唱唱中國皮簧，也是日課之一。四個人幾乎形影相隨，所以外人送了一個總綽號『四大金剛』。其實中國留東的闊少，決不止這四個人。」想必讀過魯迅《阿Q正傳》的，對「假洋鬼子」一角色有所印象，此人留日歸來，披頭散髮，提著文明棍，高談闊論，時不時蹦出幾個英文詞兒，常常會用手中那根「哭喪棒」虐待貧苦之人，毫無飽讀西學之人的素養，儼然就是一方惡少。

　　當然赴歐美學習的人也難逃作家們之揶揄挖苦。春隨（陳登恪）在《留西外史》中曾塑造了一個叫做馬大吉的留法學生形象，著實讓人不齒。馬尤其樂於誇誇其談，逢人便吹，「歐戰初停的時候，我做了一篇文章，各報都搶著登，差不多全中國的報，沒有一家不登載的，並不約而同都是第一張特號字。梁任公做的一篇，倒登在我的那篇的後面，我做那篇文章，只費了小半只洋蠟燭」。其還自稱曾被許多官方名流造訪，還同梁啟超一起坐船來歐洲。就是這般說話全然沒邊沒沿的人物，居然意圖強姦法國房東的女僕，事後還振振有詞道：「這也算是給中國人留了臉面嗎？」

　　甚至連出國者也禁不住進行「自黑」。留美學生中流傳著一則軼聞，即中國女學生曾將留美男青年分為五派，一是只知閉門讀書的「文士派」，二是無固定愛好、朝三暮四的「流學派」，

三是關心現實政治的「求學派」，四是崇拜西洋文明的「尚外派」，五是只求混個洋文憑以鍍金的「名譽派」。通過異性的視角，不難發現當時的留美學生真乃魚龍混雜。

借用著名學者薩義德的說法，留學生走出國門，大都脫不了背井離鄉和流離漂泊苦悶與鄉愁，因而導致身分斷裂，產生格格不入之感。1924年3月，正在美國威爾斯利女子大學研習英國文學的冰心寫道：「出國以前，文字多於情緒，出國以後，情緒多於文字。環境雖常是清麗可寫，而我往往寫不出」。實在是「而今識得愁滋味，欲說還休」，滿腹的憂愁卻又不知從何說起。而郁達夫在小說《沉淪》裡主人公無名的「他」，因為「早熟的性情，竟把他擠到與世人絕不相容的境地去，世人與他的中間介在的那一道屏障，愈築愈高了」，甚至「他覺得學校裡的教科書，真同嚼蠟一般，毫無半點生趣。天氣清朗的時候，他每捧了一本愛讀的文學書，跑到人跡罕至的山腰水畔，去貪那孤寂的深味去。在萬籟俱寂的瞬間，在水天象映的地方，他看看草木蟲魚，看看白雲碧落，便覺得自家是一個孤高傲世的賢人，一個超然獨立的隱者」。

人們在虛構的世界裡如此描寫留學生，大致出於兩因：一是老派或保守人士對於追慕西學之輩的厭惡與敵視，視其為離經叛道之徒，故質疑「他們是誰」；二是留學生群體呈現出典型的道德困境，即意義感的喪失，他們尋不到支撐其生命的價值資源和意義歸宿，倍覺身心分離的疲憊與孤獨，從而發出「我們是誰」的困惑。

只是在現實世界中，留學生們並非皆是吃素的。新文化運動時期，舊式學者林紓看不慣胡適、陳獨秀等人之做派，發表影射小說《荊生》，文中的「偉丈夫荊生」實指徐樹錚，新歸自美洲

的「狄莫」則暗指胡適，另「皖人田其美」指陳獨秀，「浙人金心異」乃錢玄同。他們大罵「孔丘」時，被「荊生」打得落花流水。不過紙面上的發洩卻抵不過真實的交鋒。經過周密策劃，由錢玄同演「黃蓋」，劉半農演「周瑜」，二人一唱一和，在報紙上上演了一幕令守舊人士坐立不安的「苦肉計」。他們稱舊文人就好比「那既要偷漢，又要請聖旨，豎牌坊的爛汙寡婦」，做文既無氣魄，也無意境，卻處處掩飾，不許新文人露鋒芒。他們的眼光又好似「鄉下老媽子，死抱了一件紅大布的嫁時棉襖，說它是世界間最美的衣服，卻沒有見過綾羅錦繡的面。」這次澈底激怒了林老爺子，他孤身一人同陳獨秀、胡適、李大釗、錢玄同諸留學生輪番過招，捨得一身剮，終被新青年們拉下馬。

　　林紓晚年曾以詩自況，云「老來賣畫長安市，笑罵由他我自聾」，頗有些故作堅強之態。畢竟，無論如何於虛擬世界指摘批判，一個由留學生們引領風尚的時代已然來臨。

他們是誰？我們是誰？

　　錢鐘書先生在《圍城》一書之開篇，曾對主人公方鴻漸有過一番調侃：「出國留學後，他到了歐洲，既不抄敦煌卷子，又不訪《永樂大典》，也不找太平天國文獻，更不學蒙古文、西藏文或梵文。四年中倒換了三個大學，倫敦、巴黎、柏林；隨便聽幾門功課，興趣頗廣，心得全無，生活尤其懶散。」臨近畢業，方感覺「沒有文憑，好像精神上赤條條的，沒有包裹」，亦無法慰藉岳丈，於是從一位愛爾蘭人處購得博士文憑一張。

　　方鴻漸的例子，倒也折射出民初留學生大軍之一斑，確實不乏混個學歷，以洋文憑欺世之輩，讓人感到賢愚不分，魚龍混雜。然在短短不足四十年內，中國有十餘萬人負笈海外，其中之面相十分多元。

　　為什麼要出國深造？每個人心中皆有屬於自己的答案。湖南人蔣廷黻最初的動機乃愛國與尊嚴。據他回憶「出國前我常做白日夢，其中最重要的一種是救中國。我們幻想許多使中國富強的方法」。若想美夢成真，則須學習各種知識，而彼時之中國似無此機構可尋。恰好一年夏天，蔣的一個堂兄從日本（時稱「東洋」）留學歸來，「他的外表令鄉人側目，羨慕不止」。少年蔣廷黻便暗自發誓：「如果在『東洋』念書就能受到如此的尊敬，將來我一定要到『西洋』去念書」。數年後，他便成為美國哥倫比亞大學的本科生。

　　浙江人蔣夢麟出國的緣由，除了救國，尚有一層追慕西學的成分。自從在學校讀到梁啟超所編《新民叢報》後，蔣之頭腦受到極大震撼。之後他「主張直接向西方學習」，「雖然許多留

學日本的朋友來信辯難，我卻始終堅持自己的看法」。於是其特意赴上海南洋公學，「想給自己打點基礎，以便到美國留學。這裡一切西洋學科的課本都是英文的，剛好合了我的心意」。第二年，蔣氏即如願以償，身隨滔滔太平洋之浪逐西潮而去。

與二位蔣同學較為順遂的留學經歷不同，陝西娃吳宓邁出國門的過程堪稱曲折。1911年初，吳便通過複試，成為清華學堂首屆學生。當時清華就是專門輸送留美人才的預備學校，吳到此求學，即打算出國接受系統西學教育。孰料處於歷史轉折之際的清華，內外變故頻仍，外有政局鼎革動盪，內有人事變故，中間還出現學潮，加之吳氏體育不及格和身患眼疾，出國事宜一拖便是六年。雖說遲遲不能赴美，但目睹世事巨變，青年吳宓慢慢成熟起來。本來單純仰慕西方文學的他，漸生報國之志，並寫下「身非一己物，志為斯民圖」的詩句。吳一度以為「余意本志在工業，即路礦二項亦最適宜」，經過數年沉澱，他終領悟自己這代讀書人之責任在於復興祖國學術文化，「神州古學，發揮而廣大之，蔚成千古不磨、赫奕彪炳之國性，為此者尚無其人。俯仰先後，繼起者敢辭此責哉？」1917年8月，吳宓如願以償，坐上赴美之「委內瑞拉號」，而從大洋彼岸，有一艘駛向中國的輪船，裡面正載著學成歸來的安徽人胡適。

正因為民初留學生乃稀罕物，更何況是博士，故「海龜」們可謂集萬千恩寵於一身。郭沫若曾半開玩笑道：「我們曾否在上海與北京等地方，見到許多去過美國兩、三年，裝飾著博士與碩士學位，充滿著自尊與自負，回國接任政府委員的人、大學教授以及出版公司的主編職位的？」以至圈裡面流傳著「西洋一等，東洋二等，國內三等」的口頭禪，於如此水漲船高、哄抬炒作的學術氛圍下，「海龜」們往往視「土鼈」們如無物。同為新

文化運動之旗手，胡適就不怎麼看得上連大學文憑都沒有的江蘇人劉半農。一次劉附和陳獨秀的文學革命主張，胡適竟然說了一句：「你懂些什麼，也有資格來提倡！」此話如同利刃插入劉氏心頭，令他又惱又愧。他思來想去，「海龜」之所以對己冷嘲熱諷，無非我沒有去洋水裡遊一遭。劉索性負氣出國，先後輾轉英國、法國多家高校，終手捧博士學位而歸，順道還摘得法國康士坦丁‧伏爾內語言學專獎，真可謂發憤圖強之典型。

當然，民初讀書人紛紛留學，有一不言而喻的期待：學成歸來，個人之仕途與錢景自然平坦光明。民國肇建，百廢待興，人才需求孔急，留學生們自然迎來了屬於他們的黃金時代。當顧維鈞還在美國埋頭為博士論文苦苦思索時，袁世凱便以政府名義電邀他回國擔任總統府英文祕書。像這樣的天賜良機，於民初比比皆是，心動者亦不在少數。據1916年留美歸國學生職業統計，在340人中，從政者110人。九成以上在中央一級行政、司法和立法部門任職，僅有3人「屈居」省級行政部門。

留而優則仕，亦可教。在許地山小說《三博士》中，主人公曾說過這樣一句話：「留洋回來，假如倒楣也可以當一個大學教授」。雖是虛構故事中的一句戲言，卻也映照出民初留學界之實相。尤其是1922年推行新學制後，全國上下興起一股「造大學熱潮」，各類公私立專門學校次第升為大學，一時間高校數量驟增，大學師資成了硬通貨。各大學不惜以高職位和高薪酬爭聘師資，難怪時人認為「學校太多，選才斯濫，凡留學東、西洋歸國之普通博士、碩士以至於遊客，均屬此種職業之驕子矣」，更可笑的是「只要是留學生，似乎什麼都可教」。其實當時政府也對此問題有所覺察：「此輩留學生雖在國外大學研究院畢業已獲得理學博士或同等資格，倘在國外，不過僅能充任技術機關助手或

大學院助教。若欲升任主任教授，或任獨立負責之工程師，則尚須費20年左右之努力，幾經甄別乃可。而在中國，則因人才缺乏之故，一獲有博士學位回國後，立即充任主任教授或總工程師之類矣」。換言之，國內給予留學生的頭銜與待遇，超出海外之規格已不知凡幾。

　　尚有一項有趣的統計數字，據1937年的清華留美同學錄，在所載1,152人中，學成回國者1,131人，回國率高達98%以上。留學不歸似在當時根本不是問題。斗轉星移，眼下的留學風與歸國潮較之民國，規模更大，人數更多，問題亦更複雜。歷史彷彿又轉了一圈，駛抵原點。濤聲依舊，只願多回來一些志在興國的「蔣夢麟」，而非玩世不恭的「方鴻漸」。再說了，國外的和尚就一定會念中國的經嗎？

「新青年」誕生記

　　清末的某一天，在浙江的一座小城裡，尚是少年的蔣夢麟剛寫完一篇短文，呈給學堂的日本老師中川先生請教。文章裡面提到「中、日同文同種」，於是中川先生勃然大怒，絕不留情地隨筆批道：「不對，不對，中、日兩國並非同種，你的國將被列強瓜分，可憐，可憐！」據蔣氏回憶，「這個無情的反駁，像一把利劍刺進我稚嫩的心靈，記得那天晚上，我不禁為國家的前途流淚」。如同那時中國千百萬的青年人一樣，正是受到國家積弱的強烈刺激，懷揣改造社會的宏大願望，他們奮發努力，取西方文明之火種，帶來了可貴的光明。

　　不過，徒有刺激與願望，仍無法培育出新一代的青年。循著由表及裡的縱深理路，不難發現，民初「新青年」的誕生，其實是建立在清末以來文化演變積累的基礎之上。

　　具體言之，首先文學革命促使白話國語最終成立，新文學建設因之成績斐然，青年們從而有了批判現實、倡言學說之利器。數千年來，中國言文分離的現象極其嚴重，勢必造成上層文化與下層文化間的隔膜，極大妨礙了文化創新機制的發展。

　　「工欲善其事，必先利其器」，語言工具不利，精神生產、文化創造方面必定深受影響。清末時期，人們已經開始探索便於民眾讀書識字的辦法。但真正使得白話文取代文言文成為創造一切文學的利器，還是在民初。胡適在《建設的文學革命論》一文中，旗幟鮮明地提出「國語的文學，文學的國語」十字口號，並進而指出「我們所提倡的文學革命，只是要替中國創造一種國語的文學。有了國語的文學，方才可有文學的國語。有了文學的國

語，我們的國語才可算得真正國語。國語沒有文學，便沒有生命，便沒有價值，便不能成立，便不能發達」。此文一出，標誌著文學革命與國語運動「雙潮合一」。無論是社會精英，還是普通大眾，看書讀報、開口講話、提筆寫作，都採用白話，昔日的文化隔絕從此不復存在，這對於全社會的文化普及、教育推廣、精神解放，意義極為深遠。在白話國語迅速普及的情形下，新文學建設的成績也甚為可觀。以胡適、陳獨秀、魯迅、周作人、劉半農等新文化人紛紛投身新文學創作之中，一批特色鮮明的小說、詩歌、散文等作品噴薄而出。其中以魯迅的成績最大，他曾自我評價道：「從1918年5月起，《狂人日記》、《孔乙己》、《藥》等，陸續的出現了，算是顯示了『文學革命』的實績」。

　　白話國語的普及，利用社會大眾對新式知識、思想的接受，發端於清末的新式教育改革也由此步入了快速發展階段。民國初年，西方新教育思想被較為系統的引入國內，其中以實驗主義和自由主義的教育思想產生的影響最大。比如美國杜威的實驗主義教育理念，其強調自由主義的精神、教育與社會的結合、課堂與實踐的結合以及學生個性的發展等內容，成為教育界的主流理論。新教育思想的廣泛引介，首先衝擊了傳統中國那一套忠君、尊孔的教育理念，到1919年10月，全國教育會聯合會最終廢止了以往陳舊的教育宗旨。其次，引來了教育方法的革新。新的教育方法摒棄了帝制時代死記硬背的灌輸模式，強調發揮學生的主觀能動性，進行啟發式教學，這對於受教育者的智慧開發，裨益極大。再次，女子教育、女性解放成為該時期教育革新之重點。新文化運動大力鼓吹男女平等、女子解放，促使教育部於1918年制定公佈了《請推廣女子教育案》，於是中高等學校招收女生逐漸蔚然成風。

　　新式教育的推進，進步思想的不斷湧入，加之風起雲湧的時局，終引發青年學生們的整體覺醒。青年們的覺醒，主要體現在兩個方面，一是對「個人」的覺醒，即對自主人格、個性自由的嚮往與追求；二是對社會、民族、國家的使命的覺醒，也就是說，廣大青年自覺意識到自己將擔負未來中國走向獨立富強的重任。五四著名學生領袖傅斯年在《新潮發刊旨趣書》中，舉出青年學生的四種責任，其一為「喚起國人對於本國學術之自覺心」，「導引此『塊然獨存』之中國同沿於世界文化之流也」；其二乃針對中國「二千年前之初民宗法社會」，尋求改造良策，「兼談所以因革之方」；其三因為「群眾對於學術無愛好心，其結果不特學術消沉而已，墮落民德為尤巨」，故「竊願鼓動學術上之興趣」；其四則期望青年學生「去遺傳的科學思想，進於現世的科學思想；去主觀的武斷思想，進於客觀的懷疑思想；為未來社會之人，不為現在社會之人；造成戰勝社會之人格，不為社會所戰勝之人格」。這恰涉及青年的兩方面之覺醒。青年學生們的紛紛覺醒，最終孕育出近代以來新的一代知識人群體。許紀霖先生將二十世紀的知識份子劃分為六代，其中以1915年新文化運動為界，整整兩代知識人都與這場影響深遠的思想啟蒙息息相關。以魯迅、胡適、陳獨秀、李大釗為代表的「五四一代」，他們「更多的是文化關懷，他們對文化價值和道德重建的關心要超過對社會政治本身的關心，因此特別重視文化啟蒙的工作」；以傅斯年、馮友蘭、顧頡剛、費孝通為代表的「後五四一代」，作為「五四」中的學生輩，曾親身體驗並參與到偉大的思想啟蒙之中，同時與上一代相比，他們「知識的關懷更多一些，他們已經注意到文學或學術自身的獨立價值，不是在意識形態或文化價值的意義上」。應當說，這兩代新型知識人群體，無論是從規模上

講，還是就所取得成績而言，都堪稱百年來之最高峰值。他們既是清末以來新文化演變的產物，又推動著思想啟蒙運動向更廣的領域和更深的層次發展。

陳獨秀在《新青年》發刊詞《敬告青年》中寫道：「青年如初春，如朝日，如百卉之萌動，如利刃之新發於硎，人生最可寶貴之時期也。青年之於社會，猶新鮮活潑細胞之在人身。」人事有代謝，後浪推前浪，作為清末民初時與勢的產物，「新青年」們誕生了！

最好的紀念

　　對於當下的高校學生而言，臨近畢業時最頭大的兩件事情，
莫過於尋找滿意的工作，以及撰寫合格的論文。說到畢業論文，
也算是一件舶來品，它實與現代學位制度緊密相關。「學位」一
詞源自於十二世紀的西歐，原指一種任教執照或行醫、做律師的
資格證書。之後不斷演變，最終成為評判學生受教育程度的標
準。中國借鑒西方現代大學制度，自然將學位制度移植進來。
早在1913年，北京政府教育部於頒行的《大學規程》中便規定，
「大學院生自認研究完畢欲受學位者，得就其事項提出論文，
請求院長及導師審定，由教授會議決，遵照《學位令》授以學
位。」自此，畢業論文便同大學生們緊緊的綁定在一起。

　　其實引入畢業論文這種考核模式，初衷尚在於通過督促學
生進行具體的學術研究操練，使其瞭解並遵循相應的學術通則，
從而形成一種規範意識。撰寫畢業論文的目標，並非要求人人都
應超邁前哲，有所創新，這顯然有悖常理。無規矩不成方圓，導
師指導學生完成論文的過程，便是讓他們明白本學科雷池為何，
界限在哪，從而保證今後不越位、不犯規。當然，學生們畢竟是
生瓜蛋子，對研究一竅不通，他們能不能藉助寫論文一窺學術堂
奧，與指導老師的努力關聯甚大。

　　先看兩則國內的例子。正因為畢業論文在民初還是個新鮮
事物，故很多大學生對其的重視程度明顯不足。如夏鼐畢業那
年，本打算動筆撰寫論文，「但又覺材料不夠，想進書庫搜集材
料，然而一進書庫，便似著了魔，連論文的材料也無心搜集，東
翻西翻的亂翻書，一點成績也沒有，今日下午書庫不開放才死了

心。」這樣拖拖拉拉一周後，他又準備「開始寫論文，後來在圖書館書庫中忽然想搜集關於北京猿人的材料，竟耗費一天的工夫。」夏氏之所以遲遲進不了寫作狀態，實在是認識不到論文之重要性，他感覺「這畢業論文，也許是因為太官樣文章罷！總懶得動筆。」缺乏動力的刺激，自然其他事情對他更有吸引力。寫了才幾千字，夏氏便約集同學去山西遊玩一遭。等回到學校，他收到同學「梁方仲君一信，欲閱我所作之畢業論文，余此作尚未脫稿，殊為赧然。」雖然心知已落後於他人，但對於年輕人來說，往往壓力越大，所帶來的牴觸心理亦越強。夏一邊狂趕論文，一邊心中卻是一萬個不情願，「糟糕極了，旅行回來已一星期餘，對於畢業論文卻全然不肯動筆續寫。這是強壓的工作，因之心中總覺得有點不服氣，想把他宕延下去。同時又因這是畢業論文，不得不鄭重其事，有時更假裝慎重，不能輕易動筆。別的事情擱下不做。弄得半年以來，一事無成！真的可歎復可笑！」時間在不斷糾結與鬱悶中很快就到了5月份，教務處公布了考試時間表，夏心知「論文要從早結束，以便預備考試。但打不起精神來寫論文。」到5月27日，夏氏終於「寫完畢業論文，放下筆來，噓了一口氣。這半年來被這件事情累死了，時常不肯提筆寫著論文，又以不能做旁的事情空耗費了虛度時間。全篇共4萬餘字，是有生以來所寫的文章中最長的一篇了，但是不滿意處仍很多，文筆又是拙劣，真叫人喪氣。」

　　初稿已成，接下來便是導師體現斧斤之功的時刻。拿到夏的論文，指導老師蔣廷黻採用鼓勵為先、教誨殿後的策略。蔣氏首先肯定夏的成績，「畢業論文已閱過，做得頗不錯，但希望修改後再發表。」定下了可以發表的基調，蔣開始歷數論文的弊病：「一在貪多，因之屑瑣散漫，不能擒住主要點去發探，所以這一

篇4萬多字本子，最好能刪成3萬字左右；二在文氣不尊重，常夾雜報章雜誌通俗文章的油腔，學術論著應嚴肅一點。又指出篇內有一處以江蘇情形推論全國，中國各地情形不同，此種推論太危險。」通過此欲抑先揚的方式，蔣氏把一套史學研究的規範烙在夏鼐的腦海裡，之後其修改論文，「很是矜持謹慎，不肯以怠慢對之」，文章果然得以刊佈。

作為導師，指導論文不單強調規範，亦當傳授心得。比如陳垣先生，他時常對學生講，一篇畢業論文寫就後，「不要忙著發表。好比剛蒸出的饅頭，需要把熱氣放完了，才能去吃。蒸得透不透，熟不熟，才能知道。」同時若想充分完善畢業論文，最好「給三類人看：一是水準高於自己的人，二是和自己平行的人，三是不如自己的人。因為這可以從不同角度得到反映，以便修改」。陳氏的這兩條建議，誠可謂治學箴言哉！

與國內導師傾心施教不同，海外教授的指導畢業論文方式則屬另一種風格。當年蕭公權在美國康乃爾大學撰寫博士論文，拜狄理教授門下。起初討論選題時，蕭氏對若干理論問題的看法與狄的主張不甚符合，因而二人經常辯論。狄教授「任我自申所見，並不為忤。」待進入論文初稿寫作階段，蕭問狄理教授是否每寫一章，送請他審閱，他說不必如此。從平日蕭向他報告其研讀結果時，他已經知道論文的內容，認為沒有問題。他又說，「關於政治多元論的種種，到了現在，你所知道的應當較我為多。我未必對你有多少幫助。何況這是你的論文，你應該根據你自己的心得去撰寫。導師的職務不是把自己的意見交給研究生去闡發，而是鼓勵他們去自尋途徑，協助他們去養成獨立研究的能力。不過，如果你願意，可以寫好兩、三章，拿來給我看」。

當然狄理教授又絕非放羊式指導。蕭氏起初草寫博士論文，

不知自量，竟妄想在文辭上刻意求工。於是咬文嚼字，寫了一篇將近三千字的「導論」，興沖沖地送交狄理教授，請他過目。兩、三天之後，狄給蕭電話，要他從速去見他。蕭氏一進辦公室，便知事情不妙。只見狄理教授面帶怒容，從書架上拿起蕭的草稿，扔在桌上，說了「這完全不行」一句話之後，便坐著默然不語。蕭只好拾起草稿，悄悄地退了出去。可見蕭的所謂「導論」使他大失所望。蕭氏內心極為慚愧，真是無辭可達。回到寓所，「閉門思過」的結果是，「導論所以不行，完全由於我違背了辭達而已的教訓，妄想刻意求工，反至弄巧成拙。」補救的唯一辦法是從頭再來。一個多月以後，蕭拿著重寫的導論和第一章的初稿，去請狄氏審核。過了幾天再見到狄教授，他高興地說，「這就是了。你放手寫下去，不妨等全稿寫完後拿來給我看」。可知狄氏的指導方式並非面面俱到，而是關鍵時刻點撥一下，讓學生茅塞頓開。

　　作為學生，讀書與研究，自是本職。如今的高校生活，越來越多彩繽紛，那些年，我們可以一起追過女孩，一起踢過足球，一起玩過電遊，但歸根究底，完成一篇能讓自己掌握學術規範、初知研究艱辛的畢業論文，方才是大學生活最好的紀念吧！

另一個「最高學府」

　　開篇不妨先從筆者自身親歷的一件事情講起。就在去年，我到某著名圖書館善本庫查閱古籍。剛進入書庫，就碰上圖書管理員阿姨迎頭「盤問」：「你是教授嗎？」面對這突如其來且貌似無厘頭的問題，我略一遲疑，馬上心想自己好歹也是有職稱的高校教師，於是答道：「我是副教授」。本以為這五個字便是堂堂正正的理由。不成想阿姨下一句話險些將我雷倒：「我們這裡規定不是正教授沒資格看善本！」「這算什麼理由？圖書館裡的書不就是專為讀者看的？難道只有教授才能讀懂善本？」一連串的懷疑從我的腦海中閃過。不過能看到書才是王道，我只得好話說盡，盡力賣乖，才得以「軟化」管理員，終得以一窺善本真容。

　　查完資料歸家途中，我不禁想起了著名學者何兆武先生的遭遇。據他在《上學記》裡回憶，聯大讀書時，學校中「所有圖書館全部開架，學生可以自由進書庫，願意看什麼書就看什麼書，待一整天也沒人管。有的書看著名字不錯就拿出來翻翻，如果覺得沒意思，又給擱回去，有的非常感興趣就借出來，如同浸泡在書的海洋裡，那享受真是美好極了。」然而工作後查書卻總讓他感覺不舒服，「我在歷史研究所工作了三十年，做了研究員也不能進書庫，要看書的話得在外邊填條，然後交給圖書館管理員去拿。有一次我跟管書庫的人商量，我只查一個材料，但不知道在哪本書裡，你讓我進去翻一下，不必來回填條換書，太麻煩了。其實那時候我年紀挺大了，都五十多歲了，他『恩准』我進去查書，還拿個手電筒，緊盯在我屁股後面，似乎唯恐我在裡面偷書，或者搞破壞。這種監視讓我覺得異常尷尬，很不舒服。現在

的國家圖書館也存在同樣的問題。許多館室不能入庫，先在外面
填條，限借三本，也許只給你找出一本來，翻翻可能還不是你想
要的。得，這半天等於瞎耽誤工夫，翻了一本沒用的書，時間就
報廢了。」

　　那麼圖書館到底是作甚用的？眾所周知，圖書館是藏書之
地，但又不單是藏書之地。畢竟古代便有許多著名的藏書樓。
官方周有柱下史，漢有天祿閣，唐之四部，清之四庫，皆其最
著者。至於私人藏書，明清時期，「絳雲」、「天一」、「疏
雨」、「芳椒」，殆難悉數。不過，正如著名圖書館學家沈祖榮
所言：「我國號稱文化之邦，惜於圖書方面，歷患痼疾，只知保
守而不能開放，惟皇室貴族與士大夫階級始有博覽群書之機會，
平民無與焉。夫圖書流通之限制有如是，則教育自無從普遍。因
此學術上亦少有競爭之念。在這樣的社會環境中，所謂能讀書之
人，不免養成驕奢之氣習，而且所研究之學問，多屬空泛，無補
於實際。」一言以蔽之，重藏輕用甚至藏而不用，此乃古代藏書
機構之特色。故除了極少數精英學者，大部分好學之士俱被擋在
書樓之外。

　　借鏡西方而來的西方圖書館則不然。公有而公用，公開且共
用，是圖書館之核心內涵，讀者應「無貴賤、無老幼、無男女、
無主僕之別，而皆一視同仁」。藏書亦「無古今、無中外、無派
別、無主義，凡當於學術，申於討論，關於文化者，兼收並蓄，
務繁期備。使閱者咸得執其兩端，以求厥中」。於是公益藏書與
學術研究產生了意想不到的「化學反應」：圖書館成為現代學術
體制中不可或缺的重要部分，學術研究不再高高在上，而是逐漸
下移，趨於平民化、普及化。難怪號稱民國圖書「調查家」的許
晚成強調「圖書館是學問之府庫，智識之源泉，大學之靈魂，學

生之參考室，教員之研究室，理論之實驗室，萬事之問津處，實為無價之寶藏。」經此寶藏而獲益之人可謂不勝枚舉。魯迅當年住在北京磚壇胡同六十一號，全身心投入《中國小說史略》編寫工作。他室內滿堆著線裝書，其中一大部分是從京師圖書館和通俗圖書館等處借來。不消說，魯迅的這一部巨著，和他附帶編就的《古小說鈎沉》、《唐宋傳奇》等，都是利用了很多圖書館藏書資源而得。

大家都知道陳寅恪先生的名作《柳如是別傳》，而此書得以玉成，與圖書館亦密不可分。彼時南京合眾圖書館藏有錢謙益詩文集、錢曾《牧齋詩注》等大量南明文獻資料，為陳寅恪之研究奠定了資料基礎。該書旁徵博引各種典籍達600多種，其中單單詩文集就有約240多種，這是純靠個人藏書所無法滿足的。其門生周連寬稱：「我曾協助他做資料收集工作，前後達十年之久，他每天把所想的問題若干條記錄下來，交給我去圖書館查找有關的資料」。可見是圖書館為這本80萬字的大著提供了豐沛的資料。

當然最勵志的例子還要屬蔡尚思先生。自從考入北大後，蔡幾乎終日與圖書館為伴，「我名為在北大研究所研究，其實卻是在北大圖書館讀書。北大老師對我的益處，遠遠不如北大圖書館對我的益處。所以我說：北大圖書館是學生的老師，也是老師的老師。」後來赴南京工作，他更是平均每天用17個小時泡在龍蟠里國學圖書館裡趕讀館藏的各種歷史文獻，總計達萬卷之多。因而海量閱讀對其日後成就大有裨益。他曾這般講道：「我生平有兩個最高學府：考入北大研究所的自由研究，等於考入北大圖書館的自由研究。北大圖書館是基礎，南京國學圖書館是發展。這兩個大圖書館養成我在圖書館讀書與搜集有關史料的良好習慣，

到老也沒有改變。」

　　文末，不妨再看一段何老先生對當下圖書館現狀的反思之言：「按照我們現在的觀點，圖書是國家的財富，我們要儘量地把它保護好，越翻越爛怎麼成？所以就千方百計地儘量少讓人看，或者不讓人看，這在無形之中，使我們國家在吸收知識方面落後了。圖書館是為傳播知識設立的，著眼點不應當是建多少高樓、收藏多少圖書，而應當是怎麼才能讓這些書流通，最大限度地發揮作用。如果這一點不考慮的話，圖書館變成了藏珍樓，唯恐被人家摸壞了，這就失掉了它最初的意義了。」此做法無疑買櫝還珠，背離初衷。

　　曾國藩曾道「為學譬如熬肉，先用猛火煮，次用慢火溫」。

　　無論猛火，還是慢火，若無圖書館相憑依，學者何來博觀約取，怎能覽遍群書？切莫讓廣大公民人生中的另一個「最高學府」大門緊閉或半開虛掩。書本就是用來供人讀的嘛！

辦個「學會」容易嗎？

　　中國古代士大夫們頗鍾情於一雅事，即民間結社集會。《易經》有云：「君子以朋友講習」，《論語》亦曾曰：「君子以文會友」、「百工居肆以成其事，君子學以致其道」，可見先秦時已有士人聚會論道之組織。難怪近代著名學者梁啟超在追溯學會發展淵源時認為此非西方舶來品，因為「中國二千年之成法也」。

　　梁氏之言，雖看似有其道理，畢竟古人依託書院舉行講會、砥礪學術，留下了諸如南宋鵝湖之辯、明末復社興盛等學壇佳話。不過這些以礪志、崇學、交流研究心得、勉勵修身習慣為宗旨的結社實與現代意義上的學會差別甚大。學人任鴻雋點出了二者之根本差異：「第一，我們歷史上的學會，專講古書、經史、道德、倫理、正心、修身、齊家、治國、平天下之事。現在我們所講的學社，專講實驗科學及其應用。一個偏於德育，一個偏於智育，其不同之點一。第二，我們歷史上學會，是由一個大學者、大賢人，因其學問既大，名望也高，大家風湧雲集的前去請教而成。現在我們所講的學社，是由多數學問智識相等的專門學者，意欲切磋砥礪，增進智識，推廣學術的範圍，互相結合而成。一個以人為主，一個以學為主，其不同之點二。」

　　由是觀之，現代學會乃現代學術發展之結果。它是學術研究者根據興趣、愛好及共同理想而組織的民間學術團體，同時眾人遵循一定的制度，從而構成一種相對自由、頗具彈性的學術共同體。

　　毋須諱言，中國新式學會之誕生，多半是借鑒西方的模式。

按照美國學者巴伯於《科學與社會秩序》中的描述，「在所有國家中都有業餘愛好者，義大利、法國、英格蘭、荷蘭和德國；在每一個地方，他們都組織起學會，他們在其中聯合從事科學事業和實驗」，「這些學會開了科學專業化的先河。科學正變得足夠龐大和足夠專門，以致它成了一種專職的工作」。是故近代以來西方科學職業化與學會興起息息相關。早在戊戌變法期間，新式學會便開始在中華大地湧現，只是彼時更多類似於政治性社團，學術性稍遜。甫入民國，學會組織發生分化，一來往昔政治色彩濃厚的學會演變為政黨，二來學術性較強的學會升級為專業性學術團體。學術與政治的分軌，便為現代意義上的學會制度建立提供了良好的氛圍。

　　1912年5月，蔡元培提出研習學問須與學術團體配套：「方今文化大開，各科學術，無不理論精微，範圍博大，有非一人之精力所能周者。且分科至繁，而其間乃互有至密之關係。若專修一科，而不及其他，則孤陋而無藉，合各科而兼習焉，則又氾濫而無所歸宿，是以能集同志之友，分門治之，互相討論，各以其所長相補助，則學業始可抵於大成矣」。致力於學術組織建設的任鴻雋更是強調：「昔之研究學術者，多恃一人之獨奮。所謂下唯專精，目不窺園，閉門造車，出門合轍，此昔日研究學術之方法也。今之研究科學者，則公眾組織當與一人獨奮並重。蓋無一人之獨奮，當然無所謂學問。而無公眾組織，則於科學之廣大與普遍性，得有不能發揮盡致者，是吾人所宜留意者也」。這實際由現代科學之研究性質所決定：「研究科學和其他文藝、哲學有一個不同之點。即其他學術，可以閉門造車，出門而求合轍。科學必須群策群力，通力合作，而後容易收到結果」。

　　那麼現代學會其核心內容為何？三點：定期刊物、定期年

會及固定經費來源。此三點不出問題，則易於為專業學人創造尚佳的研究條件。以此大可判斷學會辦得水準高低，中國科學社堪稱民國較為成功的案例。中國科學社原是1914年留美學生發起組建的一個綜合性學術團體，其初衷為「刊行科學雜誌以灌輸科學智識」。待次年雜誌創刊發行後，社友們覺得「以雜誌為主，以科學社為屬，不免本末倒置之病者」，於是有人提出改組科學社為學會。之後科學社制定新社章，將該社之事業定為九方面：一是發刊雜誌，以傳播科學提倡研究；二是著譯科學書籍；三是編訂科學名詞，以期劃一而便學者；四是設立圖書館以供參考；五是設立各科研究所，施行科學上之實驗，以求學術、實業與公益事業之進步；六是設立博物館，搜集學術上、工業上、歷史上以及自然界動植礦物諸標本，陳列之以供研究；七是舉行科學講演以普及科學智識；八是組織科學旅行研究團，為實地之科學調查與研究；九是受公私機關之委託，研究及解決關於科學上一切問題。在功能上，中國科學社除了發行雜誌、著譯科學書籍、編訂科學名詞外，還要設立圖書館、研究所、博物館，舉行學術講演，組織科學旅行團，接受公私機關委託進行專項研究。總體而言，中國科學社舉辦的事業最重要者有兩項：一是創辦《科學》雜誌；二是舉辦學術年會。截止1950年，《科學》出了32卷，以每卷12期，每期6萬字計算，應有3,000餘萬字。《科學》曾被用來與外國的學術機關交換刊物，並且得到外國學術團體的重視，在國內外學術界產生重大影響。從1916年起，中國科學社每年舉行一次學術年會，到1948年共舉行了26次。通過年會，學有專長的社員報告並討論社務，聯絡彼此感情，並宣讀論文以交流一年來學術研究的心得及經驗；同時學會誠邀內地比較偏僻地方的許多專家蒞會，將科學的新發現或當前的科學問題，作成講題，向

當地的公眾講演，利於開通風氣與宣傳科學。並且隨著學術研究之深入與研究水準之提高，每次年會提交的學術論文也日益增多。初創階段，年會上宣讀的論文不過數篇，而到了科學社成立30年之際，提交的論文達150餘篇。

民初雖有像中國科學社這樣對促進科學研究起到極大作用的學會組織，但亦出現不少品次不高、濫竽充數的社團。故東北學者金毓黻犀利吐槽道：「近年國人治學之術日進，傑出之論著指不勝屈，以視日本作家實有過之而無不及，然以無中心之建設，故鮮貫徹之研究，治學之士多屬閉戶造車，曾少集合同好互相研質之機會，是以各有得失，而虛耗精力亦時有之，此誠學術界不治之症也。今日不乏老師宿儒，而黨同妒異之見甚深，前於大學教授會議席上，竟有公然反對發表述作者，而無識者亦慢然應之。抑知學術為天下公器，不以己見質之於人，焉有進步可言」。

金先生的話，倘若放在今日，似也不算過時。君不見國內不少學會活動，會上海闊天空，距離主題十萬八千里，會下觥籌交錯，加深感情至稱兄道弟。辦學會本來的意義，因之索然寡味。思來想去，一個有為的學會，當有鮮明的宗旨，嚴密的制度，卓越的領袖，志同的團隊及良好的運作，這樣才有可能真正形成一種裨益於學林的學術共同體。

辦期刊是良心活兒

　　時下學術圈，學者以及尚未成為「學者」的青年學子們在學術刊物發表論文已是司空見慣之事。若欲使自己研究成果為學界知曉，且打算繼續容身於高校或研究機構，那麼投稿發文實在是樂意為之又不得不為之舉。故往往一佳作刊佈，圈內人皆知。然古人卻無這般幸運。明季清初大儒顧炎武先生主張學者間應經常溝通與辯難，「人之為學，不日進則日退。獨學無友，則孤陋而難成；久處一方，則習染而不自覺。不幸而在窮僻之域，無車馬之資，猶當博學審問，古人與稽，以求其是非之所在。庶幾可得十之五六。若既不出戶，又不讀書，則是面牆之士，雖子羔、原憲之賢，終無濟於天下。」不過限於彼時主客條件，學人交流更多是登門造訪或鴻雁傳書，頗為不便。

　　真正意義上的學術期刊出現在民初。伴隨大學林立與學術機構興起，人們對專業雜誌的要求愈發急迫。如任鴻雋曾言：「凡一國學界，必有其專門之志，以發表學者研究之所得，而求同學者之共證」。既已形成共識，於是各類期刊次第應運而生。關於學術刊物之特質，時任北大校長的蔡元培有過甚是到位的概括。他在《北京大學月刊》發刊詞中指出，創辦學術期刊，首要在於「盡吾校同人所能盡之責任」。大學「非僅為多數學生按時授課，造成一畢業生之資格而已也，實以是為共同研究學術之機關。研究也者，非徒輸入歐化，而必於歐化之中為更進之發明；非徒保存國粹，而必以科學方法，揭國粹之真相」，它應承載研究之功能，「苟吾人不以此自餒，利用此簡單之設備、短少之時間，以從事於研究，要必有幾許之新義，可以貢獻於吾國之學

者，若世界之學者。使無《月刊》以發表之，則將並此少許之貢
獻」。其次，期刊可「破學生專己守殘之陋見」。長期以來，
「吾國學子，承舉子、文人之舊習，雖有少數高才生知以科學為
單純之目的，而大多數或以學校為科舉，但能教室聽講，年考及
格，有取得畢業證書之資格，則他無所求；或以學校為書院，曖
曖昧昧，守一先生之言，而排斥其他」。一旦學術期刊推廣開
來，其「網羅各方面之學說，庶學者讀之，而於專精之餘，旁涉
種種有關係之學理，庶有以祛其褊狹之意見，而且對於同校之教
員及學生，皆有交換知識之機會，而不至於隔閡矣」。再次，期
刊亦是一張精緻的名片，能「釋校外學者之懷疑」。通過刊物的
面世與流通，「則校外讀者，當亦能知吾校相容並收之主義，而
不至以一道同風之舊見相繩矣」。一言以蔽之，蔡氏認為「學報
就是超於職業教育以上而研究學理的用意」。

　　蔡之說法可謂精闢。不過倘要真正辦一份交口稱讚、品質
上乘的學術刊物，實在比登天還難。美國學者唐納德・甘迺迪根
據研究指出：「出版物是一種媒介，學者們的成果通過它而得到
傳播和評價。因而，學者的聲譽在很大程度上有賴於其發表了什
麼，在哪兒發表，發表了多少，以及其他人對這些成果的反響如
何」。其實，刊物與作者，當是互相依賴的關係，合則雙美，離
則兩傷。故刊物辦得如何，常視作者稿件品質而定。往往物色
好作者和稿源，成為編輯們時時牽腸掛肚、最為頭大之事。自
1920年歸國供職於東南大學，吳宓便因《學衡》雜誌而數度歡喜
幾番憂。擺在其眼前的最大問題，便是「稿件缺乏」。吳雖竭力
約稿，然「國學一部，尤形欠缺，直無辦法」。迫於無奈，吳使
出挖牆腳之術，向已停刊的《亞洲學術》雜誌社討要未刊遺稿，
以解燃眉之急。此招畢竟只能緩一時之需，長久之計仍是擴大作

者群。於是吳不再枯守辦公室，而是四處走訪名家。其終於得到孫德謙、張爾田二位前輩支持，「允竭力助《學衡》以國學稿件」，吳心中一塊巨石落地，「益增其奮勵圖謀之志」。

　　文章風格可以迥異不同，作者的脾性亦是千奇百怪。一次，吳宓偶遇一位名叫邵祖平的投稿人。此君「名士氣甚重」，且自認詩詞造詣頗深，故常露驕傲之態。恰邵的稿子落在吳手上，吳認為其詩並不出彩，打算延遲幾期登載。然邵認為吳如此安排，實有意刁難，竟當面要求吳「承諾必以新作之稿」刊登於最新一期。吳自然堅守編輯原則，聲明「他人向未干涉予之編輯行事，且未邀予承諾如此之件，恐開後例，不易辦事，予決不能從命」。孰料邵氏惱羞成怒，「拍案大聲叱罵，聲聞數室，其心中之積怨，悉行宣洩，並欲開會求同人公判是非」，毫無斯文可言。後雖經前輩學人柳詒徵調解，但結果仍是答應提前刊登邵氏詩作。這令吳宓頗為失望，忍不住於日記內狂吐槽道：「平日辦理《學衡》雜務，異常辛苦繁忙。至各期稿件不足，心中焦急。處此尤無人能知而肯為設法幫助。邵君為社中最無用而最不熱心之人……然如是則《學衡》之材料庸劣，聲名減損。予忠於《學衡》，固不當如是徇私而害公。蓋予視《學衡》，非《學衡》最初社員十一二人之私物，乃天下中國之公器；非一私人組織，乃理想中最完美高尚之雜誌。故悉力經營，晝作夜思。於內則慎選材料，精細校。於外則物色賢俊，增加社員。無非求其改良上進而已。使不然者，《學衡》中盡登邵君所作一類詩文，則《學衡》不過與上海、北京墮落文人所辦之小報等耳。中國今日又何貴多此一雜誌？」

　　其實鬱悶之編輯又豈吳氏一人？二十世紀30年代，顧頡剛在燕京大學執教，主動承擔《燕京學報》編輯重任。據他統計，一

期學報，所耗時間總計九十五小時，其中「辦事約五小時，編輯約卅四小時，校對月五十六小時」，按「一日作工十小時計，共費九天半」。不過從收稿、審稿、改稿到定稿、付印，實際「凡歷三個半月」。如此純粹為他人作嫁衣裳之差事，對於正處於學術事業上升期、尚需不斷積澱的顧氏而言，頗有些不划算。奈何顧的一番辛勞，卻得不到同仁之體恤。就在新一期《燕京學報》稿費單簽字時，主編陳垣對顧百般挑剔，另一位同事容庚亦在旁插口道：「你看文章太寬，什麼人的文章都是好的」。編稿本已苦不堪言，今又「被兩種氣夾攻」，顧「一時憤甚」，脫口而出：「我不編了！」當夜他頭疼難捱，失眠一宿。後來他於日記寫道：「予之為人，在討論學問上極能容忍，而在辦事上竟不能容忍如此。《學報》事到年底必辭，記此勿忘」。可見作者與稿源自是辦好刊物之生命線，而編輯部同仁團結協作亦必不可少。很多原本品質俱佳的刊物之所以今不如昔，甚至每況愈下終致停刊歇業，往往問題出在內部。

如今的學術刊物，無論裝幀設計，還是研究廣度，皆非二十世紀上半葉所能比擬。不過令人心憂的是，似乎銅臭氣漸已滲透瀰漫於期刊界。須知，功利乃學術之大敵。如果辦學術期刊摻雜有吸金之目的，忘卻尊重天下公器的良知，那雜誌距離沒落，便不遠矣！

如何搭建學界「朋友圈」？

　　不知道從何時起，微信成為男女老少最常用的交流工具。其中大家玩得最多的，莫過於「朋友圈」，通過對好友新發的文章或圖片評論或點「讚」，彼此間實現了隔空互動。二十世紀上半葉自然沒有如此發達的訊息技術，不過學人間現實版的「朋友圈」，依然頗值玩味。

　　新舊更迭乃二十世紀上半葉學界一大特色，因背景不同、代際差異，學人們形成了各自的「朋友圈」。黃侃堅守傳統學術，其知交亦多為此中同道。若言清末民初經學研究，劉師培堪稱執牛耳者。然其少年成名，定力不足，屢屢失足於政治深淵，讓世人嘆惜「卿本佳人，奈何從賊」。辛亥後，劉氏執教北大，身背污名，且諸病叢生，其晚景可謂淒然。一日，黃侃去劉家探望，見劉正與一位學生談話。面對學生的提問，他多半是支支吾吾。學生走後，黃侃問劉為何對學生敷衍了事。劉答：「他不是可教的學生。」黃問：「你想收什麼樣的學生？」劉拍拍黃的肩膀說：「像你這樣的足矣！」黃並不以此為戲言。次日，他果然預定好上等酒菜一桌，點香燃燭，將劉延之上席，叩頭如儀行拜師大禮，從此對劉愛稱老師。當時黃僅比劉小兩歲，兩人在學界齊名，且有人還認為黃之學問勝於劉，故大家極其詫異黃侃此舉。黃解釋道：「《三禮》為劉氏家學，今劉肺病將死，不這樣做不能繼承絕學。」載道高於虛譽，一時間，黃侃「道之所存，師之所存」之舉傳為美談。

　　有美談，便有趣聞。同在北大，黃對力倡白話文的胡適甚是輕視。一次，黃對胡說：「你口口聲聲說要推廣白話文，未必出於

真心。」胡不解甚意，問何故。黃說：「如果你身體力行的話，名字不應叫胡適，應稱『往哪裡去』才對。」胡頓覺啼笑皆非。

　　而正是被黃侃揶揄的胡適，其朋友圈之廣，在學界穩坐第一把交椅。自新文化運動後，胡適「暴得大名」，以火箭速度躋身學界明星，加之他善於交際，人脈極廣，漸有學壇盟主之勢。人們則以認識胡適、見過胡適，甚至讀過他的書為榮。「我的朋友胡適之」，這句話成為二十世紀2、30年代學界、文壇裡的流行語，以表示自己有身分、有品位、有路子。因而「胡適之」三個字在當時絕對是塊滾燙的金字招牌。與壁壘自囿的黃侃迥異，同出章太炎、劉師培門下的小師弟劉文典，則極力將胡適納入自己的朋友圈中。1917年，劉赴北大任教。當時北大強手如雲，年紀輕輕的劉自入不了諸高人法眼。同仁們的鄙夷聲時常於其耳畔迴響。劉逐漸明白：在此地打拼，出名需趁早。於是他決心校勘古奧難懂的《淮南子》，以期揚名立萬，奠定學術地位。經過數度請益切磋，劉此計畫深得胡適支持。無論在何年代，古籍點校都是苦差，既要耐得住寂寞，又須忍得了清貧。雖樂於埋首故紙堆中，然日子一久，劉終遭遇「經濟危機」，他首先想到的朋友，依舊是胡適：「你的門路很廣的，凡是書局、報館，都把你的一言看得九鼎般重，務請你替典想想法子，典雖然不才，譯書、編書、做文章，以及報館的編輯都還幹得來，薪水也不奢望，只要有現在的半數就行了。」胡欣然伸出援手，助其渡過難關。待《淮南子集解》付梓之際，胡更跨刀作序，替其賣力宣傳。如此重情義之人，令劉深為感激：「你是弟所最敬愛的朋友，弟的學業上深受你的益處。近年薄有虛名，也全是出於你的『說項』，拙作的出版，更是你極力幫忙、極力獎進的結果。」

　　若劉將胡適視作「大哥」，那麼其心中的學術「男神」便

是陳寅恪。劉生前逢人就稱「十二萬分佩服」陳寅恪。他曾多次在課堂上情不自禁地豎起大拇指說：「這是陳先生！」然後，又翹起小拇指，對著自己說：「這是劉某人！」可見陳在劉心目中地位之高。西南聯大時期，校委打算聘請沈從文為中文系教授，月薪360元。這個薪級並不高，劉在聯大所拿薪水是每月470元。即便如此，在舉手表決時，劉堅決表示反對：「沈從文算什麼教授！陳寅恪才是真正的教授，他該拿四百塊錢，我該拿四十塊錢，而沈從文只該拿四塊錢！」還有一次，有人跟他提及名噪一時的《激流三部曲》作者巴金，他想了半天，喃喃自語：「沒聽說過，沒聽說過。」在劉眼中，當代文學著實淺薄，難稱學問，故他對沈、巴二人態度冷漠，亦可知其朋友圈標準其實頗高，並不隨意。

　　道不同不相為謀，道同自惺惺相惜。與老師胡適一樣，顧頡剛的朋友圈也堪稱廣闊。隨手翻看《顧頡剛日記》，便會發現他幾乎天天與學界名流座談聚會，「談笑有鴻儒，往來無白丁」，他所編織的學術網路之大，令人嘖嘖稱奇。雖終日與大老交往，顧身上卻無一絲驕氣，其曾於1930年日記中寫道：「予自分極願人發展，凡人之有一才一技者必使展其所長，且日益進步」。就在該年秋，顧力薦錢穆來燕京大學教書。須知彼時若想進入一流高校，要麼擁有名校文憑，要麼師承圈中大腕，要麼已有大作出版，而錢穆自學成才，無學歷無老師無作品，此等「三無人員」，循例根本不可能踏入燕大半步。然顧力排眾議，將學養醇厚的錢穆請了進來。據錢回憶，初到京城，他去顧宅拜訪，「其家如市，來謁者不絕……賓客紛至，頡剛長於文，而拙於口語，對賓客訥訥如不能吐一辭。然待人情厚，賓至如歸……蓋在大場面中，其德謙和乃至若無其人也」。可見能否搭建一個良好的學

術朋友圈，關鍵在於德行與才識，而非口才。那些終日巧舌如簀、大言炎炎之輩，其背後往往隱藏著一顆虛弱的心，生怕被人看透。

在一個圈子裡待久了，難免有人不甘寂寞，欲出圈跨界。30年代，蔣廷黻即顧頡剛座上常客之一。蔣氏主政清華歷史系以來，苦心經營，陳寅恪、蕭一山、雷海宗、吳晗等名師雲集，組成夢幻陣容。孰料蔣志不在此，這位或可成為近代史領域「司馬遷」的史學家，卻胸懷「蕭何」之心，對政治躍躍欲試。蔣氏得以從政，於其政、學兩界通吃的朋友圈大有關係。蔣氏與國民黨大老孔祥熙是校友，留美期間曾任東部各大學中國學生夏令會主席，同不少之後從政的留學生來往甚密。故其進入政府，實在水到渠成。只是一入官場深似海，搞政治比作學術不知複雜多少倍。蔣好似一頭瓷器店裡的猛牛，各種看不慣，於是橫衝直撞。面對這頭嫩犢子，政壇大老們當面打著「太極拳」，背後便亮出「黑沙掌」，終致其毫無作為，抱憾終身，淪為「學者從政」的典型反面案例。

手機上的「朋友圈」，畢竟是個亦幻亦真的溝通平臺，對其似更多要抱一種娛樂精神。而現實世界中的「朋友圈」，自應悉心打理，切莫馬馬虎虎，畢竟大家都在圈子裡常待，門檻太高易固步自封，毫無原則常難覓知音。故看罷民國學人的「朋友圈」，筆者頗為感慨：建圈當真誠，跨圈須謹慎！

他們的一九三七年「七月」

　　1937年7月7日，暑氣蒸人，「入晚天陰，更悶熱，頗難受。」當天夜裡日本軍隊偷襲宛平縣城，住在市裡的顧頡剛聽聞炮聲。其實自入夏以來，有關日本侵華的傳言已不脛而走，顧此刻確認「十日以來，謠言已多，茲特證實之耳。」無獨有偶，次日凌晨四點，錢玄同也在睡夢中被炮聲驚醒，「初不知何事，下午六時讀晚報，始知某國人又作怪了。」那麼國難當頭，懷著同仇敵愾之心情的學人們，於危急勝過炎熱的7月，其各自具體因應又是怎樣？

　　本與國民黨政府高層來往頻密的胡適此時愈發忙碌。整個7月，他終日為抵禦外辱之事奔波獻計。25日下午，胡適與友人談論國事，正彼此感慨之際，蔣介石的心腹幕僚陳布雷來訪。胡懇請陳電告政府，「要研究關於華北的一切外交檔，就使不能發表，亦應印成密件，使政府當局知道他們（檔）的實在文字與意義」。之後胡還特意給陳氏電話，「勉他作社稷之臣，要努力做匡過補缺的事」。27日，汪精衛約集部分人士參與討論對日外交問題。汪宣讀了一份長文件，「敘述二十四年五月至七月九日的幾次軍事諒解，即所謂『何梅協定』的歷史」。胡適極力勸汪精衛敦請中央發表此密件。到了月底，蔣介石親邀胡適、梅貽琦、張伯苓、陶希聖等教育界名流共進午餐。正因前輩較多，席間胡不便多言，只能在臨別時說了一句：「外交路線不可斷，外交事應尋高宗武一談，此人能負責任，並有見識」。蔣答道：「我知道他，我是要找他談話」。

　　當然，像胡適這般可通天聽的學者畢竟少之又少。彼時更

多身處危局的人，考慮更多的是個人與社會的學術應對、對時局走勢的判斷與焦慮及自身命運的反思與擔憂。當時已堪為北平學界重鎮的顧頡剛，一面與眾學人一道發出請願，督促政府積極抗日，如15日當天，大家「恐宋哲元屈伏，與日本人磋商條件，故去電勉之。簽名者二十餘人。」月底平津先後失陷，顧一時心中忿忿久難平息，「宋氏和戰之策舉棋不定，以一粗人而任艱巨之局，宜其覆餗。但文化前途之損失，將何以救之？國土又經大塊分裂，將何以光復之？宋氏誤國之罪，萬死不足以蔽其辜矣。」心焦於國難之同時，顧氏也不得不考慮自身的學術前途。18日，友人告訴顧頡剛，日本人打算開列逮捕北平學界教授名單，顧「列首數名，似有不能不走之勢。適一非今日自綏遠歸，云傅主席擬邀本社在綏工作，因定遷綏計畫。」雖要北上避難，顧仍放不下十數年在北平打下的學術基業，只好忍痛做一交接，「燕大史學系主任交煨蓮或貝盧思女士，禹貢學會交賓四與張維華、趙肖甫，歌謠學會與方紀生等，通俗讀物社則移綏辦理，只剩一北平研究院，仍可遙領也」。可知戰亂對顧氏學術生涯之侵擾，著實不小。

　　即使遠在海外的留學生，也絕非隔岸觀火，其擔憂之程度絲毫不亞於國內之人。已赴英研習考古學的夏鼐，聽說日本出兵華北的消息，可謂心急如焚，以他自己的話說：「遠居異國的人，一天天焦急地等候故國的消息，不知道這垂危的祖國，說不定什麼時候斷氣，每天看三次報（晨報、午報、晚報），還感覺不滿足，晚間還聽無線電報告新聞，雖然每天咬著牙關去讀死書，仍然不生效力，看得既慢，又看不進去，精神真是苦痛。」

　　日本的炮火打亂了學者們的既有規劃，同時也如同一面鏡子，引來了他們對自身言行的反思。吳宓便是這樣。七七事變之

前，吳氏尚陷於感情漩渦中難於自拔，盧溝橋的槍炮聲，對其不啻是迎頭棒喝，頓時民族危機壓過了個人煩惱。14日，吳宓翻閱報紙，才知「戰局危迫，大禍降臨」，頗有如夢方醒之情形。這一天，他閉門反省數十年之歷程，慨歎甚多：「今後或則（一）華北淪亡，身為奴辱。或則（二）戰爭破壞，玉石俱焚。要之，求如前此安樂靜適豐舒高貴之生活，必不可得。我一生之盛時佳期，今已全畢。此期亦不可謂不長久，然初未得所享受，婚姻戀愛，事事違心，寂寞憤鬱，痛苦已極。回計一生，寧非辜負？今後或自殺，或為僧，或抗節，或就義，無論若何結果，終留無窮之悔恨。更傷心者，即宓本為踔屬奮發、慷慨勤勉之人。自1928以來，以婚姻戀愛之失敗，生活性慾之不滿足，以致身心破毀，性行墮廢。故當今國家大變，我亦軟弱無力，不克振奮，不能為文天祥、顧亭林，且亦無力為吳梅村。蓋才性志氣已全漓滅矣！此為我最傷心而不可救藥之事。如此卑劣，生世亦何益？思及此，但有自殺。別無他途……」其對自己半生荒唐倦怠之剖析不可謂不深刻。

好在吳氏身邊有摯友相伴，其自尋短見之意方被扼殺在腦際。當天晚上，陳寅恪邀吳一起在清華園散步，路上陳就中日問題發表觀點，「謂中國之人，下愚而上詐。此次事變，結果必為屈服。華北與中央皆無志抵抗。且抵抗必亡國，屈服乃上策。保全華南，悉心備戰；將來或可逐漸恢復，至少中國尚可偏安苟存。一戰則全域覆沒，而中國永亡矣。」吳宓對此頗有共鳴，「寅恪之意，蓋以勝敗係於科學技術與器械軍力，而民氣士氣所補實微。況中國之人心士氣亦虛驕怯懦而極不可恃耶。」第二天晚上，洪謙來與吳散步，亦對國民性大加批判：「國人泄泄遝遝，隱忍苟活，屈辱退讓，絲毫不圖抵抗，使日本不費力而坐取

華北。如斯喪亡，萬國騰笑，歷史無其先例，且直為西洋人士所不能瞭解者……中國之科學技術物質經濟固不如人，而中國人之道德精神尤為卑下，此乃致命之傷。非於人之精神及行為，全得改良，決不能望國家民族之不亡。遑言復興？」連續數日，清華同事們私下圍繞國事展開了持續的討論。深受此氣氛影響的吳宓揪心國難之餘，對自己的反思愈加深入，「按今茲事變，吾儕不能慷慨激烈，為國效力，已屬可恥，下至個人親友安全之計，雖多議論，亦少實行。日日慮禍變之來，而終無所動作，無所預備。因循鬱抑，坐待事機運命之支配，嗚呼，精神之頹喪不樂，可知已！」於是思來想去，既然文弱書生報國無路，吳氏決心坐待命運安排。一周後，日本飛機轟炸西苑。吳氏尋思「今不敢求死，亦不再怨生」，決心「亦欣遵上帝之意旨」，「和衣蒙被，仰臥室中床上願畢命於此室」。然隔日他便又無法淡定了。29日上午，吳發現偌大清華園內，「學生紛紛乘自行車（攜小包）離校，或以人力車運行李入城。教授亦紛紛以汽車載物送眷入城。校工則退還儲金，又將發給兩月工資而解散。」吳「深感清華瓦解之易，與員生之但求自逃，不謀團結維持」，他打算與眾人立異，終留清華。不過很快其再度動搖。葉企孫跑來力勸其入城，陳寅恪也說「在此生命無憂，入城可免受辱」。吳最終還是隨大流進入城中，並未孤守清華。

　　已故著名學者薩義德曾這樣歸納知識份子的基本特徵，他們不把眼光局限在某一專業學科上，對現實社會的重大問題、價值觀念以及關於自然、人生的一些終極問題，深切關注，且對現狀持批判態度，同時這種關注的熱忱和批判態度是建立在強烈的道德責任感之上的。以此觀之，無論胡適、顧頡剛，抑或夏鼐、吳宓，面對國難，皆展現出現代知識份子的一面。然

畢竟各自主客情況有別，故而他們的1937年7月，便顯得異中有同、同中有異了。

思想界的「三岔口」

　　近代以降，特別進入民國，「西方」儼然化為一個國人心頭愛恨交織的強勢詞彙，驅之不能，學之且難。然1918年卻成中國人重新審視西方尤其歐洲文明的拐點。是年年底，梁啟超赴歐參加巴黎和會。沿途梁氏穿過歐洲諸國，與隨行記者一道考察第一次世界大戰之西部戰場、萊茵河右岸、比利時布魯塞爾等地，足跡遍及比、荷、瑞、義、德等國，可謂對戰後歐洲的政治、經濟、文化等作了全面而細緻的考察。返國後，梁迅即提筆寫下《歐遊心影錄》這一篇反省歐戰的長文。

　　於此文中，梁結合所見所聞所思所感，認定「就是這位『科學先生』」，歐洲人做了一場科學萬能的大夢。到如今卻叫起科學破產來。這便是最近思潮變遷一個大關鍵了。（讀者切勿誤會因此菲薄科學。我絕不承認科學破產，不過也不承認科學萬能罷了）。」既然歐洲文明已遭破產，如何涅槃重生，藥方何在？梁指出，其實「眾裡尋她千百度，驀然回首」，良劑卻在「燈火闌珊處」，即中國的「孔老墨三位大聖」。於是他文末呼籲：「我們人數居全世界人口四分之一，我們對於人類全體的幸福，該負四分之一的責任。不盡這責任。就是對不起祖宗，對不起同時的人類，其實是對不起自己。我們可愛的青年啊！立正！開步走！大海對岸那邊有好幾萬萬人，愁著物質文明破產，哀哀欲絕的喊救命，等著你來超拔他哩！我們在天的祖宗三大聖和許多前輩，眼巴巴盼望你完成他的事業，正在拿他的精神來加佑你哩！」

　　梁氏此番言論，折射出其積極反思現代性之文化自覺。所謂現代性，是指自啟蒙運動以來，以役使自然、追求效益為目標的

系統化的理智運用過程。十八世紀以降的歐洲，科學獲得巨大進
步，工業化浪潮洶湧，理性主義凱歌猛進。也因是之故，人們一
味追求現代性，迷信科學與理性萬能，浸成了普遍的社會思潮。
但歐戰的慘絕人寰，卻又令歐洲出現了「理性危機」。正基於這
種親身觀感，梁主張須重新審視自晚清以來不斷推崇的所謂「西
方」。其一，強調「重新估定一切價值」。正在國內開展的新文
化運動，所秉持的「評判的態度」也應適用於對待西方文化。其
二，反對「科學萬能」論，強調科學與人文必須並重。亦即「前
數十年是賽先生專權的時代，現在是賽先生和費先生共和的時
代」。其三，切勿一味追慕西方，主動提高自身文化力，「吾國
人今後新文化之方針，當由我自決」。梁對時局變換、潮流更迭
之敏感確異於常人，故梁漱溟讚歎「任公先生一生成就，不在學
術，不在事功，獨在他迎接新世運，開出新潮流，撼動全國人
心，達成歷史上中國社會應有之一段轉變」。其「特異處，在感
應敏速，而能發皇於外，傳達給人。他對各種不同的思想學術極
能吸收，最善發揮」。

　　然此際並非所有知識份子都認為須反思現代性。比如系統
接受英美教育的胡適、丁文江等人，便執著於對現代性之追求，
認為歐戰並非引來世界思潮的巨大變更。甚至胡、丁諸位指出所
謂歐洲「科學破產」，其實不過是「謠言」而已。「自從《歐遊
心影錄》發表之後，科學在中國的尊嚴就遠不如前了」，「我們
不能不說梁先生的話在國內確曾替反科學的勢力助長不少的威
風」。然而「歐洲的科學已到了根深柢固的地位，不怕玄學鬼來
攻擊了……那光焰萬丈的科學，決不是這幾個玄學鬼搖撼得動
的。」反觀梁氏提倡的東方文明，「其實呢，這是活死人的文
明，這是懶鬼的文明」，「這種文明其實只是一種下賤的唯物

文明」。可知雖同倡揚新文化，但梁、胡等人在對待現代性問題
上，已呈大相異趣、針鋒相對之態勢。

與此同時，彼時思想界在反省現代性的過程中，一種新的
重要動向正潛滋暗長，呼之欲出。這便是以陳獨秀、李大釗為首
的部分新文化旗手。他們起初亦深刻反思現代性，認為以尼采、
倭鏗為代表的哲人「以意志與創造為中心要素，以立主我思想之
基礎，極力攻擊凡俗主義、物質主義」，「而欲導現代文明於新
理想主義之域。其說頗能起衰振敝，而於吾最拘形式，重因襲，
囚錮於奴隸道德之國，尤足以鼓舞青年之精神，奮發國民之勇
氣。」於是宣導文化調與融匯。不過隨著認識之深入，特別是俄
國十月革命的爆發，他們終皈依馬克思主義。

以往我們考察這段歷史，往往容易將其簡化為「十月革命
一聲炮響，給我們送來了馬克思列寧主義」。此概括固然不錯，
但難以揭示當時思想界之豐富性。這種觀察歷史的視角，我們不
妨喻之為「倒放電影」。「倒放電影」手法之優點，在於結局早
已知曉，研究者較容易發現一些彼時事件親歷者未能措意之關鍵
處。以後見之明的優勢，仔細分析當事人何以不能注意到那些後
來證明是重要的發展，以及這樣的認知怎樣影響到他們對事件的
因應。但此手法亦可能有副作用，即容易以今情測古意，特別是
有意無意中容易以後起的觀念和價值尺度去評說和判斷昔人，結
果常常是得出超越於時代的判斷。這樣以後起的觀念去詮釋昔
人，有時便會出現朱熹指責的「先立說，拿古人意來湊」的現
象。況且「倒放電影」手法另一明顯的不佳之處，即無意中會
「剪輯」掉一些看上去與結局關係不大的「枝節」。其結果，我
們重建出的歷史多呈不斷進步的線性發展，而不是也許更接近實
際歷史演變那種多元紛呈的動態情景。研究者常為避免枝蔓，勇

於剔除那些與主題看似關係不大的史料，結果重建出的史實固然清晰，但是否也有可能會偏離歷史發展的原初動態真相呢？畢竟如此裁剪勢必遮蔽掉了歷史本該有的豐富性、多樣性與偶然性。或許有時候，史實的發展演變越不整齊明晰，越接近原初的動態本相，越看上去有些粗枝大葉甚至不修邊幅，其實越能折射出「整體」的時代意謂。作為最早的一批馬克思主義者，陳獨秀、李大釗等人皆先期經歷了反省現代性思潮的洗禮，這絕非偶然。正是邁過了1918年中國思想界的三岔口，他們才能真正明白中國到底需要何種主義。事實表明，後者正構成了他們轉向服膺馬克思主義重要的思想鋪墊。這是歷史演進的自身邏輯，亦是學術發展的內在理路。

四　風骨

春花秋月何時了？往事知多少。

小樓昨夜又東風，故國不堪回首月明中。

雕欄玉砌應猶在，只是朱顏改。

問君能有幾多愁？恰似一江春水向東流。

——（五代）李煜：《虞美人》

所謂「先生」

　　幾年前，一位朋友給我講了一個親歷的趣聞。那時為了評職稱，他要向各位評委送代表著作。當這位老兄的專著擺到某位女校長的辦公桌上時，校長打開扉頁，臉色瞬間晴轉陰，原來上面清清楚楚寫著「敬請XX先生雅正」一行字。校長心想自己是位女性，這個小教員居然稱為「先生」，顯然搞錯了性別，實在有失禮貌，不成體統。於是很快這本著作便由校長祕書退回到朋友手中。

　　看到贈書被「退貨」，這老兄一時間被搞得丈二和尚摸不著頭腦。後他四處問計，方知問題竟然出在扉頁那行留言上面，女校長不懂「先生」二字背後的深意。老兄只得再送一冊，乖乖地寫下「敬請X校長斧正」，果然被領導「笑納」。

　　開篇舉此例子，本意倒不在於評驚這位女校長學識之高低，而在於揭示一種現象：所謂傳統意義的「先生」一詞，已遁跡於世人腦海之外。《孟子‧告子下》曾載：「宋輕將之楚，孟子遇於石丘，曰：『先生將何之？』」後人注釋道：「學士年長者，故謂之先生」。可見此處之「先生」，乃指德高望重、學識淵博之人。正因其歲數大，經驗多，知識廣，閱歷豐，道德品質高尚，自然就具備了對年輕一代後輩人教誨、指導的條件和義務，於是乎「先生」便是厚德名師之代名詞。稱老師為先生，在古代非常普遍，並無性別之分。二十世紀上半葉亦然。

　　之所以對「先生」概念模糊不清，亦在於真正承載「先生」風範的先生日趨凋零，此群體已沉入歷史長河，距當下漸行漸遠。何謂「先生」？他們首先是一種氣象的化身。師者，傳道授

業解惑。如何通過教授學問而令弟子聞道悟道，實為先生之使命，不凡之氣象由此而生。對於先生這重使命，潘光旦有句名言道：「學校，猶水也，師生，猶遊魚也，其行動，猶游泳也。大魚先導，小魚尾隨，從遊既久，其濡染觀摩之效，不求而至，不為而成。」學生跟隨老師從遊，這是知識薪火相傳的有效方式。1930年代，殷海光高中畢業之後，到北平半工半讀，哲學家金岳霖自己負擔了他的生活費。不僅如此，金還跟他約好，每週吃飯一次，一邊吃飯，一邊聊天談學問。抗戰後，北大、南開、清華三所大學遷往昆明，組成西南聯合大學。此時期，殷海光一直追隨金岳霖讀書思考。後來，在給林毓生的信中，殷氏充滿深情地寫道：「在這樣的氛圍裡，我突然碰見業師金岳霖先生。真像濃霧裡看見太陽！這對我一輩子在思想上的影響太具決定作用了。他不僅是一位元教邏輯和英國經驗論的教授而已，並且是一個道德感極強烈的知識份子。昆明七年的教誨，嚴峻的論斷，以及道德意識的呼吸，現在回想起來實在鑄造了我的性格和思想生命。」先生氣象對弟子影響至深，於殷氏文字中可見一斑。然如王船山所言：「孔融死而士氣灰，嵇康死而清議絕」。二十世紀上半葉之後，此種先生風範、卓絕氣象便風流雲散，一去不回。世間找不到先生，然滿街俱是「大師」，真是一種令人啼笑皆非的黑色幽默。

　　其次，先生亦是一種氣勢的範本。雖無權位，但一心憂國憂民，書生言政；學富五車，方可以揮斥方遒，指點江山。此不啻是對先生最佳的精神摹寫。近代以來時局動盪，先生們告別三尺講壇，參與革命與政治。正因為他們身具真學問，胸存大抱負，心底有蒼生，眼中無權貴，先生的所言所行氣勢磅礡，元氣淋漓。章太炎自清末便投身革命洪流之中，雖其間走過彎路、經歷

迷惑，但救國之志與拯民之心始終如一，為民國建立竭盡所能。即使帝制已覆，章氏依舊對那些醉心獨裁之輩大加撻伐，故其弟子魯迅這般評價乃師：「考其生平，以大勳章作扇墜，臨總統府之門，大詬袁世凱的包藏禍心者，並世無第二人；七被追捕，三入牢獄。而革命之志，終不屈撓者，並世亦無第二人；這才是先哲的精神，後生的楷範」。之所以能對革命終生不渝，想必正是此氣勢通貫其內的緣故。潮有進便有退，勢有起便有落，此為常態，本不必辯。只是民國先生這股氣勢落得過於迅即，這數十年，似總在谷底徘徊。

再次，他們又是一種氣度的展現。吾愛吾師，吾更愛真理。先生雖然德高望重，學識淵雅，但未必皆能隨時代潮流前行，不免會在某階段落伍掉隊。故尊敬先生之同時，亦當保持清醒，不迷信先生所言所行，甚或進行規勸商榷。所謂先生，便是在承繼與辯難中青出於藍、代代推陳而出。俞樾是章太炎早年的業師，其漢學造詣堪稱彼時晚清學壇之翹楚。清末，章太炎公開斷髮易服，發表排滿言論，俞先生認同清廷，自視章太炎為大逆不道，師生終爆發嚴重衝突。俞樾怒斥章「不忠不孝，非人類也，小子鳴鼓而攻之，可也」，章氏亦當仁不讓，表示「謝本師」，將師生關係一刀兩斷。想不到20年後，逐漸「拉倒車」的章太炎，也碰到同樣之遭遇。北伐戰爭期間，章氏持反對「赤化」之立場，主張將南方交給吳佩孚，將北方交給張宗昌。其學生周作人當時也仿乃師當年之舉，發表了一篇「謝本師」，認為章太炎將「剿平髮捻」的曾國藩「奉作人倫的楷模」，未免過於荒唐，「已經將四十餘年來所主張的光復大義拋諸腦後了」。他聲明「我的師不當這樣，這樣的也就不是我的師」，希望章先生「善自愛惜令名」。無論是章太炎之於俞樾，還是周作人之於章太炎，像這樣

「謝本師」，在當時都是一件十分艱難的決定。否定師生關係，亦即等於否定父子關係。但這恰又是先生之氣度代有更新、不斷嬗變的真實情形。

當然，二十世紀上半葉並非盛世，弊竇叢生，先生們的底氣難免有不足之時。是故對於二十世紀上半葉，對於先生，既不當仰視，易將其意義放大；亦不應俯視，勢必遮蔽或低估其價值；故抬頭望與低首看，皆會二十世紀上半葉走樣，將先生神化，失其本來面目。不妨平視，正視其得與失，美與惡。

俱往矣，然風流人物，未必在今朝。先生們的那等氣象，那般氣勢，那種氣度，我們當代讀書人到底有沒有？

走筆至此，禁不住喟歎一聲「先生不再」！心底又忍不住呼喊一聲「何日再來」！

那些年，一起追過的「學術男神」

　　近年高校不知為何流行起一股「美女老師風」，對於廣大學子而言，似乎唯紅顏相伴，方可安心讀書。回首民初大學，美女老師實屬鳳毛麟角，但「帥哥教授」卻比比皆是，他們不僅外形過硬，且或率真熾熱，或溫文爾雅，或博學多聞，各美其美，美美與共，令彼時異性為之傾倒，共同構成一道高校風景。

　　一提到帥氣與浪漫，想必首先映入人們腦海的莫過於徐志摩。客觀來講，徐之外表，雖頗清秀，但尚算不上格外出眾，按其好友溫源甯的描述：「他的鼻子太大，眉毛太不成名堂，嘴稍嫌太闊，下顎也有點蠢像，總之都說不上漂亮。」不過在異性眼中，徐卻是標準帥哥一枚，「他的身軀是頎長的，臉兒也是很長很長的，額角則寬而廣，皮膚白皙，鼻子頗大，嘴亦稍闊，但搭配在一起，卻非常的和諧。那雙炯炯有神的眼睛卻好像蒙著一層朦朧的輕霧，永遠帶著神祕的神態。」故徐迷人之處在於其氣質與心性。每逢聚會或授課，徐有時來晚，舉座奄奄無生氣。一旦他拍馬趕到，像一陣旋風捲來，橫掃四座。他又像是一把火炬把每個人的心都點燃，他有說、有笑、有表情、有動作，弄得大家都歡喜不已。故梁實秋坦言「我數十年來奔走四方，遇見的人也不算少，但是還沒見到一個人比徐志摩更討人歡喜。討人歡喜不是一件容易事，需要出之自然，不是勉強造作出來的。」也正是擁有如此率真熾熱的性格，天不假年的「大鼻子情聖」徐志摩留下了三段傳奇情感與無數隔代女粉絲。

　　正因享年不永，之於世間，徐志摩更像一個如夢似幻的「傳說」。而其摯友胡適的帥氣故事則儼然可匯成一部「神話」。長

期留美生活的涵育，加之對自身公眾形象的刻意塑造與維護，胡在時人眼中，絕對是頭牌紳士教授。況且其執學界之牛耳，異性粉絲實在不可勝數。據現代著名女作家蘇雪林回憶，自其升學至北京女子高等師範國文系後，胡適在她和同學心目中之形象，儼然即不折不扣之「學術男神」。每逢胡赴女師大上課，不但國文系女生從不缺席，其他專業學生亦蜂擁而至，慕名聆聽。一間教室根本容納不下，於是校方將隔壁圖書室打開使兩室合併為一。然即使兩間大教室還是無法容納，走廊裡也擠滿了人，黑壓壓地都是人頭，大家屏聲靜氣，鴉雀無聲，傾聽這位「帥哥教授」的講解。蘇雪林自稱此印象在她腦子裡，「永遠不能幻滅」。

後蘇任教武漢大學，再度有幸目睹「男神」降臨之盛況。抗戰勝利後，胡來武大做報告。珞珈山擁有足以盛放3,000人的大禮堂，那天竟都被聽眾擠得插針不下。就連本校平日裡從來不聽什麼演講的教職員家眷也不期而至，急切一睹這位「帥哥教授」尊容。只見一位年齡五十上下、面龐清秀、身材不高不矮且說得一口很好國語的中年人登上講臺，霎時間「記者們都在搶鏡頭，鎂光燈閃耀不停，開麥拉（camera）此起彼落，全堂聽眾眼睛都閃著興奮的光芒，臉上都綻出滿意的微笑。每當胡先生講到一段精彩處，掌聲便像雷般爆發開來，幾乎掀翻了屋頂。」當胡講演完畢，聽眾陸續散去後，蘇雪林走到大禮堂外，憑著石欄，向下一望，只是暮色蒼茫中，汽車賓士如織，都是回武昌城去的。一條大學路全是甲蟲般駛行的車子和螞蟻般絡繹的人群。蘇不禁聯想「從前朱元晦、陸象山鵝湖論學，有這種盛況嗎？恐怕未必。王陽明也常常聚徒講學，有這種盛況嗎？恐怕也未必。」或許此即「學術男神」所獨具之號召力。

當胡適因心臟病不幸逝世後，整個臺灣，瞬間被「淚海」淹

沒。最傷心的往往是那些女性崇拜者。如一個平日與胡毫不相識的商店女店員，每日哭悼胡先生，耽誤生意，竟被老闆辭退了。一位女校長帶領她千餘學生來公祭，那校長一進靈堂便涕泗滂沱，號啕痛哭，一直不能住聲，學生莫不泣不可抑。司儀者咽喉也為之哽住，不能發聲，連換數人，始得成禮。胡在女性心中地位之高，此情形便是最佳證明。

著名語言學家趙元任之「帥」，則同其伶牙俐齒緊密相關。趙少年時不慎跌落兩顆門牙，常遭小夥伴譏笑，於是他一直羞於言笑，性格不免內向。留學海外後，趙特意鑲了假牙，不僅成功轉型帥哥路線，而且發音也更加清晰。故趙十分感激這兩顆假牙：「我覺得我是個勇敢的新人，完全具有面對世界的信心。」自此，他的語言天賦被發揮的淋漓盡致，不但精通多門外語，更逆天的是還能辨別各種方言。當年羅素來華巡迴演講，趙擔任翻譯，既能將英文譯成中文，還能轉換為各地方言，真可謂巧舌如簧。其後趙更是跨足文藝圈，所譜一首《教我如何不想他》，傳遍大江南北，獲得擁躉無數。

不過歌曲詞作者劉半農則沒有趙這般幸運。一次，劉去聽音樂會。樂隊所奏曲目中恰有那首《教我如何不想他》。唱畢，主持人登臺，說歌詞作者劉半農先生也在現場。大會鼓掌歡呼，一定請劉出來見面。劉無法推辭，只得上臺。孰料他甫一登臺，便引來噓聲一片。原來觀眾們（尤其女粉絲）心中的劉半農要麼似徐志摩般浪漫，要麼如胡適般儒雅，要麼像趙元任般清俊，突然冒出個乾癟老頭兒，大家一時接受不了。遇見這種情形，劉半農心裡著實不是滋味：自己不過44歲，真是歲月無情催人老啊！回家後，劉半農吟詩云：

　　教我如何不想他，請來共飲一杯茶。

　　原來如此一老叟，教我如何再想他？

　　其實劉大可不必如此鬱悶，常言道：「距離產生美」。對
於久聞其名而不曾謀面之人，人不免會浮想聯翩，無形中加以美
化。然而世上焉有那麼多「帥哥教授」呢？一旦碰面，十有八九
是「見光死」。所以相見不如想念，這或許就是「教我如何不想
他」的奧妙所在吧？

大學之精神

　　1912年，清帝遜位，民國肇造，與之前後相接，書院淡出，高校建立。恐怕對於彼時多數國人而言，大學究係何物，具體如何運作，皆深感陌生，故難以著手。於是，民初有識之士們，便摸著石頭過河，披荊斬棘，由草創到完善，一座座名校漸成規模，大學精神也從中萌生。

　　1917年1月，前清翰林、革命元勳蔡元培入主北京大學。此時之北大，章門弟子異軍突起，將桐城諸老擠至邊緣。與此同時，系統接受歐風美雨薰染的留洋博士們，也陸續歸國執教。於是在新舊中西之風激蕩中，北大漸成全國學術中樞。當然此時之北大，亦是魚龍混雜之「名利場」。眾所周知，北大前身乃清廷於1898年所創之京師大學堂。辛亥後雖更名北京大學，但大多數學生仍一副前清官老爺做派，讀書是假，混張文憑以資升官發財是真。故學校制度混亂、學風不正，學生課上無精打采，課下花天酒地。

　　上任伊始，蔡氏即指出：「大學學生當以研究學術為天職，不當以大學為升官發財的階梯。」為提起學生們研究之興趣，蔡氏「廣延積學與熱心的教員」。老派如辜鴻銘、黃侃、劉師培諸輩，新銳如陳獨秀、胡適、李大釗等人，俱雲集紅樓，皆一時之選。

　　有名師，尚須有良制保駕護航。蔡氏特意重定北大《評議會章程》，規定「大學內部規則」須經評議會通過，始能生效；「各學科的設立及廢止」、「講座的種類」、「學生風紀」等重要事項，須經評議會通過，始能付諸執行。評議會組成人員為：

（甲）校長，（乙）各科學長，（丙）各科教授，每科二人，自行互選。教授治校之原則自此確立。

　　兩載後的5月9日，為保全五四愛國運動中的無辜學生，蔡元培只得選擇辭職歸隱。「教育新銳」蔣夢麟出人意料地掌舵北大。這一年，他才34歲。

　　蔣氏一生信奉「學術救國」。在其看來，「學術衰，則精神怠，則文明進步失主動力矣！」故「有真學術，而後始有真教育；有真學問家，而後有真教育家。」於是乎，在治校理念上，蔣既秉承蔡氏辦學之餘緒，又力張學術自由之大纛，認定「研究學術而有所顧忌，則真理不明」，「吾國高等教育近方萌芽，欲求將來學問發達，亦非保其學問自由不可」。縱使在軍閥橫行的20年代，北大課堂上仍有《馬克思的經濟學》、《唯物史觀》等所謂「過激主義」課程，而諸如李大釗等進步教授，也依然在三尺講臺上舒卷隨心、揮斥方遒。

　　就在蔣夢麟為北大校務忙的不亦樂乎之際，鄰近的清華學堂也處於巨變中。清華本是用美國退還庚款設立的留學預備學校。1928年9月18日，蔣介石之嫡系羅家倫宣誓就職清華校長。在羅的治校宗旨中，「學術獨立」乃重中之重。他特別強調：「要國家在國際間有獨立自由平等的地位，必須中國的學術在國際間也有獨立自由平等的地位。我今天在就職宣誓的誓詞中特別提出『學術獨立』四個字……我們要共同努力，為國家民族樹立一個學術獨立的基礎。」隨即他提出改造清華的教育計畫，稱為「四化政策」：學術化、平民化、廉潔化、紀律化。羅氏上任後的當頭炮便是「專轄廢董」，收回基金，取消董事會，使得治校之權不受外界干涉。在收回校權的同時，羅家倫不忘招攬人才。為了延聘到一流的教師，他時常不惜屈尊下駕，請蔣廷黻出任歷史系

主任便是典型一例。當時羅家倫親自從北京到南開請蔣廷黻。蔣本來在南開幹得好好的，不想離開天津。然而羅家倫便施展軟磨硬泡的功夫，坐著不走，整整熬了一夜。正所謂精誠所至，金石為開，蔣廷黻終究拗不過羅家倫，答應赴清華任教。同時羅不惜得罪自己恩師朱希祖，請其讓出系主任位置，「我為了歷史系的前途，也不能不為公義而犧牲私情了。」就秉著這樣寧缺勿濫的原則，羅為清華招來了一批知名的專家學者。不過，羅家倫在「紀律化」上卻栽了大跟頭。所謂「紀律化」，實際就是對學生進行軍事化的統一管理，其具體形式便為軍訓。羅要求無論男生女生，每天早晨六點鐘上早操，學生們在起初還有點興趣，可是天氣轉冷後，他們來上操的自然就隨之變少。於是羅下了一條命令：早操無故缺席，記小過一次。按照校規，三次小過為一次大過，三次大過就開除學籍。學生們因此叫苦不迭，一片怨聲載道。著名哲學家張岱年，原來是北京師範大學附屬中學的學生，1928年附中畢業，因為成績優異，可以免試直接升入師大。可他慕清華之名，報考了清華，也被錄取了。然而等他報到入學之後，發覺清華的早操制度實在缺乏「人性」，消受不起，幸而師大的入學期限尚未過去，他就退出清華上師大去了。

　　也恰因為羅之軍事化管理頗有「黨化教育」之嫌疑，於是惹來多方抵制。兩年多後，羅不得不黯然辭職，堪稱功過參半。繼任者，即以一句「所謂大學者，非謂有大樓之謂也，有大師之謂也」聞名教育界的梅貽琦。梅氏治校達18年之久，在長期摸索中提出了智育、德育、體育、群育一體的「通才教育」。在《大學一解》一文裡，梅認為「學校猶水也，師生猶魚也，其行動猶游泳也，大魚前導，小魚尾隨，是從遊也。從遊既久，其濡染觀摩之效自不求而至，不為而成，反觀今日師生關係，直一奏技者與

看客之關係耳，去從遊之義不綦遠哉！此則於大學之道，體認尚有未盡實踐尚有不力之第二端也」。此「從遊論」，可謂梅氏治校理念之精髓。

1926年，在北大校慶紀念會時，蔣夢麟發表題為《北大之精神》的演講，其中有這麼兩句：「本校具有大度包容的精神。凡一個機關只能容一派的人，或一種思想的，到底必因環境變遷而死。即使苟延殘喘，窄而陋的學術機關，於社會決無甚貢獻。本校具有思想自由的精神。本校裡面，各種思想能自由發展，不受一種統一思想所壓迫，故各種思想雖平時互相歧異，到了有某種思想受外部壓迫時，就共同來禦外回侮。」

「大度包容，思想自由」，此乃北大之所以成為北大之緣由所在。其實，若不兼具此兩種精神，任何一所高校，便僅剩虛名而已。

名師自有風骨

何為大學？大概不可或缺的一條即有名師坐鎮，傳道授業，使學術得以薪火相傳，綿延不絕。人們對名師之理解，則往往眾說紛紜，仁智互見。依筆者陋見，之所以為名師，至少於學問淵雅外，尚需具有一份超卓塵間之風骨，以留待後人追摹。

所謂名師風骨，首要即一種風範，潤物無聲，為人師表。章太炎入室弟子吳承仕堪稱此中代表。民國初年，章門弟子取代桐城遺老，主持北大文科，吳承仕與諸位師兄弟共執教鞭。然同門間關係並不融洽，尤其像朱希祖、馬幼漁等人多為浙籍，師承較之於地緣，則相對遠了一層。於是，皖籍出身的吳承仕作為少數派，自然備受同門排擠。一次，北師大邀請吳做講座，此事傳入馬幼漁耳中，馬竟冷冷言道：「專門在家著書之人，何必請之！」然而馬幼漁身為北大教授，卻十年不作一文，想必是「紅眼病」發作了吧。冷嘲熱諷倒也無妨，最令吳難以容忍的是無端的惡語相向。作為大師兄，黃侃恃才張狂，屢屢出口傷人。最過分的一回，黃竟手書「負心遭赤舌，啞口吃黃連」駢體詩一首，當眾羞辱其師弟。這令吳承仕忍無可忍，於是他於1926年8月18日辭去教職，出任師大國文系主任。

自此之後，一位身材偉岸，前額微禿，腦後留有長髮，臉上戴著老花鏡，嘴裡叼個煙斗或銜支雪茄的學者便常常映入師大學子的眼簾之中。吳講課幽默生動，善於同學生交流，在其言傳身教下，諸如王重民、劉汝霖、聶菊蓀等學界新秀逐漸嶄露頭角。按照慣例，每逢學生畢業，吳都要請大家聚餐。一次在西長安街「上林春」，席間學生要求吳贈言。吳隨口說：「送你們三件法

寶。學而時習之不亦說乎，有朋友自遠方來不亦樂乎，人不知而不慍不亦君子乎！」眾人莫名其妙，不知此言何意？吳笑道：「你們中有人繼續深造，不斷學習，不是學而時習之嗎？有人在工作崗位上去工作，認識些新朋友，不是有朋自遠方來嗎？有人尋不到工作，那是人不知，也不慍，可謂君子了！」在座師生頓時鼓掌大笑。其實吳贈言中所含道理，時至今日，依然顛仆不破，持此三寶，畢業生們將無往而不適也。

當時亦在師大任教的黎錦熙於為師方面，同吳氏頗有異曲同工之妙。每逢學生畢業，黎就格外忙碌，因為向其求取贈言之人絡繹不絕。一次，黎給學生寫下「行遠必自邇，登高必自卑。為學亦如是，願君慎勿違」四句，希望他們能眼光高遠，處事低調。還有一回，黎以一首小詩點出了為學之道：「不怕不寬宏，就怕太籠統；不怕不聰明，就怕不寬容；不怕不用功，就怕亂翻動；不怕不奮發，就怕如炮炸；不怕膽不大，就怕少規劃。」郭紹虞先生在評價黎錦熙時曾言：他「愈鑽愈深而益不自滿，漸學漸博而絕不自炫，謙謙若不足，恂恂私無能。」誠哉斯言，這恰恰是黎氏的過人之處。

所謂名師風骨，更兼一身傲骨，不畏權貴，同仇敵愾。吳承仕的弟弟承侃曾在誄詞中對吳之為人作了如下評論：「家兄樸質睟淳，不慕榮利。外渾涵，而內崖岸峭鯁，不可撓屈。」其崖岸峭鯁之性格從何體現？這當從兩則趣聞說起。一則是吳「擊鼓罵曹」。1923年，軍閥曹錕公然賄賂議員，當選總統。為了避曹錕之諱，北洋政府竟禁演京劇名段《擊鼓罵曹》。吳承仕出於義憤，決定組織班子公演該戲。演出當日，扮演禰衡的吳承仕趿拉兩支破鞋，驕蹇縱姿，走了出來。鼓打「漁陽三撾」，悲切淒涼，音節殊佳，座中之人，無不隨拍擊節，連連叫好。然而，不

少人也替吳捏了一把汗，畢竟曹錕行伍出身，嗜血如命，若是讓其知道吳公演一事，恐怕會遭到兇殘報復。適巧時隔不久，曹錕便因戰敗而淪為他人之囚。吳之罵曹之舉遂傳為一時美談。

另一則是吳寫抗日對聯。1930年代初，日本侵華，國事益危。許多青年迷茫困惑，不知何去何從。一次，一名學生請先生賜他一副字，先生大筆一揮，題下對聯一首：「黑淵水深色如墨，傳有神龍人不識，池上架屋官立祠，龍不神，人神之。」此聯含意，十分明確，是告誡學生切勿於泥古的迷途中彷徨，而應破除迷信，關注現實，衝破墨色般的深淵，尋求革命救國之路。吳不僅鼓勵學生追求光明，並且身先士卒，積極學習馬列主義，參與抗日愛國活動，最終被日本迫害致死，其氣節令人欽佩。

國難當頭，不少學人才識上乘，但氣節下流，以致賣身事夷，苟且偷生，未能做到德才兼備。而黎錦熙與錢玄同基於愛國立場，以身作則，激勵著課堂上的學子們。黎氏平日裡舉止溫文爾雅，從無疾言遽色，說話慢條斯理，卻又鏗鏘有力，永遠使人感到春風化雨的浸潤。「九一八」事變發生後，出於義憤，青年學生紛紛走上街頭遊行請願，師大許多老師也以各種方式表達個人之愛國情懷，例如錢玄同在課堂上大聲疾呼勿忘國恥，並對外宣佈拒絕與任何日本人來往，即使是一般的日本語文學者，他也一概不予接觸。甚至在宴會上，凡有日本人參加，他都堅決不出席。1938年，他恢復舊名錢夏，就含有早日恢復中華，不願做亡國之民的寓意。因患血管硬化，錢抗戰後未能南下，師大舊同事中的敗類，時常以請他到所辦的學校教書相擾，他並不以病軀推諉，而毅然說：「你所辦的學校，與我毫無關係！」一次送別故友，臨行前錢說：「我只有一句話，告訴他們說錢玄同絕不做漢奸就好了！」此時的黎錦熙卻按部就班地講授「宋元明學術思想

概要」。難道黎對國難家仇不聞不問？非也。其實他的所有愛國
關懷都已貫注於這門課中。將宋、元、明學術之源流脈絡、盛衰
利弊娓娓道來的同時，黎巧妙地把此時期內憂外患之情形和士大
夫捨身保國之精神穿插進來，所以同學們不僅知道何為宋學，何
為漢學，更無不為文天祥的一片丹心、史可法的浩然正氣動容落
淚。由此看來，在愛國宣傳上，錢之言行猶如疾風掃葉，黎之授
課好似細雨潤物，實則殊路同歸也。

　　學界重鎮，師道典範，人倫表率，吳、黎、錢諸位方是名師
風骨，較之當下所謂「大師」，不啻勝過千百倍。惟惜先哲業已
凋零，吾輩唯有從著述中尋覓其吉光片羽了！

先生的課堂

幾年前，許紀霖先生曾說過一句對我觸動頗大的話：「我改變不了這個世界，但可以改變我的課堂」。誠如其言，如將士施展武功之所在於疆場，學者的戰場便是課堂。雖手不可縛雞，肩不能扛鼎，腳難行千里，力不及常人，然一旦踏上三尺講壇，先生之氣勢、之洞見，足以震懾滿座學子。且學人講課之風格，又各具千秋，其間趣聞耐人玩味。

有人滿腹經綸，卻喜歡出奇制勝，細數學壇，前有黃侃，後有劉文典。民初北大，學生都稱黃侃是一位「特別教授」，在堂上對《說文解字》一個字一個字地講，一不帶著作，二不帶講稿，引經據典，旁徵博引，口若懸河，頭頭是道。學生對引用的經典論據，下課以後去查書，一字不漏，一字不錯，引起了全班同學嘖嘖稱羨。有一天，黃的學生為他拿皮包時發現內有許慎的《說文解字》，打開一看，那書上畫得太特別了：書頭蠅頭小字，密密麻麻，有墨筆寫的，有朱筆寫的，還有各種各樣的符號，全書9,300字，每個字都有自己的講法；別人的講法，有的他肯定，有的他否定，也都記在了上面。據說，他對《說文解字》讀了五次，每一次都有新的收穫，新的體會。他去講授的時候，也每一次有新的內容，同學們說：聽黃先生的課，百聽不厭，常聽常新。據弟子回憶，黃教學還有更特別的，他不是光用語言教這個書，而是帶著感情教這個書。《說文解字》本很枯燥，要是一般地講授知識，誰也難久坐下去、久聽下去，可黃在講每個字時，是帶著愛憎的感情來講的，他把自己變成書中的人，書中的人笑了，他笑了；書中的人哭了，他也哭了。所以他

講起每個字來，同學們都同老師同呼吸，和書中的字同呼吸。因此，他每次登堂授課，聽課的人，不僅是本班的，還有外班的，不僅是讀文科的，還有讀其他科的。

　　與師兄酷似，劉文典在課堂上亦不走尋常路。劉講課從來不照本宣科，喜歡闡發些獨特的見解。講到得意處，往往情不自禁，忘乎所以。其對於《海賦》的講解方式就很獨特。有一次，他很神祕地告訴學生：「你們仔細看看這篇文章的文字，跟別的文章有什麼不同？」學生們看了半天，沒看出啥門道來。都是方方正正的中國字啊！有啥奇怪的？劉卻像發現驚天大祕密似的宣布，這篇文章的最大祕密在於「滿篇文章多半都是水旁的字」。接著他頗有些自言自語地感慨道：「這個文章嘛，不論好壞，光是看到這一片水字旁的字，就足以令人有波濤澎湃、浩瀚無垠的感覺了，快哉快哉！」據文史大家張中行先生回憶的彼時場景：「他偏於消瘦，面黑，一點沒有出頭露面的神氣。上課坐著講書，眼很少睜大，總像是沉思，自言自語。現在還有印象的，一次是講木玄虛的《海賦》，多從聲音的性質和作用方面發揮，當時覺得確是看的深，說得透。」

　　後南渡長江，遷至聯大，劉之講授風格愈發老練。其皓月之下講《月賦》的事蹟，也經常被西南聯大的師生們當做傳奇故事爭相流傳，津津樂道。聯大教授授課方式非常自由，一般來說，教授們喜歡怎麼教、教什麼，從來沒有其他人會過問。劉一向狂放不羈，上起課來更是與眾不同，假設一堂課是四十五分鐘，他頂多正課講三十多分鐘，餘下的時間就是天馬行空，神遊八方，評點群英、臧否人物了。一次，劉給學生上《文選》課，剛講了半小時，突然就宣佈：「今天的課到此為止。」學生們都以為他又受了什麼刺激，要將哪位名人大肆評價一番。誰知卻聽到他

說：「餘下的課改到下星期三的晚上再上。」這下，學生們就更搞不懂劉文典的葫蘆裡究竟賣的是什麼藥了，但他並不著急解釋，收拾教具，在學生們疑惑眼神的注視下，揚長而去。

等到了下星期三的晚上，劉通知選修《文選》課的學生都到校園裡的一塊空地上集中，說要在那裡開課。等大家都坐定後，劉夾著教具出場了：「今天晚上我們上《月賦》。」此際滿臉疑惑的學生們豁然開朗：當天是農曆五月十五，正值月滿之期，確是上《月賦》的最佳時間！

一輪皓月當空，學生們在校園裡擺下一圈座位，靜聽劉文典坐在中間大講《月賦》，時而仰頭問月，時而高聲吟誦；旁徵博引，妙語連珠，將充滿新奇感與求知欲的學生帶進一個人生與自然交融的化境。劉的一位學生後來寫文章說，「那時距離人類登陸月球二十多年前的事情，大家想像中的月宮是何等的美麗，所以老先生當這一輪皓月大講《月賦》，講解的精闢和如此別開生面而風趣的講學，此情此景在筆者一生中還是第一次經歷到。」

當然，劉氏課堂上偶品評時政，看似離題，實則故布疑陣，為之後的精彩內容預作鋪墊。而有些先生上課，批判政局則是其招牌動作。如政治學家張奚若，經常在課堂裡「扯閒話」。比如講亞理斯多德說「人是政治的動物」，動物過的是「mere life」（單純的生活），但是人除此以外還應該有「noble life」（高貴的生活），接著張又說：「現在米都賣到五千塊錢一擔了，mere life都維持不了，還講什麼noble life？！」張先生有時候發的牢騷挺有意思，他不止一次地感慨道：「現在已經是民國了，為什麼還老喊『萬歲』？那是皇上才提的。」（借指「蔣委員長萬歲」）還有一次他提到馮友蘭的《新理學》，說：「現在有人講『新理學』，我看了看，也沒有什麼『新』。」他沒有點馮先生

的名字，不過台下的學生們當然都知道說的是馮友蘭，因為1941年《新理學》在教育部得了一等獎。正因為閒話往往彰顯學人之真性情，故未必不受學子歡迎。當時聽過張奚若課程的何兆武先生回憶道：「其實課上扯扯閒話挺好，你可以從他的自由發揮裡知道他真正的想法，這是書本裡學不來的。」

　　口才甚佳乃名師之招牌，然學識淵博方為名師之底色。故雖課講得動聽，倘根基不牢或劍走偏鋒，即使走紅一時，終難逃過學子們之火眼金睛。當時雷海宗給聯大學生講歷史，巴金的愛人蕭珊聽過後，逢人就贊「雷先生講課真有意思，好像說故事一樣。」雷的確很會講故事，有的就像是他親眼看見了一樣，而且記憶力驚人，不帶底稿，也從來沒有帶過任何一個紙片，可是一提起歷史上的某某人哪一年生、哪一年死，或某件事發生在哪一年，他全都脫口而出，令人不禁嘖嘖稱奇。於是他的課程自然產生出講者動情、聽者動容之效果。不過雷受斯賓格勒《西方的沒落》一書的影響，醞釀出一套自己的歷史哲學，認為文明和人的成長一樣，也有一個生命週期。這種文化形態學的理論不免有幾分牽強，甚至可以說是武斷的。時間一久，學生們自然多有質疑。

　　如今的不少學者，既進不了廟堂，又不甘於課堂，於是終日混跡於名利場。歸根結柢，身為人師，主戰場終究是三尺講壇，若忘了本分，本末倒置，著實可恥。

學術商榷之百態

　　1931年秋，一位中年人為求一本學術專著，終日於京城琉璃廠、潘家園等各書店、地攤反覆穿梭，苦苦尋覓。此人即晚近著名學者錢穆，那本書乃梁任公的《中國近三百年學術史》。原來錢氏剛來北大執教，擬主持一門清代學術史的課程，恰梁之前開過該課，且有講義在雜誌刊發。梁氏駕鶴西去後，「某書肆印此書，梁家以此書乃任公未定稿，版權所屬，不准書肆發行」，故錢欲購而不得。有道是「踏破鐵鞋無覓處，得來全不費工夫」，正無可奈何之際，有人私下告訴錢穆，「可赴東安市場，在某一街道中，有一書估坐一櫃上，櫃前一小桌，可遞授與八毛錢，彼即在其所坐櫃內取出一紙包授汝，可勿問，亦勿展視，即任公此書也。」錢按圖索驥，果然如願以償。

　　錢氏之所以非買此「盜版書」不可，目的在於挑戰學術權威梁啟超。就清代學術，梁十分看重乾嘉漢學，並指出其與現代科學精神頗有近似之處，而錢的觀點與之相異，強調「不知宋學，則亦不能知漢學，更無以平漢宋之是非」。於是他特開此課程，自編講義。此舉即學術商榷。《廣雅》有云：「商，度也；權，粗略也。言商度其粗略」。換言之，圍繞某一學術問題，雙方或多方展開辯論、探討。當然形式並不拘於一格，可當面交流，可書信切磋，可開壇專論，亦可撰文評析，還可隔空喊話。錢氏開課與故去的梁任公「較勁」，便頗有些與死人打學術官司之意味。正因梁不可能於九泉下復起，這場商榷愈發引來同仁之關注。據錢回憶，一次某位原友人特意給其電話，詢問其講義中材料出處。課還沒上，怎麼對方已知道講義內容？錢氏甚是納悶，

問道：「余之講義，付北大講義室，待下周去上課時，始領取分發，君何先知？」友人頓時忍俊不禁，答曰：「君此講義人人可向北大講義室預定。先睹者已群相討論，君竟不知此事，可笑可笑。」不難知曉，學人間的商榷，本是學界雅事。

這場商榷中無法自辯的「被告」梁啟超，生前卻是極愛做「原告」的。1922年3月，梁受邀赴北大禮堂作報告，題為《評胡適之〈中國哲學史大綱〉》。其實早在三年前，梁已萌生評論胡著之念，惜一直未有合適機會。這次親臨胡適的主場北大，梁絲毫未有怯意，反倒如滿弦之弓，滔滔不絕連續講了兩個半天。或是預料來者不善，胡適也來捧場，順便一窺究竟。於是，學界新、舊兩代泰斗正面交鋒，恰似一場商量好的雙簧，惹得眾多聽眾興奮不已。

作為前輩，且天性率真，梁並未因胡適在場而有所客氣，甫一開口，就提出自己心中的學術商榷原則：「批評和介紹不同。介紹，只要把這書的要點和好處提挈出來便夠了；批評不單是如此，是要對於原書別有貢獻……所以我只是把我認為欠缺或不對的地方，老實說出。」況且每人的研究，常常就像山中旅行，看問題殊難避免橫看成嶺側成峰之境遇，故而「凡學問上一種研究物件，往往容得許多方面的觀察，而且非從各方面觀察，不能得其全相。有價值的著作，總是有他自己的特別的觀察點，批評的人，僅可以自己另外拿出一個觀察點來，或者指駁那對手的觀察點不對」，集思廣益，才真正領悟只緣身在此山中之原委何在。道出這份本意，梁迅即火力全開，認為「這書第一個缺點，是把思想的來源抹殺得太過了」，「這書第二個缺點，是寫時代太不對了」。講到孔子的思想，梁甚至不留情面地斷定「胡君所攻擊的，純是無的放矢。」

　　台上的梁評得酣暢盡興，台下的胡卻聽得五味雜陳。第二天有專門的答辯時間留給胡適。為維護個人的良好形象，亦不讓萬千粉絲失望，胡克制自己情緒，有理有據地反駁梁之觀點，顯得彬彬有禮、溫文爾雅，再一次賺足了年輕人的印象分。只是回到家中，胡心中之不爽再也無法按捺，一股腦發洩到日記上。在其看來，梁來北大砸場子，這分明是「他不通人情世故的表示，本可以不去睬他」，「他講孔子，完全是衛道的話，使我大失望」。在公開場合態度謙和、敬老尊賢的胡博士，私下裡對別人的商榷耿耿於懷、頗有微詞，可知雅量與胸懷在學壇也算是奢侈品。

　　更有趣的是，一場官司剛落幕，另一場接踵而至，且角色瞬間乾坤大挪移，「原告」變成「被告」。就在北大點評胡著中《老子》一節時，梁啟超曾半開玩笑地說：「我今將《老子》提起訴訟，請各位審判」。講者或無意，聽者卻有心。彼時有個學生叫張怡蓀，匆匆把梁的觀點記在幾張臨時找來的煙盒紙上。回去之後，這位張同學很快便寫了一份「判決書」寄給梁先生。作者自稱「梁任公自身認定的審判官並自兼書記官」，以在座「各位中之一位」的身分受理梁的訴訟，進行判決。其判決結果如下：「梁任公所提出各節，實不能絲毫證明《老子》一書，有戰國產品嫌疑，原訴駁回，此判」。一位無名小輩居然對名滿天下的大老梁啟超指手畫腳，且文章水準實在談不上出色，梁完全可以不理會此人此文。然他卻十分高興收下這份「判決書」，並回復「張君寄示此稿，考證精賅，極見學者態度……鄙人對於此案雖未撤回原訴，然深喜老子得此辯才無礙之律師也。」無獨有偶，當時只有18歲的清華學生張蔭麟發表《老子生後孔子百餘年之說質疑》，亦對梁的觀點提出異議。梁啟超非但不以為忤，反

視作幸事，當面對張說「你有做學者的資格呀！」不得不嘆服任公心胸之寬廣。

　　平情而論，學術商榷首先貴在學術面前人人平等，但若彼此功力相差懸殊，尤其是後進質疑前輩，確難產生共鳴。如果挾有私心，妄求藉助抨擊他人搏出位，則全然失去了商榷之本義。當時有位學者叫孫次舟，經常發表討人檄文般書評。比如錢穆的《國史大綱》出版之初，一時好評如潮。孫很快撰成一文，對錢書頗多指摘。孫舉惹來同仁一陣側目，如金毓黻就看不下去，「今觀孫君所論，真所謂求全之毀也⋯⋯小人可畏，至於如此」，實在是「非罵人不能出名，且須取極出名人罵之」。不過並非所有痛罵皆是惡意。因新文化運動聞名於世的劉半農曾赴上海拜訪章太炎，欲與其商榷語言學問題。面對劉由內而外的一身虛驕氣，章採用舊時當頭棒喝的方法，一串連珠炮式的高深發問與重重指責，徑直令劉呆若木雞、面有赧色、羞愧難當、無詞以對。也正經此「磨難」，劉明白了自己學問到底幾斤幾兩。十年後，章北上講學，每次都有兩人陪同。一人在身旁做翻譯，一人在其後寫黑板，翻譯者乃章門弟子錢玄同，而甘心默默寫板書者正是劉半農。

　　古今學人評論他人，常用「學養」二字。所謂「學養」，既包括學術功力，又牽涉個人修養。倘學者有學無養，或無學有養，皆難稱完粹。恰恰學術商榷，最能考驗學者之學養，點評他人，同時亦是檢驗自己，技藝不精，涵養不足，到頭來只會獻醜甚或遭人恥笑。故先嚴於律己，方可誠心待人。只是踐履起來著實太難。每想到眼下某某與某某為了本屬學術商榷範疇的問題爆粗口、約幹架、互相黑、揭老底，筆者就只有哭笑不得了⋯⋯

非此不可！

1915年12月25日下午6時許，天色陰沉，寒風瑟瑟。在舊金山唐人街的廣州樓內，一位旅美華人正在默默地用著晚餐。他臉上微露倦色，神色憂鬱，但骨子裡的那種智慧與勇毅仍清晰可見。此時充塞在他腦海中的完全是遠在地球另一邊的現實：袁世凱的復辟鬧劇正在緊鑼密鼓地上演，芸芸眾生或被蒙蔽欺騙或無力掙扎，中國究竟要向何處去？就在其心潮翻湧之際，突然從背後射過來兩顆罪惡的子彈，穿透了他的心臟，他撲倒在地，鮮血染紅了地板。

1926年4月26日的清早，晨曦微露，在北京天橋刑場上，一位中年男子梳著整齊的分頭，身著考究的藍色華絲葛長衫，黑色紗馬褲，面露溫文爾雅之態，依然文詞侃侃。誰可想，此時的他背縛雙臂，身旁站著兩個荷槍實彈的士兵。臨刑時，士兵要其跪地，他執意不肯，並昂首向天狂笑幾聲，旋即只聽一聲槍響，他轟然倒在京城大地上，時年40歲。

又過了八年，即1934年11月13日，有一家人驅車從杭州療養回來，其中一位50多歲的長者位列其中，他面容溫和，但又不失英氣。在返回上海的途中，駛至海寧附近翁家埠達閘口時，突遭國民黨特務槍擊，長者不幸遇害辭世。

這三位遭遇毒手之人，皆是民國年間最為著名的報人，他們的一支筆，都曾經橫掃大江南北，名震宇內上下，令反動勢力聞風喪膽，又惱又懼。他們分別是黃遠庸、邵飄萍和史量才。清末民初，不僅政治上變動不居，紛紜不休，學術教育上亦是一個轉型關鍵期，尤其是科舉改廢之後，學術分科愈加明確，職業走向

趨於多元，於是職業報人群體逐漸形成，並日益承擔起「社會之良心」、「大眾之喉舌」的角色。

黃遠庸本出於書香門第，且天資聰慧，16歲時就中秀才、20歲中舉人，21歲即成為清末最後一批進士中最年輕的一個。雖年少登科，可謂春風得意，但他並不貪戀仕途，赴日留學，追求新知。學成歸國之後，黃先供職於郵傳部，直言官界所造就之官僚，不外強盜、乞丐、流氓三種，並自嘲自己曾「為流氓之官一年有餘」。辛亥革命後，黃下定決心，作一名職業記者，開始涉足新聞界。憑藉自己深厚的新、舊學功底，加之對時局變幻的敏銳嗅覺，黃很快便躍升為報界明星，其文「每一草出，都人傳觀，有紙貴之譽。」黃的新聞稿多以政治、財政、外交等國家大事的記載和評論為主，所撰寫的通訊，較之前人，則有明顯的區別和自己的特色：一是落筆大政要聞，文章開闊深邃；二是精確系統，語言生動幽默。可謂為後來的新聞通訊體開創了先河。同時，他的報導又不失詼諧幽默，在他的筆下，政治外交的重重黑幕、統治者的專橫暴戾、侵略者的兇殘強悍、流亡者的痛苦迷茫、饑民的哀嚎絕望、妓女的辛酸無奈、走狗們的無恥卑賤……——躍然紙上。如在評論袁世凱的為政手段時，黃將袁那種練就得爐火純青的政術權謀比作小說裡面的「遁甲術」。雖然社會各種力量都希望通過法律和議會來監督約束袁大總統，而袁世凱卻能夠如同會行遁甲術一樣，只要指天劃地、念念有詞，頃刻間，周身的束縛蜿蜒盡解，法律和議會在他面前效力頓失。黃的這種報導手法生動而不失實，將袁世凱老奸巨滑的嘴臉刻畫得入木三分。

邵飄萍亦是辣手抨擊醜惡勢力之高手。1915年12月袁世凱稱帝，上海新聞界的同仁們雖有心反袁，卻苦於找不到一位可以筆

掃千軍、文蕩山河的領軍之人，思來想去，他們決定電邀邵飄萍回國擔此大任。形勢已是千鈞一髮，不容自己再袖手旁觀，邵於是束裝歸國，充當輿論界反袁之急先鋒。甫一返滬，邵飄萍不顧舟車勞頓，滿身風塵，便研墨提筆，為《申報》、《時事新報》、《時報》撰文，將一腔愛國熱情揮灑於這雖僅有方寸大小卻魔力無邊的報紙上面。其中最令人稱道也是最令袁賊及其走狗們咬牙切齒的文章便是那篇〈預吊登極〉：

> 京電傳來，所謂皇帝者，不久又將登極。
> 嗚呼！皇帝而果登極，則國家命運之遭劫，殆亦至是而極矣！
> 但二月云云，尚需多少時日，各處反對之聲勢，再接再厲。
> 所謂登極者，安知非置諸極刑之讖語乎！
> 記者是以預吊！

全文共82字，卻用了6個「極」字，把「登極」和「極刑」相連，預言「登極」之日，也是「置諸極刑」之時。短小精悍，用語犀利，令支持民主共和的人們讀後大叫洩恨，大呼過癮。這篇殺傷力無可限量的短文也成為反袁鬥爭中的代表性戰鬥檄文之一。

史量才不僅寫時評，更是親自上陣，經營報紙，於1912年成為《申報》總經理，使這份歷史悠久的報刊重現輝煌。《申報》辦得越好，影響越大，對統治者而言，便越發令其忌憚。1915年，正值袁世凱密謀帝制復辟之際，其欲圖令《申報》乖乖聽話，為其所用，於是派人送去15萬兩銀票以示收買之意。史氏索性刊登《本館啟事》，點明了此啟事之原委：「有人攜款15萬，來滬運動報界，主張變更國體者。」隨之表明其向來不受賄買的

操守：「按本館同人，自民國二年十月二十日接手後，以至今日，所有股東，除營業盈餘外，所有館中辦事人及主筆等，除薪水分紅外，從未受過他種機關或個人分文津貼及分文運動。」並重申報人務必恪守的原則立場：「此次即有人來，亦必終守此志。再本報宗旨，以維持多數人當時切實之幸福為主，不事理論，不尚新奇，故每遇一事發生，必察真正人民之利益，秉良心以立論，始終如一，雖少急激之談，亦無反覆之調。此次籌安會之變更國體論，值此外患無已之時，國亂稍定之日，共和政體之下，無端自擾。有共和一日，實難贊同一日。特此布聞」。

待蔣介石執政後，《申報》依舊鞭辟時政，常令國民政府倍感難堪。一次，史與蔣會面合影，蔣威逼道：「我有100萬軍隊……」史骨頭未軟，底氣猶足，答：「我有100萬讀者……」於是蔣遂下定剷除史的決心。

做為民初名記者，黃、邵、史三人皆未能享得高壽，終被政治黑幕所吞噬，可見報人在民初，雖榮耀非凡，更危險無比。史量才曾言：「人有人格，報有報格，國有國格，三格不存，人將非人，報將非報，國將不國！」即使前面是天塹雷池，身為報人，亦必縱身赴之！毋須多言，非此不可！這，正是報人之品格，更是知識人之底色！

曙光前的絕望

1915年，在歷史上，具有著特殊的意義。這一年，政壇上的嚴重失序與思想界的極度淆亂同時出現且相互影響，可謂築成一道看似隱形卻漫無邊際的黑幕。就廣大讀書人而言，其對時局走向、對社會心理持續關注，甚是敏感，如陳獨秀指出，在這個表面尚算安穩的共和國中，絕大多數國民「腦子裡實在裝滿了帝制時代的舊思想，歐美社會國家的文明制度，連影兒也沒有。所以，口一張，手一伸，不知不覺都帶君主專制臭味」。此局面必須改變，「要鞏固共和，非先將國民腦子裡所有反對共和的舊思想，一一洗刷乾淨不可」。不過當年的陳氏，暫拿不出思想啟蒙的方案，故讀書人尤其是眾多青年們彼時的反應最為強烈，痛苦、憂恨、困惑乃至絕望，成為他們思想中的主旋律。

對於在上海求學的吳宓來說，這一年讓他刻骨銘心。用吳氏自己的話講，「家難未平，而國憂復緊。」其父因故被捕入獄，就在心急如焚之際，日本向中國提出了無恥至極的「二十一條」，「同人聚談，均激憤不可遏。以政府庸懦苟安，亡國於片紙之間。余亦百感紛集，覺陸沉終難倖免，蒼茫宇宙，一霎盡成黯淡淒楚之形。」

這一夜，蛩聲陣陣，一簾月色，獨臥室內，吳思緒萬千，終難入眠。他首先感慨這幾年社會光怪陸離之亂象對己之心理的刺激，「社會之缺點，如無意識之奢靡，復古之論調，時間之不經濟，感情與事理之混淆，禮法之苛刻，做事之曲折迂緩，凡百之消極觀念，等等，其端立見。改造世俗之難，乃如舉千金之網，重不易致，而又此點紛糾，彼處牽絆。又如行逆水之舟，已

致之上流，復隨波逐流，再繁牽挽，難哉！難哉！」接著他撫懷
今昔，身世之感，紛至遝來，鬱鬱之情，噴湧而出，「若家若
國、若親若友、若人若我，皆是如此，又皆不得不如此。自有艱
難，誰能致之磐石苞桑之安？自有牢愁，誰能致之海闊天空之
境？新生之感慨，以視夙昔舊有，愈徵實、愈繁複、愈纏綿、愈
微茫、愈闊大，而愈覺其驚心動魄，蕩性移情。似密不語人，則
辜負此種感慨。而默思沉計，又無一人可語。即有之，亦一部而
非全體。」悲國家之屏弱，慨己身之困惑，到頭來吳頗有些明日
不知所從的情緒，他常對朋友講，希望將來成為一名文學家或哲
學家，「不論成功如何，已足以娛樂一生。」然身處這般時局之
下，恐怕未來要化為一場幻夢，「故有所警惕，不敢不別求實用
之歸宿……鬱鬱深曲之意，非自解其孰能諒之也。」

　　較之仍在象牙塔裡冥想玄思的吳宓，已在政界、法律界、報
界等領域混跡多年的黃遠庸，其感受更為接地氣，也更加複雜。
雖然黃之一生短暫，但他經歷了職業身分的多次更迭，在民初黑
幕下，其對自身命運的迷茫與困惑，堪稱同時期眾多知識人心路
歷程的一個縮影。

　　從日本留學歸來後，黃先在清末政府中任職一年有餘。後
認定官場黑暗，其辭官回歸本行，兼職律師，希圖在法律界打開
一片新天地。孰料法律界與政壇並無二致，「只容無法律之自
由，不容有法律之自由」。黃雖小試牛刀，打贏幾場獄訟，但他
還是不得不承認：「律師之不可為，蓋有三因：一由司法之本非
獨立，此固不待繁言；一由社會之誤解律師性質，彼以為律師不
應袒護惡人，冒社會之所不韙。若國人既曰可殺，則律師何得左
袒？不知無論何人身為，被告非到最後裁判時，國人固不得論其
有罪與否。」於是他毅然轉投報界。而民初的新聞圈，同政壇一

般混亂，毫無秩序可循。經過一段時間的觀察體驗，黃歎道：「余自問為記者若干年，亦一大作孽之事也。以今法作報，可將一無辜良善之人，憑空誣陷，即可陷其人於舉國皆曰可殺之中。蓋一人杜撰，萬報謄寫，社會心理薄弱，最易欺蒙也。至於憑臆造論，吠影吠聲，敗壞國家大事，更易為矣。」況且「木秀於林，風必摧之」，作為一名具有職業操守的記者，其「論治不能無低昂，論人不能無臧否，以故名益盛，而仇者忌者益滋。」黃的直言快語招致了當時社會多種政治勢力的忌恨，這也就為他日後魂斷異國埋下伏筆。

同時，不參政卻難以逃離政治漩渦之侵襲，袁世凱的一再威逼迫使黃又一次站在了人生抉擇的十字路口，面臨著外在脅迫與內心道德的雙重拷問，理欲交戰使其又一次對自身職業身分產生了懷疑。再一次的自我否定終於使他明白，以往所治二業，在今日之中國斷難有光明之前景，他已是滿心倦意，承認自己不過是他人一塊傀儡而已。基於以上經歷，黃回首往事，進行了一次痛徹心扉地懺悔：「余今年僅三十有二，綜余之一身，而諡以至確之名號，其一墮落之青年而已。然余深信凡吾人所敬仰之青年，其靈魂必曾一度或數度被其軀殼所囚獄。若曰未曾，則其將來必入此牢獄。以此牢獄乃人生必經之階段，猶人之必入鬼門關也……余之自身，既絕無能力思想足以自定其歸宿，則余亦只能聽之運命，而今昔則余奔突鬥號之時也，則余窺獄隙而略見天日之時也，則余不堪良心苛責之時也，則余之懺悔之時也。」

學生、官員、記者、政客、律師，在清末變局與民初黑幕下，多重職業身分的重合與更迭，使得黃宛若一隻反覆吐絲蛻變卻始終無法破繭化蝶的蠱蛹，飽受時勢與靈魂之雙重煎熬。就連一向與黃並不十分熟識的梁漱溟也發覺黃「常在痛恨自己，是在

內心矛盾中生活的人」。

　　然而，黃之困惑與絕望又是必然的。辛亥之後，五四之前，實乃中國文化覺醒之前夜。先前活躍於中國政壇的維新人士大多日趨頹唐，康有為大言尊孔讀經，嚴復更是對袁世凱之籠絡半推半就，最終落得個籌安會「第三把交椅」，自歎「無勇怯懦，有愧古賢」。而「五四」一代此刻尚處探尋與求索之中，羽翼未豐，不成氣候。舊的猶存，新的未生，故黃遠庸雖發出了「今日無論何等方面，自以改革為第一要義」的呼喊，而應者寥寥。畢竟在這政治黑暗、經濟凋敝、文化保守的歲月裡，少數人的力量是渺小的。

　　但黃並未因自身定位的困惑而躑躅不前，隨著澄清其與帝制陰謀無關的《黃遠庸啟事》在上海各大報紙刊登，他終於卸下了最後一層心理枷鎖，動身赴美，另覓新生。起程之前，他在《與林宰平書》中十分誠懇地寫道：「天若佑我動心忍性，不變其宗，則足以對吾良友矣！」他對自身未來之憧憬已初現端倪。

　　雖黃氏本該迎接涅槃的契機在1915年底戛然而止，然中國思想界的卻在次年浴火重生。政治黑幕即使可以吞噬無數個體的生命，但終極難以阻擋時代的車輪浩然駛過。絕望總歸是暫時的，曙光在眼前。

是亦為政

　　何廉曾在其回憶錄中披露，赴美留學期間，他參加過一個中國學生聯誼會組織——成志會。它是當時規模最大、最為認真且十分活躍的中國人聯誼會之一。一些後來於政壇舉足輕重的大人物如王寵惠、王正廷、郭秉文、俞大維、蔣廷黻等都是該會會員。按照何氏的說法，「我參加這一組織別無所圖，只是為了交幾個朋友以及對振興中國培養更多的興趣，我沒有參加其他會員參加的政治活動」。

　　觀其一生，何廉確對政治興趣不大。一次他同朋友陳翰笙去聽國民黨外交官伍朝樞的講話。兩人反應堪稱迥異：「我對他的演說倒沒有什麼強烈的反應，而那位政治上很活躍，甚至寫些政論文章公開發表的陳先生，對這次演講就非常關心」。不過人生際遇卻偏偏喜歡弄人。歸國之後，「陳先生」在政治上的進展長期並不順遂，反倒是何廉出任國民政府經濟顧問，宦海浮沉十數年。最後他得出的感慨竟是：「翁文灝和我雖都在政府中位居高職，但比起『圈內集團』來，畢竟還是外人。我們並非政府的裡層人物，也非黨的成員，我們不過是政府的『裝飾品』！我們從未能夠搞清楚幕後究竟在搞些什麼。」

　　對此情形，傅斯年早有預判。他始終堅持其獨立人格，不為名與利同政府勾勾搭搭、卿卿我我。他同國民黨始終保持著一種「疏而不離、親而不近」的關係，宛如一對朋友，雖然關係緊密，卻仍保持一定距離，讓雙方可以理智地看待彼此間的問題。1947年，蔣介石改組政府，考慮拉胡適入閣，擔任國府委員兼考試院長。時任北大校長的胡適雖然對政治也僅是「不感興趣的興

趣」，但他礙於情面，且對蔣尚抱幻想，一度頗躍躍欲試。傅得
知後心急如焚，函電交馳，勸阻老師千萬不要上老蔣的當。他對
胡適說，「蔣表面上要改革政治，實則缺乏起碼的改革誠意。其
實只是想借重先生您，全為大糞堆上插朵花！只要先生您堅持不
可，非任何人能夠勉強。您三十年之盛名，不可廢於一旦，令親
者痛，北大瓦解。」傅斯年這番話，最後發揮了決定性作用，胡
適選擇留在北大。傅氏深知，作為在野之人，或處政府週邊，既
可自由放炮，又能同政府處在朋友之間規勸支招的寬鬆狀態之
中，少受拘束，不用考慮各種繁文縟節，也避免了令人生厭的勾
心鬥角。最關鍵的是一旦跨入政府大門，就如同媳婦過了門，一
切身不由己。待「朋友」關係過渡到「夫妻」關係後，再牛氣的
知識份子也得聽丈夫（政府）的話，惟夫命是從。稍有不慎，不
是失去政治貞操，就是被政府休掉，落個萬劫不復。

　　或許傅氏有關學人問政的說法雖話糙理不糙，終究有些過
於直白。那麼不妨再看看著名政治學家蕭公權先生的觀點。早在
二十幾歲時，蕭便立志不做「官」，專求「學」。抗戰期間，
「從政」的機會一度來臨。1943年冬，蕭氏應邀到重慶出席憲政
實施協進會，得與陳布雷見面。陳氏問蕭是否願意加入國民黨。
如果有意，他極願請適當的人介紹。蕭答道：「北伐完成以來，
許多教育界同仁和我自己認定國民黨是中國前途的唯一希望。因
此我們於撰寫時論，以非黨員的身分，向政府作建設性的提議或
善意的批評。這些間接擁護政府的文字雖然未必發生任何實際影
響，似乎尚為一部分人所注意。假如我以黨員的身分來發表同樣
的議論，讀者未必會加以同等的重視。」陳聽後點頭說「很有道
理」。於是蕭氏放過了入黨的一個好機會。

　　蕭雖不從政，不入黨，但對於國家的前途並非漠不關心。

他應邀為《獨立評論》撰寫政論時評。蕭氏「立言」的宗旨是很簡單，一言以蔽之：「把平日學思所得有關國家社會進步的意見提出供政府和國人參考。所見未必有是，但所知無不盡言。」與此同時，蕭氏還對當時社會流行的不少似是而非的時髦口號進行反思檢討，比如「讀書不忘救國」說。他指出，「假如一個學生在讀書的時候，一字一句之間，念念不忘救國，我相信他雖然手不釋卷，卻是心不在焉，不知所云。」如此一來，書既讀不好，國更救不成。我們無論做任何工作，應當對這工作的本身有真實的興趣，把全副精神放在這工作的上面。這可以說是「敬事」、「敬業」，也可以說是「為工作而工作」。我們不應當把工作當做本身並無價值，而只是達到工作以外某項目標（無論這目標是如何重大）的手段。

當然，倘若心智成熟且學有所成，此類學者當然可以（或者應該）問政。但蕭氏強調學術政治間的界限必須劃清。「他們同時具有兩種身分，他們是國家的公民，也是學校的教師。憑著公民身分，他們可以論政，可以入黨。但這些行動既不是教師分內的職務，他們不應當假借教師的身分去便利這些行動。如果他們覺得公民的職務更為迫切或更有趣味，他們盡可放棄教師的身分，離開學校，獻身政府」。從政之後，如果「倦勤」，他們也可以脫離政治，回到學校。學優則仕，仕優則學，都是正當的行徑。然而借教師的身分玩政治，想在學府政府中做兩棲動物，卻是不妥當的行徑。倘使一個人把學校用為政治活動的地盤，把學生當做政治資本，把學術變成政治企圖的幌子，這樣他就有意或無意地毀壞了學術的獨立。

蕭氏對自己這套「始終不會從政，但時常關心國事，並且撰寫政論，貢獻一偏之見，一得之愚」的作法，借用孔子的一句話

來概括，即「是亦為政」。這不失為知識份子對待政治的一種理智的處理態度。作為社會的一個階層，知識份子應該是「不治而議」的，這樣他們才可以比較冷靜地觀察現實和考慮宇宙人生的終極關切的問題，才可以對社會政治有比較客觀的深刻的批評和議論。現代中國的知識份子必須與政治現實保持一定的距離。從一個角度而言，他才能對現實政治有更合乎實際的認識。

孰料身後評

　　1929年1月19日下午兩點，著名學人梁啟超手術失敗，與世長辭。當天尚在返京途中的胡適，直至夜裡九點多方才抵達。待到好友任鴻雋家中，胡抬頭恰好望見牆上掛的梁任公手書的一副對子，禁不住詢問梁病情如何，任答曰：「你也許見得著他！」

　　殊不知任公已西去八個多鐘頭！次日，不顧舟車勞頓，胡適一早趕往廣慧寺參加梁之大殮。看到眾人悲傷之態，胡也「不覺墮淚了」。眾所周知，作為新舊兩個時代的學術旗手，胡一直視梁為勁敵，梁亦頗能感受到來自胡的壓力。然斯人一旦故去，胡不但對往日之不快全然釋懷，且心中憾意倍增，其在日記中坦言：「任公為人最和藹可愛，全無城府，一團孩子氣。人們說他是陰謀家，真是恰得其反。他對我雖有時稍露一點點爭勝之意──如民八之作白話文，如在北大公開講演批評我的《哲學史》，如請我作《墨經校釋序》而移作後序，把他的答書登在卷首而不登我的答書──但這都表示他的天真爛漫，全無掩飾，不是他的短處。正是可愛之處……近年他對我很好，可惜我近年沒機會多同他談談。」當然，站在新派角度與立場，胡評價梁一生學行，不免略有微詞：「任公才高而不得有統系的訓練，好學而不得良師益友，入世太早，成名太速，自任太多，故他的影響甚大而自身的成就甚微。」故其為梁所撰輓聯云：「文字收功，神州革命。生平自許，中國新民。」

　　雖有褒有貶，但在胡心中，任公實乃近代政壇、思想界永值銘記之大人物，不久胡致信時任國民黨中央研究院院長蔡元培及教育部長蔣夢麟，指出「梁任公先生為戊戌變法之重要人物，辛

丑、壬寅間努力輸入近代學說，革新思想，厥功甚巨。民七以後專事著作，整理國故，成績斐然。今不幸勤劬以歿，至堪悼惜，擬請先生商陳政府明令優恤，以示崇禮先覺之意」，請求以政府名義公開褒獎梁氏。

然極其詭異的是，此等級別泰斗離世，社會之反應卻出奇冷漠，如翻檢傅斯年、顧頡剛等學術新銳此時書信日記，竟對梁氏之死不置一詞。八個月後，梁之遺體已安葬於北平西山臥佛寺東坡，各界人士卻仍無太多回應。其弟子張其昀感覺情形愈發不妙，「自梁先生歿，輿論界似甚為冷淡」。其實個中緣由，張也猜中了七、八分，「梁先生與國民黨政見不同，恐於近代歷史不能為公平之記載」。果不其然，國民政府當局沒有同意胡適的申請，拒絕公開褒獎梁氏。據張蔭麟爆料，「頗聞任公之歿，實曾有大力者建言政府，加之褒揚，格於吾粵某巨公而止」。大力者即蔡元培，而「粵某巨公」則指國民黨元老胡漢民。由此可知民國雖已建立十數年，但往日因政治主張迴異而形成的恩怨鴻溝，依舊無法彌合。光陰又流過了十三載，1942年10月，國民政府才最終頒布了褒揚梁啟超的明令。然與其同受褒獎的，尚有北洋系統的徐世昌與曹錕。聞此讓人啼笑皆非的遲來認可，梁氏門生吳其昌慨歎道：「讀竟，泫然流涕」。此話究係略感欣慰，還是倍覺諷刺？恐怕更多是五味雜陳。

梁之離世，令曾與其於清末大打文字仗、口誅筆伐多年的章太炎頗有「知友零落殆盡，惻愴何極」的哀傷，較之國民黨某些高層，章氏早已放下宿怨，為之悼曰：「進退上下，或躍在淵，以師長責言，匪復深心姑屈己；恢詭譎怪，道通為一，逮梟雄僭制，共和再造賴斯人」。上聯稱譽梁學問獨樹一幟，並且品格卓越，下聯誇讚其不計個人安危，勇於澄清政治，惺惺相惜之情躍

然紙上。

1936年6月14日上午7時45分，章太炎因鼻咽癌、膽囊炎、氣喘病及瘧疾諸症併發，醫治無效，溘然長逝。臨終前，章仍不忘國難時艱，留下兩句遺囑：「設有異族入主中夏，世世子孫毋食其官祿」。曾為革命立下赫赫功勳的國寶級學人魂歸道山，很快各種輓聯悼詞紛至遝來。革命元老馮自由所寫輓聯為「大軍已潰八公山，憐當局責重憂深，雪恥不忘王丞相。與子昔倡亡國會，歎此日人凋邦萃，傷心重作漢遺民」，對其革命功勳大加褒揚。而昔日北洋嫡系陳宦也親作輓聯，曰：「囊括大典，整齊百家，否歲值龍蛇，千載修明君比鄭；人號三君，國推一老，抗顏承議論，世間北海亦知劉。」一面稱讚章之學問堪與東漢末年的大儒鄭玄相媲美，另一面則認為章之錚錚鐵骨絲毫不讓三國時直言犯曹的北海太守孔融。眾人評價中最為傳神的尚屬章門弟子魯迅的一段話：「考其生平，以大勳章作扇墜，臨總統府之門，大詬袁世凱的包藏禍心者，並世無第二人；七被追捕，三入牢獄。而革命之志，終不屈撓者，並世亦無第二人；這才是先哲的精神，後生的楷範。」自此，「有學問的革命家」便成為章太炎蓋棺之論，不脛而走。

還不及一月，國民政府亦十分應景地明令褒揚章氏，其文曰：「宿儒章炳麟，性行耿介，學問淹通。早歲以文字提倡民族革命，身遭幽繫，義無屈撓。嗣後抗拒帝制，奔走擁法，備嘗艱險，彌著堅貞。居恒研精經術，抉奧鉤玄，究其詣極，有逾往哲，所至以講學為重。茲聞溘逝，軫惜實深，應即依照國葬法，特予國葬。生平事蹟存備付史館，用示國家崇禮耆宿之至意。」國民政府如此第一時間、超高規格祭奠章氏，絕非崇學重道這般簡單。國葬章氏，一來為其革命傳統與合法性塑造典型榜樣，二

來亦可藉助章之氣節風骨鼓舞國人抵禦外侮。

　　同為近代政治先鋒與學術宗師，梁、章二人身後境遇卻判若天壤。究其根源，與政治、學術之權勢轉移及時代局勢變遷緊密相關。當國民黨主導彼時政壇主流話語，且學界一味趨新之際，昔日曾與之針鋒相對的梁氏自然不入法眼，慘遭冷遇。當政局危殆，民族主義情緒高漲時，身兼革命元勳與學術大師雙重底色的章太炎自然成為國民黨手中可資利用的一個人格符號。故說到底，大眾眼中所認知的學者形象，往往取決於統治者之塑造與取捨。

五　恩怨

棄我去者，昨日之日不可留；

亂我心者，今日之日多煩憂。

長風萬里送秋雁，對此可以酣高樓。

蓬萊文章建安骨，中間小謝又清發。

俱懷逸興壯思飛，欲上青天覽明月。

抽刀斷水水更流，舉杯消愁愁更愁。

人生在世不稱意，明朝散髮弄扁舟。

　　　　——（唐）李白：《宣州謝朓樓餞別校書叔雲》

讀書人要「接地氣」

　　1928年，胸懷壯志雄心且銳氣十足的傅斯年，發表了《歷史語言研究所工作之旨趣》一文。文章開篇，傅氏即對歷史學進行顛覆性的重新解釋：「歷史學不是著史；著史每多多少少帶點古世中世的意味，且每取倫理家的手段，作文章家的本事。近代的歷史學只是史料學，利用自然科學供給我們的一切工具，整理一切可逢著的史料，所以近代史學所達到的範域，自地質學以至目下新聞紙，而史學外的達爾文論，正是歷史方法之大成。」循此思路，若學人繼續沿先人研究路數埋首故紙堆中，便是退步，唯有主動接觸直接研究材料，方算進步。愈往下講，傅氏之言論愈發激進，終於拋出這麼一句話：「我們不是讀書的人，我們只是上窮碧落下黃泉，動手動腳找東西！」此觀點看似石破天驚，實則既反映出彼時新式學人對學界現狀之不滿，亦體現了他們對西方近代學術研究方法的借鑒。這折射出學術範式正在轉型的趨勢，故傅斯年並不孤單，已經有不少學者意識到：「紙上得來終覺淺」。

　　早在三年前，傅斯年的同窗好友顧頡剛便開始「動手動腳找東西」了。顧1912年就已進京讀書，不過悠悠十幾載，他兩耳不聞窗外事，一門心思撲在典籍之中，自然對京師風俗民情瞭解甚少。直到1924年暮春，顧遊覽西山，正逢農曆四月初八妙峰山進香的季節。顧發現以往每次來時關閉的那些小茶棚全部開了，進香的人接踵摩肩，在茶棚周遭擊著磬，唱著喝茶喝粥的歌謠，並不時磕頭，而各種數不勝數的香會會帖貼滿山道兩邊，這不禁引發了顧氏的好奇與思考。次年，顧「忍了一年，會帖又出來

了，這個好奇心再也不能制止，就請求北京大學研究所國學門主任沈兼士先生派我們去調查」。沈只給了考察組微薄的50元作為經費，故他們來回首尾僅三天時間。不過這絲毫未影響顧氏的興致，「到妙峰山看燒香，想了好幾年，今日乃得實現」。

　　顧頡剛平素是位極其內斂甚或害羞的讀書人，然而由於在去年的香會上，「我的心中頓時癢得很，恨不得把這些東西立刻抄來，但又老不出臉皮當著許多走路的人的面前抄寫」，於是不久風雨侵蝕，大部分會帖零落殆盡。顧此次上山，立下堅強的志願，爭取一張不落，要抄錄一個全份。據他回憶，「抄錄會帖是從來沒有的事情，所以一般香客都很注意，他們聚著看我。我本來很怕羞，更經不起他們的注意，要不是受了壓抑了一年的好奇心的逼迫，一定是羞怯得寫不下了。現在居然把它們抄完，雖是有許多節錄得太簡單，總算得到了一個大概情形，我真是非常的快樂！」想必顧氏此間的「快樂」，不僅是滿足於抄錄這麼多會帖，恐怕還包括戰勝自己羞怯個性的那份自豪吧。

　　抄會帖不單要克服自己的性格，還十分考驗體力。顧頡剛與組員早上四點半就起身抄錄，一直要忙到傍晚。這令本來身體孱弱的顧頗有些吃不消，「在半山亭抄錄，忽左足曲筋，痛甚」，晚間「用燒酒擦足甚久，終不愈」。第二天下山之際，顧腳痛的厲害，「步履極艱難」，「至玉皇頂，即喚肩輿趨三家店」。待到了返回住所的路上，他不禁「又起愁懷，心酸下淚」。可見「動手動腳找東西」之代價，著實不菲啊！

　　有付出，則必有回報。通過會帖，顧統計出當年九十九個香會的名稱、地域分佈、會費募集方式、會規、組織結構、物品用途，甚至香會的歷史及民俗變遷，可謂收穫頗豐。無怪乎其弟子鐘敬文評價：「十年前的一個春天，北京大學研究所國學門的幾

位青年學者，做了一件驚人的學術事情，那就是……妙峰山香會
調查。妙峰山的香會，是北方一個巨大的民眾宗教活動……這種
巨大的民眾活動，除了受鄙薄之外，恐怕不會更牽動讀書人們的
心……這幾位書呆子，竟假充了朝山的香客，深入聖地去了。他
們用科學的智慧之光，給我們顯示了那一角被黑暗蒙著的民眾的
行動和心理」。作為當事人，顧的體悟更值得參考：「我們知識
階級的人實在太暮氣了，我們的精神和體質實在太衰老了，如再
不吸收多量的強壯的血液，我們民族的前途更不知要衰頹成什麼
樣子了！強壯的血液在哪裡？強壯的民族文化是一種，自己民族
中的下層社會的文化保存著一點人類的新鮮氣象的是一種。」

　　不唯民俗學需要實地調研，其他學科亦是如此，譬如經濟
學。時在南開工作的何廉十分關注地毯業，起初他採用的是在美
國極為普遍的做法，向調查對象分發徵詢意見表。孰知他碰了一
鼻子灰，「被調查者乾脆拒絕填寫這些表」。何只好放下教授架
子，親自跑到天津地毯業的各個廠家進行個別交談。然而這一招
也不靈光。「我不熟悉他們的行話，我是個外來人，把他們都嚇
跑了」。更令何幾近抓狂的是，調查物件實際上毫無數字概念。
如果問他們有多少資本，他們就回答「沒多少」。如果問他們掙
多少錢，他們就回答「很少」。何即使再次重複問「有多少」？
答案依然是「很少」。如果問「你們每天幹幾小時活」？他們便
回答「時間很長」。這種情形搞得何廉一時束手無策。經過反
思，何終於找到問題根源所在，選擇了符合當地情況的方法。他
用誘人的薪水僱傭了兩名長期從事地毯行業的工人做為調查員，
並花大量時間培養他們的業務能力。等培訓完畢，兩人按照何的
要求去搜集情報，果然工作大為改觀。他們記錄的精確資料使何
的研究取得了一些進展。如此看來，做為學者，在動手動腳的同

時，千萬別忘了還得始終保持「動腦」。

　　現如今是個資訊大爆炸的時代，只要你擁有一部手機或電腦，便可獲取海量資訊。作為學者，各式各樣的電子資料庫也使得研究日益便利。不過紙上、屏上或掌上資源的發達，也無形中將研究與現實區隔為兩個世界。從某種程度上看，無論人文科學，抑或自然科學，在宣導理性的同時，依然需要養成一種「感覺」。而這種「感覺」更多依靠與現實社會接觸得來。是故對於學人而言，與其終日閉門造車「想當然」，不如適度動手動腳「接地氣」；既要讀萬卷書，也莫忘行萬里路。

抽刀安能斷水？

1934年6月22日，畢業已是倒計時。該日上午10點，清華大學舉行畢業典禮，時為學界領袖的北大教授胡適受邀做一簡短演講。胡之發言，圍繞治學談開，說「自己有三張藥方，好比觀音賜予孫行者的三根毫毛，可以給你們將來救急用：（1）多找出幾個問題，以作研究；（2）多弄點業餘的玩意兒，在職業外發展自己的天才；（3）要有自信心，自強不息，不問收穫，但問耕耘。」平情論之，對於初學者而言，胡氏之心得，不啻為一番頗有裨益的良言美意。不過台下恰坐著四年前曾在光華大學讀書時聆聽過胡之報告的夏鼐，在其心中，胡「這次也不外那套陳話」，這三張藥方對於自己來說，如同心靈雞湯一般，視之頗美，聞之甚香，食之卻無味，根本無法解決眼前所面臨之問題，「實則根據自己這幾天的經驗，畢業即同失業，什麼也談不到。胡適所說的，依舊是局外人的風涼話而已。」

其實，胡適已非頭一次遭遇如此評價。他曾坦言十年來「青年人多數不站在我這一邊，因為我不肯學時髦，不能說假話，又不能供給他們『低級趣味』」。故而其形象愈來愈低，難怪做為其師長輩，湯爾和也慨歎胡適那幾年「淪入老朽，非復當年」。此種境況，非胡適獨有，應是民初那幾代學人之常態。近代以降，時局變動不居，且往往倏忽間幾起幾落，瞬息萬變，牽涉到學界，即昔日之學術正統日趨衰落，而邊緣與外來之學湧入不息，漸成主流。一種對於「新的崇拜」瀰散於學術圈中，故人們慣於將西學稱為「新學」，賜啟蒙思想以「新文化」美名，甚或試圖把未來中國之國民冠以「新民」。一言以蔽之，崇新成為全

社會之心態，學界亦籠罩其中。不過崇新的一個直接結果便是不斷追求進一步的新，一般追隨者固然要不斷追求更新的偶像，甚至自己主動請纓成為偶像。即便是已成偶像者，被此「新潮」所裹挾，亦要繼續破舊，以證明及維持已有之新，否則極有可能被後浪活活拍死在沙灘上。

奈何「新的崇拜」置於政治運動與社會改良諸領域，似無可厚非，但一旦與學術掛鉤，則未必依然無往不適。治學首要講求考鏡源流，先因後創，而不斷崇新之方向卻是不破不立、破了再破，其後果常是傳統消散殆盡，新規未見端倪，實與學術研究之通則南轅北轍。正基於此，民國不少新老學人對此股趨勢皆頗警惕，持保留態度。

民初老輩學人之中，常有「一王二陳」之稱譽，即王國維、陳寅恪及陳垣。三位雖治學方向各異，但皆強調對學術源流之把握。據姜亮夫先生回憶，王國維先生平日講課，非常細膩、細緻。他主講《說文》，用的材料許多是甲骨金文，用三體石經和隸書作比較，這樣一來對漢字的研究方法細密了，而且還知道許多相關書籍。王做學問有一特點，即要解決一個問題，先要把有關這問題的所有材料收集齊全，閱遍悟透，才下第一步結論，把結論再和有關問題打通一下，看一看，然後才對此字下結論。這中間有一個綜合研究方法，他不僅綜合一次，再經過若干次總結，方成定論。況且前賢成果極其豐贍，全神貫注都未必能保證毫無遺漏，故學人更不可心有旁騖。就此原則，陳寅恪曾罕見地痛批姜亮夫。在清華讀書時，姜曾寫過一篇批評容庚先生的文章，送登《燕京學報》。容把姜的文章送給陳寅恪先生看。過後陳先生對姜說：「你花這麼大的精力批別人，為什麼不把這精力集中在建立自己的研究工作上！」這句話對姜震動很大，從此以

後，他不大願寫批評文章，越到後來越不做這樣的事。

　　與王國維的以身作則、陳寅恪的迎頭棒喝不同，陳垣更多採用循循善誘之法。他反覆對膝下弟子講，文章要寫，但不要輕易發表，文章寫出來，放在抽屜裡，一、二年、三、五年，甚至十年、二十年都可以，學術性文章沒有時間性，多放些時間，過後拿出看看，可以檢驗你的學問有無進步。如果覺得不滿意，需要修改，這說明你有進步。如果經過幾年時間，沒有發現有什麼不妥，那說明你這篇文章可能站得住，然後再發表，或請師友們看看，提提意見，然後發表。文章不要怕改，甚至重寫都可以，字句也要仔細推敲，一字不妥，不能放過。這些話雖然好像也是老生常談，但真能做到並不容易。因為每次修改文章的過程，便是學者加深對前人研究之瞭解，對己之創新成立與否的檢驗，唯有反覆錘鍊，才有可能出產精品。

　　具有海外學術背景的學人，也極為重視對學術綜述的考察。蕭公權認為，胡適談治學方法，曾提出「大膽假設，小心求證」的名言。蕭指出在假設和求證之前還有一個「放眼看書」的階段。經過這一段工作之後，作者對於研究的物件才有所認識，從而提出合理的假設。有了假設，回過來向「放眼」看過，以至尚未看過的「書」中去「小心求證」。看書而不作假設，會犯「學而不思則罔」的錯誤。不多看書而大膽假設，更有「思而不學則罔」的危險。在他看來，不曾經由放眼看書，認清全面事實而建立的「假設」，只是沒有客觀基礎的偏見或錯覺。從這樣的假設去求證，愈小心，愈澈底，便愈危險。因此開啟一項研究時，一是盡量閱覽有關的各種資料，二是極力避免主觀偏見的蒙蔽。當然搜集資料而看書，不是漫無目的，無所取捨的「瀏覽」，但也不可全憑主觀，只摘取與己見相符的思想或事實以為證據，而自

圓其說，把一切不相符的思想事實，悉數抹煞，與以視若無睹，存而不論的處置。坦白的說，這是一個自欺欺人的下流手法。荀子書中有三句名言：「以仁心說，以學心聽，以公心辯」。蕭氏把這三句話改成「以學心讀，以平心取，以公心述」，作為其寫學術性文字的座右銘。

古人常講治學為人之化境，即明道。所謂明道，包括洞悉人與學的傳承之淵源流變。只有深諳學問整體與部分的關聯，及古今中外因時、因地、因人而異的衍變，方可知曉諸領域之來龍去脈、前因後果。此重境界，一來太高，二來太苦，三來太難，四來太慢，五來太少。是故當下很多從事研究之人往往避難就易，要麼選取生僻之處，劍走偏鋒，要麼擇幾外來理論，故弄玄虛，要麼複製再加粘貼，「整合」各家，看似天馬行空，眼花繚亂，實則原地踏步，多屬妄言。正如周蔭棠先生所言，「學術進步，原同接力賽跑，後來居上，本無足奇。必也有所承而後成，有所變而後大」。科研創新的起步，當是尊重先賢，而非橫空出世，畢竟「學術自有源流，抽刀安能斷水」？

治學豈有終南徑

　　1935年3月23日，恰值宿儒黃侃五十歲生日，其恩師太炎先生分外欣喜，遂手書一副壽聯贈予愛徒：

　　　　韋編三絕今知命，黃絹初裁好著書。

　　上聯典故出於「孔子讀易，韋編三絕」，意指黃侃平素勤奮好學，剛到五十已讀書滿五車，下聯典故引自東漢蔡邕題曹娥碑：「黃絹幼婦，外孫齏臼」，意為章氏催促惜字如金的弟子趕緊提筆創作，寫出絕妙的作品。須知道，這黃侃不愛撰稿之習慣，在民國學壇都是出了名的。章太炎曾告誡其曰：「人輕著書，妄也；子重著書，吝也。妄，不智；吝，不仁。」黃終不肯輕應師命而為，遂之以「年五十，當著紙筆矣。」

　　孰料人算終不如天算，黃接到老師送的聯語後，見其中含有「絕」、「命」二字，以為不祥之兆。就在半年後，他便因飲酒過量而死，一肚子學問也帶進了棺材。身後只留下一部日記及數十本手批《十三經》原稿。若按照如今高校職稱評定標準，就此類成果，黃侃能評上副教授，已屬萬幸。

　　不寫論文，不出著作，那黃侃整天忙什麼？黃氏治學，慣於隨手圈點。他圈點時非常認真，如《文選》圈點數十遍，《漢書》、《新唐書》等書三遍。《清史稿》全書一百冊，七百卷，他從頭到尾，一卷一卷地詳加圈點，絕不跳脫。因此，他把讀書時只隨便翻翻，點讀數篇輒止者稱作「殺書頭」，很不以為然。關於黃侃讀書之苦，許多學者津津樂道，但他並不以為苦事。

　　他亦憑此方式指導弟子讀書。黃氏授徒有一套自己獨特的方法：他先命學生圈點十三經，專力章句之學，每天直到深夜方命歸寢。如此日積月累，經時一年有餘，才把十三經圈點完。黃侃於是告訴學生，繼此之後，可以把必讀之書增廣至二十四種。後黃侃又要求學生在三十歲之前一定要讀完唐以前的典籍，因為唐以前留傳下來的典籍為數不多，容易讀完，又是非讀不可的書。有了這樣的功夫，就等於摸清了中國文化的源頭，再調頭審視隋唐之後作品，頗有一覽山小、順流而下的感覺。這好比習武已打通任督二脈，如此往後研究任何門類的中國學問，便輕車熟路、遊刃有餘。

　　只是要想修得此等絕學，成本甚高，天賦異稟的黃侃頂著「三十歲前不撰文、五十歲前不著書」的壓力，足足花了幾十載光陰，好不容易積累上乘功力，不及施展即駕鶴西去。這在常人看來，黃氏投入與產出完全不成正比，難道學人研治文史，沒有終南捷徑可循？

　　其實彼時眾多學術青年視黃氏治學路徑乃明日黃花，是「奧特曼」了，他們所熱衷追膜的偶像，主要集中於引領時趨的一老一少身上。「老者」是梁任公。梁氏於近代學術堪為「七十二變」之人物，從最初力持維新，到固守保皇，再到倡言革命，終回歸立憲，「不惜以今日之我，攻昨日之我」，其思想主張轉換之多而快，讓人著實目不暇接。「善變」有兩大優勢，一來不斷引入異域學說，於開拓國人眼界之餘便使自己常立於學術前沿而不倒；二來正是諸多眼花繚亂之紛紜思想，讓未入堂奧之青年看得目瞪口呆，索性尊譯介者為「大師」。奈何花無百日紅，隨著中西學術交流日益頻密，梁頭頂光環漸漸褪去，「大師」成色愈來愈招致質疑，其後來自嘲道「我讀

到『性本善』，則教人以『人之初』而已。殊不思『性相近』以下尚未讀通，恐並『人之初』一句亦不能解；以此教人，安見其不為誤人」，「晚清思想界之粗率淺薄，啟超與有罪焉」。故到了20年代，政壇失意的梁氏為維護其學術地位，埋首於傳統學術中深挖細鑿，希冀通過扎實的傳統學術作品來為自己正名。只可惜其天不假年，壯年而逝。

這一「少」，非胡適莫屬。胡乃「但開風氣不為師」之人物，其早期治學更強調方法論，如著名的「大膽的假設，小心的求證」之說。而其著述《中國哲學史大綱》、《白話文學史》皆僅有上半部，頗有虎頭蛇尾、難以為繼之嫌。當年北大課堂上，黃侃沒少抓住此短處對胡進行冷嘲熱諷。其曾對學生說：「昔謝靈運為祕書監，今胡適可謂著作監矣。」學生問其原因。黃說：「監者，太監也；太監者，下邊沒有了也。」雖培養出諸如顧頡剛、傅斯年、羅爾綱這樣的一等一大家，但困於政學兩界庶務，胡遲遲拿不出像樣的作品，昔日黃侃的戲言彷彿讖語般壓在其心頭。至40年代，胡終下定決心，不再奢談理論，居然回到當年黃式的研究路數，按照弟子傅斯年「上窮碧落下黃泉，動手動腳找東西」的口號所述，對《水經注》、《紅樓夢》等經典進行複雜而細密的考證。

胡適晚年於一次講座上，特引宋人筆記中的掌故，指出治學無非「勤、謹、和、緩」四字訣。「勤」即不躲懶，不偷懶，認認真真地上天入地找材料；「謹」即不苟且、不潦草、不拆濫汙，一點一滴不苟且，一字一筆都不放過；「和」即虛心，不武斷，不固執己見，不動火氣，做考據，尤其是用證據來判斷古今事實的真偽、有無、是非，不能動火氣，動了肝火，是非就看不清楚；「緩」即叫你不著急，不要輕易發表，不要輕易下結論，

凡是證據不充分或不滿意的時候，姑且懸而不斷，去找新材料，等找到更好的證據的時候，再來審判這個案子。如此看來，胡氏的治學「四字訣」儼然就是黃侃「五十歲前不著書」之翻版，異曲而同工。

新世紀以來興起的「民國熱」，已持續十年有餘，看似沸點挺高，實則其間產生的作品良莠不齊，算不得成熟。如對著名學者陳寅恪、王國維、錢穆等治學歷程的描述，大有模仿金庸、古龍武俠小說之風，要麼是海外遊學得高人點撥的奇遇，要麼是天賦異稟、一日忽而頓悟自通的橋段，距離事實十萬八千里。說白了，治學就是個苦功夫。即使是天資超凡之大師，亦須先因後創、沉潛鑽研數十年。黃侃慎於著述，梁、胡悔其少作，皆表明學人寫文章，一面要立說，另一面也要善於藏拙。畢竟任何知識體系都不會盡善盡美，文史研究更需長時間的潛心磨練，方有可能得出些許真知灼見，這往往比的是慢功夫，誰坐得下，耐住寂寞，誰才有可能攀上學術高峰。因此，每出一言，每撰一文，必須慎之又慎，反觀今人，大都抱著「出名要趁早」之觀念，稍有所得，即唯恐世人不知，急於發表，以博取名利。長此以往，他們常常將一孔之見放大為普世真理，不假思索地拿來西方的理論框架加以套用，忽視其所需的必要語境和適用範圍，其學說看似天馬行空，熱鬧非凡，實則原地踏步，無甚創獲。「欲速則不達」，這往往是此類快手、高產學者們最應牢記卻最易忽視的金玉良言。「慢工出細活」，或許做學問的真諦不過如此，又唯有如此。

故治學有終南捷徑嗎？「這個真沒有！」

矯枉定要「過正」？

　　不知不覺間，新文化運動已邁過第一百個年頭。百周年之際，回顧這場思想啟蒙運動，值得後人借鑒、反思甚或檢討之處頗多，其中之一便是對待傳統文化之態度與作法。

　　新文化人反對舊的制度、倫理道德，傳統文化自然成為其集矢之的。他們對傳統文化的批判，大致基於兩種判斷，其一即傳統文化每況愈下，弊大於利。如陳獨秀認為中國的學術、思想及文化僅「隆於晚周」，在此之後便「日就衰落」，不值一提，到如今勉強足觀者「惟文、史、美術而已」，但「史不明進化之因果、文不合語言之自然，音樂、繪畫、雕刻皆極簡單」，實在無法與時代趨勢接軌。與陳觀點近似，傅斯年亦認定傳統文化多有不如意之處。他將中國學術思想之基本謬誤分為七類，痛加批評，譬如中國學術汩沒人之個性，「是其所學之目的，全在理古，理古之外，更無取於開新；全在依人，依人之外，更無許乎獨斷。於是陳陳現因，非非相衍，謬種流傳，於今不沫」，質言之，「中國學術思想界，不認有小己之存在，不許為個性之發展」，「猶之地下之隧宮，亦猶之地上之享廟，陰氣森森，毫無生趣；導人於此黑暗世界，欲其自放光明，詎可得耶？」另傅氏指出中國學術思想實有「一種無形而有形之空洞間架，到處應用」。具體而言，「在政治上，固此空洞架子也；在學問上，猶此空洞架子也；在文章上，猶此空洞架子也；在宗教上，猶此空洞架子也；在藝術上，猶此空洞架子也。於是千篇一面，一同而無不同；惟其到處可合，故無處能切合也」。可謂從整體上將傳統文化之價值推倒。曾經崇古尤深的錢玄同一旦轉向疑古排古，

殺傷力自然甚強。其徑直提出「所謂四庫全書者，除晚周幾部非儒家的子書外，其餘十分之八都是教忠孝之書」，「二千年來用漢字寫的書籍，無論哪一種，打開一看，不到半頁，有發昏做夢的話」。故其將矛頭直指廢孔，「欲袪除三綱五倫之奴隸道德，當然以廢孔學為唯一之辦法」。

其二，既然舊學如此不堪，那新文化人大都判斷傳統文化無法與代表新潮進步的西方文化相融合。就在《青年》雜誌創刊號上，有人便指出新舊文化不可調和，「所謂新者無他，即外來之西洋文化也。所謂舊者無他，即中國固有文化也……而這根本相違，絕無調和折衷之餘地」。基於此認識，他們宣導與之決裂。用李大釗的話講，「取由來之歷史，一舉而摧焚之；取從前之文明，一舉而淪葬之」。因而不少言論出現片面甚或極端的傾向。

當然，從新文化運動的全程來看，以上言論尚含有鬥爭手段、敘述策略的考慮，即通過矯枉過正，來改造傳統文化。這也是新文化人比較流行的認識。如有人撰文強調「夫矯枉必稍過正，而其結果僅乃得正……吾正恐吾國諸事既枉之程度已深且固，雖矯之甚過於正猶不能正之也」。如此看來，新文化人對待傳統文化，好似顧客與商販之間「討價還價」式的博弈，爭得愈激烈，最後的結果愈趨於合理，陳獨秀便以此為喻道：「譬如貨物買賣，討價十元，還價三元，最後的結果是五元。討價若是五元，最後的結果不過二元五角。社會進化上的惰性作用也是如此。改新的主張十分，社會惰性當初只能承認三分，最後自然的結果是五分」。胡適也持此觀點，「我們走了一百里路，大多數人也許勉強走三、四十里。我們若先講調和，只走五十里，他們就一步都不走了。」可知，新文化人並非完全排斥傳統文化。但他們畢竟在一定時期和領域內對傳統文化缺乏區別對待，況且破

大於立，未能實現傳統文化的現代轉型，故產生了不良的效果。

與新文化人針鋒相對，當時不少文化保守人士對西學的看法則亦頗帶矯枉過正的意味。不妨以當時最具代表性的學衡派為例。他們看到了新文化人對傳統文化批判有可能造成的隱憂，但其反應卻過於激烈。吳宓認定新文化人將傳統文化所有「普遍性的文化規範一併打倒」，後果是「損害了人類的基本美德與高尚情操」。梅光迪稱新文化人「以推翻古人與一切固有制度為職志，誣本國無文化，舊文學為死文學，放言高論，以駭眾而眩俗」。若任其發展，則「其流弊乃眾流爭長，毫無真偽善惡之別」，導致「價值混亂，標準喪亡，天下皆如盲人瞎馬。卒之，抉擇之力失，智識上之發達退步千里」。

既然或許會有這般危殆之後果，那當如何糾正？梅光迪給出了自己的藥方：「改造固有文化與吸收他人文化，皆須先有澈底研究，加以至明確之評判，副以至精當之手續，合千百融貫中西之通儒大師，宣導國人，蔚為風氣，則四五十年後，成效必有可睹也。」此話說得甚是有理，然知易行難。按照同仁的評價，梅氏平常「好為高論，而無工作能力」，能坐而論道，卻難以躬行實踐。另位陣前主將吳宓一生忙於編輯刊物與教學組織，也沒有留下太多建樹。

同時，醉心於傳統文化的學衡派諸人，卻沒有謹守古人謙謙君子、和而不同的風範，常對論敵施以謾罵，無限上綱，且作誅心之論。梅光迪可謂個中高手。他對新文化人之指斥，頗失學者儀範，罵對方「如政客、娼妓之所為」，「故語彼等以學問之標準與良知，猶語商賈以道德、娼妓以貞操也」。除此冷嘲熱諷外，梅氏還給論敵扣上四頂大帽子，「一曰，彼等非思想家，乃詭辯家也」；「二曰，彼等非創造家，乃模仿家也」；「三曰，

彼等非學問家，乃功名之士也」；「四曰，彼等非教育家，乃政客也」。通篇只見罪名，不見罪證，只有病症，卻無良方，只聞罵聲，難覓規勸。這已逾出矯枉過正之藩籬，倒有些矯枉過「枉」的危險了。

學術圈中，常鼓勵同道間須多加切磋辯論，真理越辨越明。然前提是不忘彼此辯論的初衷與目標為何。能讓論敵心悅誠服的，想必不是你的謾罵與氣勢。由新文化人和學衡派對待傳統文化之態度，可知不破不足於立，但破字當頭，立未必時時都在其中。當前實現中華優秀傳統文化的創造性轉化、創新性發展，更多的當在立，而非破。手段永遠不能蓋過甚或替代目標，矯枉是否定要過正，仍需人們仔細思量。

「橫通」不可取

　　古人所追求的治學化境之一，即是「通」。故學識淵博之輩，常被譽為「通人」。大師自先是通人，但通人未必是大師。因為所謂「通」，又有「縱通」與「橫通」之別。縱通，「蓋取譬於道路，四通八達，無不可至」，大致便是學問已貫通古今、涵蓋四科（經史子集）之境界，似毋須贅言。倒是橫通尚需略作辨析。此詞出自《管子·八觀》篇，「里域不可以橫通……里域橫通，則攘奪竊盜者不止」，指城市內部街道隨意相連的狀態。之後兩千年間，橫通之詞意漸延及治學。清代著名學者章學誠在其名作《文史通義》中特闢出《橫通》一節，對彼時學界此現象詳加議論。章氏以天下道路為喻，「有不可四通八達，不可達於大道，而亦不得不謂之通，是謂橫通。橫通之與通人，同而異，近而遠，合而離」。故但凡遇到真正高人，橫通之徒必然露餡，因其「所接名流既多，習聞清言名論，而胸無智珠，則道聽塗說，根底之淺陋，亦不難窺」。由是觀之，即使在讀書尚可氾濫無歸的古代，治學雖可隨興為之，亦不能不講究專精深入，否則一旦落入橫通陷阱，則貌似萬金油，實際半杯水而已。

　　民國以來，西方的現代學術體制大舉入主中華，分科由強力貫徹到形成慣例，逐漸為社會習以為常。然科目區分，初衷不外乎便於大學建立科層式的學術體系，利於學術研究的細化與深入。不過這種高度分工現象的背後，往往易於形成安耽本行、壁壘自立的觀念，專家湧現便是最佳證明。即使在民初時期，專家一詞也並非褒義。於是在諸學科各砌城牆、森嚴對峙之際，偶有數人可探出城外，說幾句其他門類的「內行話」，遂被目為通

人，頗受追捧。只是他們究竟「通」什麼，如何「通」，仍是值得琢磨的。對於學壇新生之橫通者，錢鍾書先生有過甚精闢之論斷。他把「橫通」解釋為「參考書式的多聞者」，錢雖以博聞強記聞名於世，但其實他認定「多聞之學」非學問之上乘，「參考書式的多聞者」距離「通人」甚遠，「大學問家的學問跟他整個的性情陶融為一片，不僅有豐富的數量，還添上個別的性質；每一個瑣細的事實，都在他的心血裡沉浸滋養，長了神經和脈絡，是你所學不會，學不到的」，「反過來說，一個參考書式的多聞者，無論記誦如何廣博，你總能把他吸收到一乾二淨」。依錢氏之意，「橫通」者在「豐富的數量」之外，並無增添「個別的性質」，故僅是可移動的「四腳書櫃」而已，乏創新，缺思想，少關懷。

　　錢氏這番高論與章氏的說法可謂異曲同工，很多學人對此亦是心有戚戚。顧頡剛治學之初，曾以貪多求博聞名，據其自述，「到這時，天天遊逛書肆，就恨不能把什麼學問都裝進了我的肚子。我的癡心妄想，以為要盡通各種學問，只須把各種書籍都買下來，放在架上，隨心翻覽，久而久之自然會得明白通曉。我的父親戒我買書不必像買菜一般的求益，我的祖母笑我買書好像瞎貓拖死雞一般的不求揀擇，但我的心中堅強的執拗，總以為寧可不精，不可不博」，一副以有涯之生追無涯之知的自得架勢。然終有一日，顧氏忽而翻到章氏《橫通》篇，「自想我的學問正是橫通之流，不覺得汗流浹背。從此想好好地讀書」。但那時其仍限於目錄一類書籍。又過幾年，顧「才真想讀原本書而不再滿足於目錄平議所載的綱要了。但我的心中還沒有生出問題……直到近數年，胸中有了無數問題，並且有了研究問題的工作，方始知道學問是沒有界限的，實物和書籍，新學和故書，外國著作和中

國撰述,在研究上是不能不打通的。無論研究的問題怎樣微細,總須到渾茫的學海裡去撈摸,而不是浮沉於斷港絕潢之中所可窮其究竟。於是我需要的基本的知識和應用的方法乃大感不足!」可見若無問題意識,學問終歸流於泛泛。有了問題,學問便會做得專精,隨著研究深入,自然延及其他科目,達至觸類旁通。這實際牽涉博約問題。

對此二者關係,章學誠亦有專論曰:「是以學必求其心得,業必貴於專精……博而不雜,約而不漏,庶幾學術醇固」,博約二者相輔相成,起於博,成於專,歸於約,是為通。故專精乃駛往貫通之津筏。陳垣先生開門授徒,便極其強調博專關係的處理。他反覆主張,研究歷史,需要知道的知識幅度很大,既要瞭解古今中外,又當有己之專長領域。若樣樣都去鑽研,事事皆欲過問,勢必囿於時間、精力,反使得門門都不能深、不能透。但話又說回來,只有專精,沒有廣泛涉獵,專業研究亦如沙上築塔,難以持久。所以,無論何種專業,不博不能全面,因閱讀範圍不廣,就必然造成以管窺天之窘態,得出孤陋寡聞、片面褊狹之結論在所難免。若想融會貫通、舉一反三,則必須博。只是一味求博,便勢必淺嘗輒止,淪為「橫通」,無法攀登學問之頂峰。人生有限,陳先生指出,二者必須有機結合,「在廣博的基礎上才能求得專精,在專精的鑽研中又能擴大自己的知識面」。另一史學家孟森先生雖以明清史揚名學壇,但對於其他朝代亦相當熟諳,曾通覽二十四史數遍,所以他講「自唐以下,史家眉目終以歐陽、司馬為標準,雖不能至,心嚮往之」,恰是數十年博專結合所得之感悟。如上實例,用錢穆先生的話概括,即「融貫空間諸相,通透時間諸相而綜合一視之」,要求極高,難度超大。

　　如今中國大學紛紛推行通識教育，各種基地班、國學班、文史哲實驗班次第出現，試圖培育逸出學科局限之新人。然所謂通識，並非僅是文學、歷史、哲學的簡單疊加或政治、經濟、文化的多種拼盤。須知無論中西學問，皆是一套整體系統，自有其內在脈絡。倘仍按照分科思維來嘗試通識教育，恐造就的又是當代的橫通之人。當然，橫通並非無益，章學誠認為「橫通之人可少乎？不可少也。用其所通之橫，以佐君子之縱也」。只是耗費巨大的人力、物力、精力，到頭來僅獲有識不通之輩，算不算種瓜得豆、買櫝還珠呢？

學壇的一對「瑜亮」

1926年下半年，胡適赴歐洲出席中英庚款全體委員會議，順道看望自己昔日得意門生傅斯年。自從七載前負笈英倫，傅輾轉於愛丁堡、倫敦及柏林大學，所學專業更是從實驗心理學、數學、相對論換到比較語言學。表面看上去，傅氏所涉甚雜，似有學藝不精之嫌，不拿一個學位，令人疑其用功不足，再者七年內傅未出一書、未刊一文，回想當年自己留美期間勤於著述的情形，胡適著實心焦擔憂。故此際傅帶給胡的印象是極為矛盾的，一方面他口若懸河，妙見迭出，胡氏感慨「孟真今天談得極好，可惜太多了，我不能詳細記下來」，另一面傅又似僅限於海聊，一絲隱憂終浮上心頭，「這幾天與孟真談，雖感覺愉快，然未免同時感覺失望。孟真頗頹放，遠不如頡剛之勤。」據說胡的日記原稿本上，下文還用「墨筆刷掉九行」，也就是說，他極有可能對傅氏有著更為激烈的批評與不滿。

至少在傅氏歸國前，在老師心目中，其形象已遠不及另位弟子顧頡剛。與傅不同，即使世界那麼大，顧氏也不願去看看，而是追隨恩師，沉潛於學術之中，幾年內名聲鵲起。尤其到了1923年，顧在《努力》週報所附月刊《讀書雜誌》上發表了《與錢玄同先生論古史書》一文，提出「層累地造成的中國古史」說，在學界掀起狂瀾，從而引發了一場規模宏大的古史討論，是為「古史辨運動」。自此，顧一舉奠定了其在學界的顯赫地位，其學識深受彼時學人推崇，如郭沫若認為「顧頡剛的『層累地造成的古史』的確是個卓識」，「他所提出的夏禹問題，在前曾哄傳一時，我當時耳食之餘，還曾加以譏笑。到現在自己研究了一

番過來，覺得他的識見是有先見之明。在現在新的史料尚未充足之前，他的論辯自然並未能成為定論，不過在舊史料中凡作偽之點，大體是被他道破了」。難怪尚在留學的傅氏眼睨同學羽翼漸豐，反思個人寸功未立，欽佩之情由衷而發：「頡剛是在史學上稱王了，恰被他把這個寶貝弄到手；你們無論再弄到什麼寶貝，然而以他所據的地位在中央的原故，終不能不臣於他。我以不弄史學而倖免此危，究不失為『光武之故人也』。幾年不見頡剛，不料成就到這麼大！」

就當顧氏於學壇春風得意、日趨得勢之際，遠在歐陸的傅氏在眾人腦中之印象，似仍停留在五四前後的青年舵手上面。易言之，單論學術影響力，顧已甩開傅半條街。然人生之際遇總難以捉摸。當胡適尚替弟子惋惜之時，傅斯年已於當年冬天火速返國，且於次年出任中山大學文學院院長，往日霸氣十足的「傅大炮」重現江湖。

與顧氏揚名學壇的路徑迥異，傅氏之崛起，憑依的更多是學術組織與事業領導方面的突出能力。抵粵不久，傅便利用各種人脈關係與高明手腕，四處聘用挖人，發展中大人文學科。

時在廈大執教的顧頡剛，自然成為傅氏的菜，碗中之肉。於是傅施展長袖善舞之術，衝破重重阻撓，將顧延攬至中大。按理說，當年同住北大西齋四號宿舍的老同學，彼此知根知底，甚為投契，雙劍合璧，應是一對黃金搭檔，孰料其後的發展竟是一時瑜亮，摯友鬩牆。

作為「西楚霸王」式的學術領袖，傅斯年的抱負自然是欲集聚國內最頂尖的學者，塑造一支學術夢之隊。不過做為已成名、成家之人，顧頡剛自不甘為傅氏作嫁衣裳，他後來自剖心跡：「許多人都稱我為純粹學者，而不知我事業心之強烈更在求知欲

之上。我一切所作所為，他人所毀所譽，必用事業心說明之，乃可以見其真相。」故二人個性迥異，加之追求不同，終致爭執趨於激烈。1928年4月29日，傅、顧因籌備歷史語言研究所事宜發生分歧，「孟真不願我不辦事，又不願我太管事，故意見遂相左，今晚遂致破口大罵」。之後傅認定在人手緊缺、百廢待興之際，顧非但未亦步亦趨，鼎力相助，還懷有離開中大之意，分明是故意拆臺，於是勃然大怒，居然說顧「忘恩負義」，放話「你若離開中大，我便到處毀壞你，使得你無處去」。傅此種戾氣十足的行徑，似已不能用霸氣形容。多年同窗竟說出這般狠話，令顧失望至極，此事彷彿針入骨髓，讓他一生耿耿於懷。直到1973年，顧再度舊事重提，「我與孟真胸中皆有一幅藍圖在。傅在歐久，甚欲步法國漢學之後塵，且與之角勝，故其旨在提高。我意不同，以為欲與人爭勝，非一二人獨特之鑽研所可為功，必先培育一批班子，積疊無數資料而加以整理，然後此一二人方有所憑藉，以一日抵十日之用，故首須注意普及。普及者，非將學術淺化也，乃以作提高者之基礎也。此意本極顯明，而孟真乃以家長作風凌我，復疑我欲培養一班青年以奪其所長之權。予性本倔強，不能受其壓服，於是遂與彼破口，十五年之交誼臻於破滅。」可知傅欲圖提高學術，與西人爭勝，顧意在普及學術，育人當為先，理念堪稱南轅北轍。況且向來霸道的傅又擔心顧氏奪權，惡語相向便也解釋得通，雙方唯有不歡而散。

發生口角後，顧氏曾生彌合裂痕之意，致信恩師胡氏，傾訴苦衷，「我和孟真，本是好友，但我們倆實在不能在同一機關做事，為的是我們倆的性質太相同了：（1）自信力太強，各人有各人的主張而又不肯放棄；（2）急躁到極度，不能容忍。又有不同的性質亦足相拂戾的，是我辦事太喜歡有軌道，什麼事情都

喜歡畫了表格來辦；而孟真則言不必信，行不必果，太無軌道。又我的責任心甚強，要使辦事的人都有一藝之長，都能一天一天的加工下去而成就一件事業。孟真則但責人服從，愛人之心沒有使令之心強，所以在任人方面，兩人的意見便時相牴觸。」顧希望恩師從中斡旋調節，化解糾紛，並囑切不可將信的內容告知傅。孰料後來傅在胡適處又看到此信，因之大動肝火，回來與顧又大吵一架。並挖苦顧氏治學乃「上等的天分、中等的方法、下等的材料」，其「所用方法只有歷史的和結帳的兩種。又謂歷史方法不過一個歷史觀念而已」。既然道漸不同，話愈難聽，顧毅然選擇北上，不再受「鳥氣」。

耐人尋味的是，雖然顧負氣離開，但傅卻一直希望將其重新拉回史語所，所用招數可謂軟硬兼施。如承諾給顧提供四百元誘人月薪。此計不成，傅又採用挖苦激將之法，責問棲身燕大的顧「有何可戀，豈先為亡國之準備乎？」只是顧始終不為所動，也忍不住諷刺傅「好作後臺，一手挾朱，一手挾胡，以張其勢，真曹大丞相也。」琴瑟已毀，知音不再。

細觀傅、顧彼此間之種種言行，頗有些瑜亮情結之意味。當年二人攜手意氣風發，後雖各自天涯，但依舊惺惺相惜。只是兩位都想做學界頭把交椅且理念各異的牛人，若想共創基業，實在難上加難，稱得上合則兩傷，離則雙美。傅對顧無論冷嘲熱諷，抑或軟磨硬泡，皆表明其對顧氏之才幹極為看重，否則他不會對一名不入法眼之人徒費精力。然於學術共同體中共處，首倡之道恐怕還是尊重，而非各種計謀，甚或施之以戾氣。學人間倘俱用霸道或詭道，那麼互相之合作，便如沙上建塔，倒塌乃遲早之事。

大老的憂傷流成河

　　二十世紀30年代初，北平學界流傳著這麼一句略顯戲謔的話，「北平城裡有三個老闆，一個是胡老闆胡適，一個是傅老闆傅斯年，一個是顧老闆顧頡剛」。此言雖屬笑談，但卻頗中彼時學壇實情。胡適成名既久，信眾甚多，人們往往竭力攀援，以「我的朋友胡適之」為榮；傅斯年留學歸來後大刀闊斧進行現代學術創建與轉型，四處招兵買馬，勢力陡然暴增；顧頡剛則以疑古聞名於世，且其人愛才惜才，故追隨者亦多，自道「只要一個人有些長處，我總希望他肯竭盡其才，做出些有價值的工作；我常常順了學生們的才性給些題目讓他們做，他們是很高興的，所以我每到一處，這一處的學生就有許多歸向到我一邊來」。可以說，傅、顧出自胡適門下，三人本為一脈，不分軒輊，共肩新文化之重任，然同時隨著各自研究之深入及江湖地位之確立，又互有領地，隱呈三足鼎立之勢。

　　貴為「老闆」，三位學界大老招攬「員工」的風格各有千秋，大致說來，胡適「憑名誘人」，傅斯年「借勢挖人」，顧頡剛「以情動人」。不過平日素來謙和低調的顧氏始終不認可「顧老闆」之說。從形式上看，各擁有一班人馬，好像是勢均力敵的三派。

　　其實，胡適是北大文學院長，他握有中華教育文化基金董事會，當然有力量網羅許多人；傅斯年是中央研究院歷史語言研究所所長，他一手抓住美庚款，一手抓住英庚款，可以為所欲為。「我呢，只是燕大教授，北平研究院歷史組主任，除了自己薪金外沒有錢，我這個老闆是沒有一點經濟基礎的」。因顧深知，名

重謗亦隨，江湖多是非，盛譽之下，齟齬叢生。故而大老看上去
很美，做起來太難，不免讓人感到煩惱、為難甚或憂傷。

　　傅斯年的煩惱倒也簡單，就是總感覺挖不到足夠的優質讀
書種子，故而看到別人膝下千里馬常有，不免心生羨慕嫉妒恨。
一次傅斯年酸溜溜地挖苦顧頡剛：「哪一個青年只要同顧頡剛一接
近，就封了『一字平天王』了！」顧迅即反駁道：「倒沒有這樣
容易。凡是和我接近的青年，我時時逼他們工作，必須肯工作、
能工作的人才有封王的希望呢」。他極力這般避嫌，實在是為了
躲開他人之妒忌。因其漸已感到，十餘年來，與學生交往愈篤，
愈容易刺激一班同事的紅眼病，認為他要利用青年結合黨徒。甚
至有些學問、地位高過顧氏之人，也來湊熱鬧，生怕顧搶走自己
的領袖位置。因而顧氏覺得此情形實在莫名其妙，「不少師友以
為我有個人野心，想做『學閥』來和別人唱對臺戲，於是對我側
目而視，我成了眾矢之的。」如此看來，傅氏的煩惱對顧氏而
言，已是憂傷級別。

　　做為已被尊為學界重鎮的胡適，如何平衡弟子間關係，怎
樣拿捏其間的分寸，都讓他甚是左右為難。顧頡剛有一愛徒叫何
定生，個性比較強，且十分推崇恩師。1929年，何氏編著出版了
一本題為《關於胡適之與顧頡剛》的薄冊子，公開辯駁胡適的學
術主張，便極力推崇乃師的治學路徑，認為「顧頡剛不是造一本
《古史辨》，便唬倒了許多大人君子，聖人之徒麼！傳統思想且
因為他的新貢獻而根本動搖，此不是很光榮的一道新的亮光，不
是很威猛的一種新的力量！適之先生說方法跟材料而死，這何嘗
會死！適之先生說，『於人生有什麼利益』，這不是於思想上闢
了新紀元！論方法這不是由於會用『假設』，會『創造』證據」
何書明顯貶胡褒顧，愛師心切，但不啻捅下了天大的簍子。此書

一經付梓，馬上招致京滬學界一片譁然，不少人紛紛猜測此事背後乃顧頡剛私下授意所為，旨在與老師一爭頭把交椅。此時處於漩渦之中的胡適，其實頗為難。一來事情原委尚未明晰，不便表態；二來數年來顧頡剛發展勢頭甚猛，多少危及自己學術地位，胡雖欣慰，但難免有青出於藍而完全遮蔽藍的擔心；三來即使顧氏有意挑戰叫板，為了維護自己儒雅形象，胡也不能輕易應戰。故進也不是，退也不能，著實左右為難。好在顧頡剛及時道歉，「見之大駭，恐小人藉此挑撥，或造謠言，即請樸社停止發行，且函告適之先生，請其勿疑及我。」而對於何定生，顧氏更是嚴加訓斥，大有逐出師門之意，「現在我覺得我們之間只有兩條路可走：（一）我給你盤費，請你回去。從此以後，你如何捧我或如何罵我，我都不管。（二）你在北平，生計由你自己設法，不要來問我。我和你維持極簡單的友誼，彼此不要相批評。」可見此事對顧氏傷害之大。

後來顧氏仍是心太軟，暫時原諒了何氏。孰料其愛上一名美女，陷入感情糾紛中無法自拔。眼瞅朽木已不可雕，顧致函何氏，「我更希望你想一想，照這樣子下去，於你有什麼益處？於我有什麼益處？與其在一種大家苦痛之下容忍下去，何如索性分手，各尋其樂趣之為愈乎？」數年師徒，自此分道揚鑣。

對於這份淤積心頭的深沉憂傷，顧氏曾有過反思，他感覺「余以愛才，為青年所附集，能成事在此，而敗事亦在此。蓋大多數之青年為衣食計，就余謀出路，使余不得不與各方交接，旁人不知，以為我有意造自己勢力，於是『顧老闆』、『顧大師』之綽號紛然起矣。又有一般青年，自己有所圖謀，無如未得社會之信任，力不足以號召謀推戴余，為彼等之傀儡，成則彼得其利，敗則我受其禍。」也正因惜才過於氾濫，且自身性格所囿，

顧之憂傷則來得更加濃郁，「昔人諺云：『兒孫自有兒孫福，莫
為兒孫作馬牛』。若余者可謂為青年之馬牛矣。使余真有駕馭之
才，復有堅強之體力，則索性幹一下有何不可。不幸余雖有湖南
人之情感與廣東人之魄力，然而只有蘇州人的身體，又未沾染得
一些流氓氣，才幹方面太缺乏，結果摩頂放踵，徒然白費精神，
於自己，於社會，皆嫌無補。年來頗欲跳出重圍，別尋翱翔之
地，無如騎虎難下，又如陷於淖泥，益陷益深。」只是身為伯
樂，豈能不去相馬？這份憂傷恐怕要追隨胡適、傅斯年、顧頡剛
等學界大老終身。

顧頡剛曾撰一副聯語自況其個性：「只會開山，未能善後；
但求立業，不望興家」。確也蠻符合學界中人之特質。想必初進
學界，大家都想做一名安靜的讀書人。然一入江湖諸事催，成名
之後，你便不是一個人，註定要被各種群體與局勢所裹挾，故而
憂傷在所難免。人說「高處不勝寒」，對於大老而言，除了曲高
和寡外，恐怕更多是場面上熱鬧如火，心底裡寒冽若冰吧。

學者「互撕」為哪般？

　　近閱數篇關於學林趣事之文，凡涉及學人間商榷辯難，即以「文人相輕」概括。歷史之複雜往往超出世人之想像，倘只用此四字解釋一切，不免失之於偏頗。

　　五四後學界的新舊之爭，常是人們拿來證明學者間互不買帳甚或輕視的案例，其中有兩則掌故被反覆使用。一則乃林公鐸罵北大同事。林的名字很奇怪，獨一個「損」字，公鐸是他的字。他二十幾歲就到北大中文系當教授，也是個「老資格」，性格古怪，說話確實有點「損」。一次其酒喝高了去上課，帶著幾分醉意就開罵了，無論新派舊派、大老新秀，凡是看不慣的都跑不掉，張口第一句就責罵胡適怎樣不通，因為讀不懂古文，所以主張用新式標點。課後周作人遇到了他，便客氣地問他是否在外校兼課，他回答道：「在中國大學開了兩個小時的唐詩」。

　　「那您主要講誰的詩呢？」「陶淵明！」周愣了半天才緩過神來，原來林不服氣沈尹默在北大講陶詩，於是不顧文不對題，跑到中國大學「唐詩」的課堂上大侃陶淵明。

　　另一則更為經典，便是黃侃戲弄胡適。一回胡適去赴宴，剛好黃侃也在場。宴席中間，胡偶爾和友人談起墨學，滔滔不絕。黃侃聽得不耐煩了，突然在一旁罵道：「現在講墨子的，都是些混帳王八蛋！」胡深知黃侃「瘋子」脾氣又發作了，假裝沒有聽見。黃見胡不加理會，於是心生一計，又接著罵道：「便是胡適之的尊翁，也是混帳王八蛋。」胡適聽後，忍無可忍，指責黃侃不該罵他的父親。黃卻微笑著說：「你不必生氣，我是在試試你。墨子是講兼愛的，所以墨子說他是無父的。你心中還有你父

親，那你就不配談論墨子。」結果全座哄堂大笑，弄得胡適哭笑不得。

兩則段子，暫勿論是否符合史實，究其實質，既非出於妒忌，亦不是純粹意氣，更多是新舊學者因理念歧異而引發爭辯的極端表現。故雙方應為「相爭」而非「相輕」。

況且新舊間之差異亦非不能彌合。當年劉文典躋身北大，國文系還有個別老牌學者對劉文典頗有意見，覺得這小子上位未免太快，於是時不時故意刁難他一下。「怪傑」辜鴻銘便是其中之一。有一次，他遇到劉文典，問：「你教什麼課啊？」劉客客氣氣地回答：「漢魏六朝文學。」辜冷笑一聲，滿臉鄙夷地說：「我都教不了，你能教好？」劉文典倒也不以為意，反正那是一個憑實力說話的年代，他有信心總有一天會讓辜鴻銘對他刮目相看。果然沒過一兩年，劉在北大教員名冊上的排名就上升到了第五，恰好就排在辜之後。從那之後，辜每次見到他，都會主動地打招呼。其實辜對劉並無成見，更談不上所謂「羨慕嫉妒恨」，人家確實佩服有真才實學之人。

隨著年齡的增長和地位的提升，劉文典後來漸成學壇前輩，亦忍不住點評他人了。當時著名的趣聞就是劉文典同沈從文的一些過節。沈1939年到西南聯大任副教授，開設中國文學的相關課程。到了1943年，西南聯大討論聘請沈從文「為本大學師範學院中文系教授，月薪三佰陸拾元」。這個教授薪水並不高，劉文典1942年在西南聯大所拿的薪水是每月四百七十元。即便如此，在舉手表決時，劉文典拒絕為沈從文捧場，並堅定的發言表示反對：「沈從文算什麼教授！陳寅恪才是真正的教授，他該拿四百塊錢，我該拿四十塊錢，而沈從文只該拿四塊錢！」他甚至還扔下一句話：「如果沈從文都要當教授了，那我豈不是要做太上教

授了嗎！？」

　　彼時正值抗戰，日軍敵機頻頻騷擾昆明，警報一響，天下大亂，大家自顧抱頭鼠竄，爭相奔往可以隱蔽的地方。一次，又遇警報聲起，正在上課的劉文典想都沒想，收起教具就帶著學生衝出了教室。跑著跑著，他突然想起最為欽佩的陳寅恪教授因為營養不良，視力嚴重下降。劉生怕陳教授忙亂中有個三長兩短，趕緊帶著幾個學生，在人群中找到正茫然不知所措的陳寅恪，架起他就往安全的地方跑去，邊跑邊喊：「保存國粹要緊！保存國粹要緊！」快到學校後山之際，劉看到沈從文也夾雜在擁擠的人流中驚慌失措，頓時怒上心頭。他不顧自己氣喘吁吁，衝到沈從文面前就大聲呵斥起來：「陳先生跑是為了保存國粹，我跑是為了保存《莊子》，學生跑是為了保存下一代的希望。可是該死的，你什麼用都沒有，跑什麼跑啊！」

　　其實劉文典並非瞧不起沈從文這個人，而是他所從事的學問。一次有人跟他提及名噪一時的《激流三部曲》作者巴金，劉想了半天，喃喃自語：「沒聽說過，沒聽說過。」總之無論刁難沈從文，還是輕視巴金，說到底劉文典實際上是不把當時的新文學放在眼裡，認為這些玩意兒過於淺薄，哪裡比得上深沉渾厚的古典研究。對事不對人，這是劉之一貫處事風格，可是經過後人的不斷演繹發揮，似乎成為他同沈從文的私人恩怨，變成了一段文人相輕的「鐵證」。

　　那究竟何為「文人相輕」？林語堂有段分析頗為傳神：「文人好相輕，與女人互相評頭品足相同。世上沒有在女人目中十全的美人，一個美人走出來，女性總是評她，不是鼻子太扁，便是嘴太寬，否則牙齒不齊，再不然便是或太長或太短，或太活潑，或太沉默。文人相輕也是此種女子入宮見妒的心理。軍閥不來罵

文人，早有文人自相罵。一個文人出一本書，便有另一文人處心積慮來指摘。你想他為什麼出來指摘，就是要獻媚，說你皮膚不嫩，我姓張的比你嫩白，你眉毛太粗，我姓李的眉毛比你秀麗。於是白話派罵文言派，文言派罵白話派，民族文學派罵普羅，普羅罵第三種人，大家爭營對壘，成群結黨，一槍一矛，街頭巷尾，報上屁股，互相臭罵，叫武人見了開心等於妓院打出全武行，叫路人看熱鬧。文人不敢罵武人，所以自相罵以出氣，這與向來妓女罵妓女，因為不敢罵嫖客一樣道理，原其心理，都是大家要取媚於世。」

　　有道是話糙理不糙，「取媚於世」可謂一下點中了文人相輕的要害。其實學者間相爭本是好事，學問猶如磨刀，甚需相互砥礪，方能知不足而有長進；相輕亦不是不可理喻，是人皆有缺點，偶爾犯紅眼病也在情理之中。怕只怕病入膏肓，由「相輕」惡化至「相害」，誠如魯迅所講：某些學者口銜所謂「天憲」，站在自以為的「道德高地」上，「造謠生事，害人賣友，幾乎視若當然，而最可怕的是動輒要你性命」。古今文壇，多少罪惡，不是假學術之名，行私欲之實？

　　不過若真待到學界的高人都被你整垮了，世間的真理都沒你扭曲了，天下的牛皮都被你吹破了，只剩你一個人，難道不覺得可悲而荒誕嗎？至少在同行心中，你不再是一位「耐撕」（nice）的人……

難解的「恩怨」

　　1908年的一天，日後的新文化旗手陳獨秀來到日本東京民報社，拜見「有學問的革命家」章太炎。這時，正值章的弟子黃侃、錢玄同在座，聽到有客人來，他們就移步隔壁房間。不過僅隔兩扇紙拉門，故主客的談話還是可以聽得一清二楚。主客談起清朝漢學的發達，列舉段玉裁、戴震等人，多出於安徽、江蘇兩省。後來，話題不知怎麼一轉，陳氏忽然提到湖北，說那裡沒有出過什麼大學者，章也敷衍道：「是啊，沒有什麼人。」這時，隔壁的黃侃忍不住了，徑直大喊道：「湖北固然沒有學者，然而這不就是區區；安徽固然多有學者，然而這也未必就是足下。」主客一聽，都非常掃興。無巧不成書的是，黃侃民國後曾在北京大學文學門當教授。1917年，陳獨秀受校長蔡元培之邀，也來北大出任文科學長。陳以北大為陣地，主辦《新青年》，倡導新文化運動。黃侃也不甘示弱，主辦《國故》月刊，企圖與《新青年》相抗衡。陳、黃二人之間的恩怨便由個人誤會轉化為理念之爭，愈發激烈。

　　其實黃侃同陳獨秀的恩怨還不算什麼，新文化運動時期，被黃氏罵得最慘、取笑最多的當屬年紀輕輕便「暴得大名」的胡適。胡和黃同在北大任教，但兩人分屬新、舊陣營，素不相能。

　　黃每次見到胡，總要嘲諷、奚落一番。胡知道他平日好發「瘋」，且比自己年長，屬於學界前輩，於是每每謙讓。一次，黃侃對胡適說：「你口口聲聲說要推廣白話文，未必出於真心。」胡不解甚意，問何故。黃說：「如果你身體力行的話，名字不應叫胡適，應稱『往哪裡去』才對。」聽聞此語，胡適啼笑

皆非。對於胡適文學革命的主張，黃更是不遺餘力的加以反對，一有機會便提出來大罵。據曾在北大讀書的羅家倫回憶，黃有一次在課堂上大聲地說：「胡適之說做白話文痛快，世界上哪裡有痛快的事，金聖歎說過世界上最痛的事，莫過於砍頭，世界上最快的事，莫過於飲酒。胡適之如果要痛快，可以去喝了酒再仰起頸子來給人砍掉。」

平心而論，黃侃站在老派立場上反對胡適等人的新文化主張，出言不可謂不惡毒，大都是些村夫罵座的路數，著實有損其學術大家的形象。不過，從另一個角度來看，黃的這般舉動倒也頗能體現他真性情、無城府的一面，也算是一名「另類君子」吧。二十多年後，1946年清華大學校慶時，校方特邀胡適講話。胡適談到他與清華大學的關係，有一年，清華請他當校長，他回了個電報，說幹不了，謝謝！他解釋說「我提倡白話文，有人反對，理由之一是打電報費錢。諸位看，用白話，個字不也成了嗎？」在場的同學們都笑了。可知所謂「黃胡之爭」，更多意義上由學術理念分歧而起，故不牽涉個人恩怨，胡適事後如此調侃，想必心中早已釋懷。

當然，亦有令胡適耿耿於懷的。同是曾遊歷西方多年的辜鴻銘，與胡學術立場迥然有別，總不忘在各種場合大揭對方語言底子薄弱的底牌，以期打擊對手的氣焰。他時常說：「胡適之，那個懂點美國『通俗英語』的人，居然能當上北大英文系主任，真乃滑天下之大稽也！……以粗俗鄙陋的『留學生英語』，叫嚷什麼『文學革命』，這個胡適簡直瞎胡鬧！也難怪，他怕是與高雅古典的英文，從不曾行過見面禮呢！……連希臘文和德文都不懂，竟敢有臉在大學講壇上大侃西方哲學，這個胡適博士簡直把學生當猴耍！」

屢被戳及痛處，胡自不甘示弱，便在《每週評論》上發表文章，指出辜的言行舉止並非留戀前清，而是譁眾取寵：

> 現在的人看見辜鴻銘拖著辮子，談著「尊王大義」，一定以為他是向來頑固的。卻不知當初辜鴻銘是最先剪辮子的人；當他壯年時，衙門裡拜萬壽，他坐著不動。後來人家談革命了，他才把辮子留起來。辛亥革命時，他的辮子還沒有養全，他戴著假髮結的辮子，坐著馬車亂跑，很出風頭。這種心理很可研究。當初他是「立異以為高」，如今竟是「久假而不歸」了。

在此之後的一次宴會上，二人偶遇，恰好胡隨身帶著這份報紙，就把文章給辜看。辜看過之後，把那張《每週評論》折成幾疊，向衣袋裡一插，正色大聲說：「密斯忒胡，你公然誹謗我，你要在報紙上公開向我道歉。否則，我將到法院去控告你！」

胡當即回答說：「辜先生，你是開玩笑吧。要是恐嚇我，請你先生告狀，我要等法院判決了，才向你正式道歉。」大半年後，兩人再度見面。胡適戲問：「辜先生，你告我的狀子遞進去了沒有啊？」辜鴻銘正色回答道：「胡先生，我向來看得起你，所以才不願意控告你。可是你那段文章實在寫得狗屁不如，誰願意來跟你計較？」於是一場「辮子風波」消弭於無形。二人由理念產生爭議，卻自此延及私人交往，並屢生不快，實在可惜。

當然辜與胡學術主張本就各異，故恩怨從公共話題轉換到私人領域。只是學界的恩怨，且不止新舊之間，尚有同門之爭。黃侃與錢玄同即是一例。作為大師兄，黃在進入民國後常戲呼錢玄同為「錢二瘋子」、「錢瘋」，緣由在於錢氏後來從漢學陣營中

倒戈，投身新文化運動。兩人一度同在北大教書。黃本就一貫恃
才傲物，加之理念漸行漸遠，於是越發瞧不上錢玄同。有一次，
在課堂上，他忽作驚人之語，對學生說：「你們知道錢瘋子的一
冊文字學講義從何而來？蓋由余溲一泡尿得來也。」隨後，他就
在課堂上對學生大談此事。大意是：當年，錢玄同和黃侃同在日
本東京留學時，經常來往。有一天，錢玄同到黃的住處閒談。黃
因小便離開了一會兒，回來之後，發現一冊筆記不見了。他猜測
是錢玄同乘其不備拿走了，跑去問錢，錢堅決不承認。等到故事
的結尾，黃侃得出結論說：「今其講義，則完全係余筆記中文
字，尚能賴乎？是余一尿，大有造於錢某也。」

　　畢竟同門，心中雖是不爽，二人尚能保持表面和氣。然歲
數與日俱增，氣性亦因時見長，終難免出現正面摩擦。1932年
「一二八」事變後，黃侃、章太炎先後來到北京。黃去拜見老
師，恰在客廳裡遇到錢玄同。他當面責備錢為何不繼續研究音韻
學，而偏偏要弄注音字母、白話文。錢玄同頗不服氣，應道：
「我就是要弄注音字母！要弄白話文！」並且額外送了一句國
罵。兩人因此大吵了起來。

　　章在屋裡聽見兩人相吵，急忙走了出來，從中調停。他沉痛
地說：「你們還吵什麼注音字母、白話文啊。快要念日文『ァィ
ウエオ』（日本片假名）了。」意思是此時正值日本入侵中國，
國難當頭，應該加強團結才是。老師的一席話方使兩人的爭吵煙
消雲散。

　　要而言之，歷數學壇的恩恩怨怨，並非全然無法化解。但凡
涉及主張歧異，觀點不同的，只要彼此能謹守基本論說規範，不
做有意人身攻擊，則雙方的爭執便會止於「公議」，而不會滑入
「私鬥」甚或謾罵的淵潭。既然學術為天下之公器，學者自當遵

循相應之公德，此非極高要求，實為基本規矩而已。只是反觀當下的情形，專家們心頭的疙瘩一個纏著一個，難於解開，似不比以往強多少吧。

最是遺憾教育夢

　　十九世紀20年代初美國著名學者杜威來華講學，一個夏日的午後，杜威同其兩名中國弟子胡適、蔣夢麟在北平西山遊玩。無意中他們看到一隻屎蜣螂正在推著一個小小的泥團上山坡。它先用前腿來推，乎又用後腿，接著又改用邊腿。泥團一點一點往上滾，後來不知怎麼一來，泥團忽然滾回原地，屎蜣螂則緊攀在泥團上翻滾下坡。它又從頭做起，重新推著泥團上坡，但結果仍舊遭遇同樣的挫敗。它一次接一次地嘗試，但是一次接一次地失敗。胡適和蔣夢麟都說，他的恆心實在可佩。杜威卻評價道：「它的毅力固然可嘉，它的愚蠢卻實在可憐。」這真是智者見智，仁者見仁。同一東西卻有不同的兩面。眾所周知，杜威是典型的西方實用主義哲學家，而蔣、胡皆為地地道道的東方學人。西方惋歎屎蜣螂之缺乏智慧，而東方則讚賞它之富於毅力。以此綜觀那一代教育家的歷程，他們何嘗不像這推著泥團上山坡的屎蜣螂呢！滿懷教育救國的夢想，雖屢受打擊，一次次隨著泥團翻滾下山，卻毫不氣餒，又一次次重新開始，向上攀登，以東方人特有的毅力為中國之教育振興鞠躬盡瘁。然而，也許是造化弄人，抑或是時勢使然，他們的教育夢一直是支離破碎，滿是酸楚與歎息。

　　不妨還是從蔣夢麟說起。1926年，因譴責段祺瑞政府在「三一八」慘案中的暴行，蔣氏遭到威脅，迫不得已，他離開心愛的北大校長職務，南歸浙江。此時北伐戰爭已是勢如破竹，不久，浙江省政府宣告成立，蔣被任命為省政府委員兼教育廳長。上任伊始，蔣就致力於恢復長期以來因戰亂停滯的浙江教育事

業。首先在他帶領下，全省建立起職能明確、規範有序的教育行
政體系。接著，蔣認識到師資隊伍是地方教育事業能夠長期發展
的根本所在，於是他在考察陶行知所主辦的曉莊師範的基礎之
上，主持創建了30年代聞名省內外的湘湖師範。此外，在其不懈
努力下，浙江大學也於此時拔地而起了。

　　短短一年多內，蔣為浙江教育事業做出了令人矚目的成績，
自然得到了國民政府的首肯。次年，國民政府任命他為教育部
長。然而，正當蔣夢麟躊躇滿志，欲圖實現自己教育救國夢想的
時候，他卻遭受到國民黨內部分元老的非難，成為教育界派系鬥
爭的犧牲品。二十世紀20年代中後期的教育界，內部實際上派系
林立，按照教育背景，大致可劃分為以蔡元培、李石曾、蔣夢麟
為代表的歐美派，以丁惟汾、經亨頤為代表的留日派，以及未出
國門的本土派。三方之間由於利益不同和教育理念的差異時常發
生紛爭，作為教育部的掌門人，蔣不幸捲入這場無止境的「暗
戰」當中。

　　1930年10月，中央大學學生因反對日本的無理行徑，發動學
潮。蔣夢麟得知後立即將詳情轉告蔣介石，聽候其裁斷。而蔣的
這一舉動卻激起了以中央大學校長張乃燕為代表等留日派及本土
派人士的強烈不滿。張甚至公開致函蔣夢麟，責難道：「小學
潮，何以電奉化報告，意果何據？……小事大報，動勞主席，教
部豈非虛設？」兩人矛盾趨於激化。11月25日，國民政府調任朱
家驊出任中央大學校長。

　　這樣一來，蔣夢麟觸碰到了隱藏在教育界的那根敏感的派系
神經，自己也因此坐在了火山口上。對於中央大學易長一事，元
老們意見相左，互不買帳，為了平息紛爭，蔣唯一可做的便是引
咎辭職而已。蔣辭職前夜，國民黨元老吳稚暉突然來訪，就中央

大學易長之事痛斥蔣夢麟辦事不力。臨走前，吳稚暉指著蔣夢麟厲聲而言：「你真是無大臣之風！」

　　就在蔣氏教育生涯橫遭頓挫之際，昔日與其爭鋒的前清華大學校長羅家倫卻空降中央大學，接管這個爛攤子。之前中央大學於不到兩年內，居然七易其長。首都大學（南京）居然亂成一鍋粥，這怎能不讓教育部的頭頭們大傷腦筋，思來想去，他們最終決定啟用做事雷厲風行的羅家倫。教育部長朱家驊親自為羅打氣，表示全力支持他執掌中大，希望羅「放手去幹」，並說：「我逼志希擔任中大校長，苦了志希，救了中大。」

　　其實羅家倫何嘗不想大幹一場，在就職演說上，他說下了這樣一段話：「現在，中國的國難嚴重到如此，中華民族已臨到生死關頭，我們設在首都的國立大學，當然對於民族和國家，應盡到特殊的責任，就是負擔其特殊的使命，然後辦這個大學才有意義。這種使命，我覺得就是為中國建立有機體的民族文化。」羅是如是說，亦如是做。入校甫始，羅家倫立即定下「誠、樸、雄、偉」四字校訓，從求「安定」入手，大力整頓學校秩序。很快，原本風雲激蕩的中大變得異常寧靜，祥和的教學環境由此形成。接著，羅便開展第二步方略——「充實」。學科建設上，羅根據社會需求和學科形勢，不斷進行調整和擴充，創建了我國最早的航空工程專業，並擴充專業門類，開設了牙科、畜牧獸醫、心理科學等學科。使中大成為當時學科最為廣泛、規模最大的綜合性大學，擁有7個學院，30多個系科。

　　當然，一所大學最重要的還是人才資源。上任以來，羅家倫為了能夠聘任到國內最好的學者，可謂費盡心機。一方面，羅注重內部挖潛，極力挽留原有的優秀老師，提高薪金待遇；另一方面，羅則施展其長袖善舞的交際能力，動用一切社會資源，為中

大延攬英才。一時間，如經濟學家馬寅初，藝術大師徐悲鴻、張大千，詩人宗白華、聞一多、徐志摩，農學家梁希、金善寶，天文學家張鈺哲，醫學家蔡翹，生物學家童第周，化學家高濟宇，政治學家張奚若，建築學家劉敦楨，國學大師黃侃等，齊聚中大，堪稱群英薈萃，盛極一時。

　　經過安定、充實之後，羅家倫認為「中大發展的時期」已提上日程。於是準備摩拳擦掌地大幹一場，開發新校區。然而就在一切順利進展之時，盧溝橋事變的槍聲響起，原本發展中大的宏偉藍圖就此湮滅於槍林火海之中。歷史又跟羅家倫開了一個大大的玩笑。

　　1920年，胡適曾贈給羅家倫一首詩，名為《希望》：「要是天公換了卿與我，該把這糊塗的世界一起都打破。再磨再練再調和，好依著你我的安排，把世界重新來過。」

　　嗚呼！想必當年進入教育界，蔣夢麟、羅家倫無時無刻不在以「把世界重新來過」的勇氣和信念奮鬥打拼。然而，時運變換，滄海桑田，世界雖經歷再造，但似乎依然讓他們看起來十分糊塗。亂世之中辦教育，如此困惑實在再平常不過。只是這看似豪邁、浪漫而幼稚的「希望」，怎不令人讀來心生喟然。

六　趣味

人無癖不可與交，以其無深情也。

人無疵不可與交，以其無真氣也。

——（明）張岱：《陶庵夢憶》

那時學界的酒缸、酒鬼與酒仙

說來好玩，近來幾位朋友相繼在微信與微博上發表「戒酒宣言」，表示雖然自己酒品甚佳，奈何屢屢遭遇氣勢太凶之對手，幾輪推杯換盞，便已不省人事。常言道：酒品即人品。此話雖屬戲言，但也蘊含幾分道理。回顧二十世紀上半葉學術圈，學人之酒品與其治學似確有關聯。

據時人回憶，章太炎先生酒量極大，若身邊無人規勸禁止，可自暮達旦，自旦達暮，往復不已。雖豪飲如海，但章非嗜酒之人，且每每在佳餚美酒前「靈魂出竅」，生「深湛之思」。如一次於宴席上，眾人酒至酣處，卻發現獨獨缺了章先生一人。大夥兒四處找尋，才在廁所發現章正陷入凝思之中，把陳年佳釀忘到了九霄雲外。章氏實在是醉翁之意不在酒，而在學術之間也。故其著作深奧難懂，亦在情理之中了。

與老師相比，黃侃則是標準酒鬼一枚。這位「瘋子教授」對於杯中之物的貪嗜，絕非一般人所能想像也。黃侃每餐都要豪飲，至少入肚半斤。且黃對酒從不挑剔，汾酒、茅臺、五糧液、杏花村，他來者不拒；糟醴、生啤、白蘭地、伏爾加，他也一一笑納。喝到酩酊大醉、東倒西歪、吐出膽汁、枕眠路邊，實在是稀鬆平常之事。而這位「酒缸」黃侃居然還勸別人喝酒要節制。據其日記記載，有一次至交林公鐸「自溫州至，下火車時以過醉墜於地，傷胸，狀至狼跋」，黃認為「似此縱酒，宜諷諫者也」。酒鬼勸醉鬼，莫貪兩三杯，讀至此處，筆者忍俊不禁，險些因其暈倒，真乃怪事哉！也正拜酒精刺激，黃氏撰文往往一氣呵成，酣暢淋漓。

　　與章、黃師徒不拘末節的魏晉氣度不同，海歸胡適博士給
世人的印象，一貫溫文爾雅，非常紳士。然此皆表像，胡亦是酒
海泛舟之人。留學之前，胡的生活堪稱荒唐，終日與朋友喝酒、
打牌，有一天居然酒醉毆打員警，終被捕入獄。此番遭遇，令胡
發憤，留學數年居然滴酒未沾。歸國後，礙於應酬頻繁，胡稍喝
數杯，而且大都是北京二鍋頭，沒有茅臺，更無洋酒，可知其對
杯中物並不挑剔。不過該狀態保持了並不長久。1923年，早已成
婚的胡與曹誠英迸發熱戀，陷於舊倫理與新感情之間不能自拔，
唯有借酒澆愁。一次參加婚宴，每桌只備酒一壺，胡吆喝侍者添
酒，並掏出大洋一枚，喊道：「不干新郎新娘的事，這是我們幾
個朋友今天高興，要再喝幾杯。趕快拿酒來！」於是乎又是爛醉
一場。急得好友丁文江趕緊寫信告誡：「勸你不要拚命──一個
人的身體不值得為幾口黃湯犧牲了的，尤其不值得拿身體來敷衍
人」。不過試想新文化之領軍人物，若無豪情與海量，怎能寫出
篇篇大手筆，開創大局面？胡之酒品與其學風倒是相映成趣。
　　或許是惺惺相惜，時在青島任教的梁實秋非常欣賞胡適酒
局上之單兵作戰能力，許諾「你來了，我陪你喝十碗好酒！」殊
不知，在齊魯大地竟潛伏著八位酒仙。盛唐之際，都城長安曾湧
現出八位名滿天下的酒徒，他們經常齊聚一堂，觥籌交錯，舉杯
豪飲。三巡過後，酒精滲入大腦，醉意漸濃，他們豪興大發，才
情噴薄，睥睨天地，頓覺人生有限，宇宙不廣。杜甫曾作《飲中
八仙歌》道「李白一斗詩百篇，長安市上酒家眠，天子呼來不上
船，自稱臣是酒中仙。」也許是上天有意安排，時隔一千多年以
後，在山明水秀、迤邐清潔的海濱，又誕生了新一代的「酒中八
仙」，足以和長安街頭的「八仙」相頡頏。更加令人頗感意外的
是，「新八仙」中不僅有七名酒徒，還有一位「女中豪傑」。七

酒徒分別是梁實秋、楊振聲、趙太侔、聞一多、陳季超、劉康甫、鄧仲純，女中豪傑則是新月社著名詩人方令孺。

自八人結下「仙緣」後，他們的生活陡然增添了無限風光。每逢週六，開完校務會議，青島大學校長楊振聲就呼朋引伴，吆喝著酒仙們一齊來到距學校不遠的一家順興樓「集體腐敗」。當場打開三十斤一壇的紹興老酒，品嘗之後，不甜不酸，勁道十足，然後開懷暢飲。一直喝到夜闌人靜，大家東倒西歪，興盡為止。其中校長楊振聲秉性豪爽，不但酒量如海，而且擅長興酒令。每喝至性起時，即挽袖划拳，呼五喝六的划起拳來。再看楊的那一副架勢，實在讓人不敢恭維，雙目圓睜，喊聲震天，揮臂生風，咄咄逼人，似乎深藏體內的那股子原始野性一併噴發出來，真難想像這位是平日裡溫文爾雅、寬容忠厚的青島大學掌門人。

更有趣的是，「酒中八仙」在青島嫌地方偏於一隅，為了擴大影響，廣結酒友，他們有時還結隊遠征，跨地區作戰。近則濟南、煙臺，遠則南京、北京，放出來的話是「酒壓膠濟一帶，拳打南北兩京」，「高自期許，儼然豪氣干雲的樣子」。不知深淺的胡適應梁氏之邀，來青島赴宴，看到八仙過海的盛況大吃一驚，急忙取出他太太給他的一個金戒指，上面鑴有「戒」字，戴在手上，表示免戰，僥倖躲過一劫。據其記載，「連日在順興樓，他們都喝很多的酒……醉倒了李錦璋、鄧仲純、陳季超三人，錦璋甚至跪在地上不起來。」

回到北京，胡適仍感心有餘悸，於是不久便鴻雁傳書，力勸其摯友梁實秋：「看你們喝酒的樣子，就知道青島不宜久居，還是到北京來吧！」想必酒中八仙們的那股子酒場驍勇善戰的精神，絕非一般文人雅士所能消受。後來，梁實秋回憶起這段歲月

時，曾寫道：「當年酗酒，哪裡算得是勇，直是狂。」好一個
「狂」字，道盡了八仙們的那份真性情。然這八位俱是詩人、作
家，倘無美酒，上乘的作品又從何而來呢？

　　《菜根譚》中曾有一句勸酒詞，曰：「花看半開，酒飲微
醺」，意即飲酒要喝到剛剛好，切勿貪杯。想必飽讀詩書的章、
黃、胡及八仙們肯定讀過此句，也深知此句之真意，只是每每人
坐酒桌前，鼻聞佳釀香，什麼失態、傷肝之類的顧忌，早已被拋
至九霄雲外了。所以，那些男人們醒酒後對女人們所發表的「戒
酒宣言」，大可不必當真，多是擺擺架子、說說而已。畢竟酒這
玩意兒，誘惑實在太大，一旦沾上它，又能有幾人安然脫身呢？
治學之人若無酒量，豈不是人生一憾？

「吃貨」的三重境界

作為人，吃飯穿衣乃每日「必修課」。然仔細一想，歷來人們對吃飯與穿衣的待遇卻是天壤之別。在大家腦海中，吃飯全然是一種生理需求，毫無審美情趣可言，即使你把菜做得香氣盈室、可口誘人，也僅是為滿足口腹之欲，豈能跟色彩斑斕、花樣繁多的服裝藝術同日而語。故吃飯是一件大俗事，上不得檯面，甚至由此引申出一些略帶貶義的稱謂：比如某官員若身居要職卻無所事事，可斥之作「尸位素餐」；某人辦事不力，我們往往嘲笑其為「酒囊飯袋」；有人上班出工不出力，也可以諷刺他是「吃閒飯的」。那麼吃飯真非雅事？恐怕不是，畢竟那些學界大咖也皆有嘴一張，與飯為伍，不妨擇數人為例，看看他們的吃貨人生。

眾學人中，梁實秋可謂極善吃的一位。別看他平日裡舉止儀態萬方，風度儒雅，一舉手一投足之間莫不中節而有道，私下裡卻對口腹之欲有著超乎常人的嗜好。早在就讀清華學校時，梁就創下一頓飯吃十二個饅頭、三大碗炸醬麵的紀錄。而這種令人乍舌又不甚光彩的「飯桶」行徑，絕非因他擁有著如象巨胃，很大程度上乃是純粹出於追求那種大快朵頤的快感。並且他還常給人說自己最羨慕長頸鹿，有那麼長的一段脖頸，想像食物通過長長的頸子慢慢嚥下去時「一定很舒服」。終其一生，雖然幾經顛沛流離、輾轉各地，梁卻對「吃」情有獨鍾，有錢時隨心所欲，揮金如土，玩命地「作」，窮困時也從不虧待自己的一張嘴，獨闢蹊徑，別出心裁，花小錢照樣能讓盤中之物活色生香。青年時期，梁曾負笈留美苦讀數年，終日與不合口味的西餐為伍。隨著

留學生涯的告一段落，梁的饞嘴與象胃終得以解放。北京有一名菜叫作京味爆肚兒。「肚兒是羊肚兒，口北的綿羊又肥又大，羊胃有好幾部分：散丹、葫蘆、肚板兒、肚領兒，以肚領兒為最厚實。館子裡賣的爆肚兒以肚領兒為限，而且是剝了皮的，所以稱之為肚仁兒。」爆肚兒大致有三種做法：鹽爆、油爆、湯爆。鹽爆不勾芡粉，只加一些芫荽梗蔥花，清清爽爽；油爆要勾大量芡粉，粘粘糊糊；湯爆則是清湯汆煮，完全本味，蘸鹵蝦油吃，綿綿軟軟。三種吃法各有妙處。1926年夏，風塵僕僕的梁剛出前門火車站，並沒回家，而是大搖大擺地徑直步行到煤市街致美齋，鹽爆、油爆、湯爆各點一份，然後坐下獨自小酌。一陣風捲殘雲，梁酒足飯飽，志得意滿，直吃到牙根清酸，方才想起尚未回家問安，於是趕緊結帳走人。他日後還自我解嘲道此乃「生平快意之餐，隔五十餘年猶不能忘」。由此可見，在外幾年，可真把這位吃貨給憋壞了。

　　晚年，梁不幸身患糖尿病，其妻韓菁清不許他吃甜。一次，有人送給他一些荔枝，他當面說：「是的，這些荔枝是人家孝敬師母的，不是送給我吃的。」但往冰箱裡放的時候，梁還是難敵美味之誘惑，偷偷地撿起一顆放進嘴裡，恰被韓菁清逮個正著，夫妻為此鬧出一場「荔枝風波」。韓菁清的生日是九月九日重陽節，有一年，梁實秋賦詩紀念：

> 滿城風雨又重陽，悵望江關欲斷腸。
> 卻是小娃初度日，可能許我一飛觴。

　　詩中「小娃」為梁對愛妻的昵稱，夫妻恩愛之濃情蜜意溢於言表，讓人豔羨不已。而最後一句「可能許我一飛觴」，則活脫

脫是梁老吃貨形象的自我寫照。

光說不練也難說是一等一的真把式。若說到做菜，恐怕諸位學者中，無人能出王世襄之右。老北京人稱美食家為「吃主兒」，即吃過見過、好吃會吃、會買會做的人。何為會買？簡言之，須選料講究，心中清楚某種原料適合哪幾款菜餚，某種原料於一年四季中什麼時候品質最佳？這些原料出自何地的最正宗？規格如何？等等。何為會做？購買歸來，怎麼拾掇、怎麼洗、怎麼擇、怎麼切、怎麼做，按什麼方法做才能保證口感最好，是煮是蒸，是炒是炸，火候是旺是微，還是旺、微交替，皆當嚴格把握。何為會吃？美食上桌，是趁熱吃還是晾涼了吃，是單獨吃一道還是數道菜一起入席，哪款菜打頭炮，哪款菜半中腰上，哪款菜壓軸，都有講究。而王世襄恰深諳其中玄妙。比如一道看似簡單的海米燒大蔥，先要用紹酒泡海米，再加醬油、鹽、糖少許。蔥必須選粗棵的十根左右，去根多剁外皮，只留下二寸多長的蔥白部分。之後倒素油，微火溫油，逐段炸蔥，直至發黃變軟後止，但不可炸糊。然後待蔥全部炸好，空鍋置火上，將整盤蔥推入鍋中，再倒入泡好的海米作料，收湯後離火盛盤。如此流程，缺一不可且不能顛倒，王氏之廚藝堪稱出神入化了。

做得一手好菜也並非饕餮之最高境界，真正的「食神」能參透飲食之玄機，悟出人生之真諦。這不，錢鍾書就從其中發現了「吃的哲學」：

吃飯有時候很像結婚，名義上最主要的東西，其實往往是附屬品，吃講究的飯事實上只是吃菜，正如討闊佬的小姐，宗旨倒並不在女人。這種主權旁移，包含著一個拐了彎的、不甚素樸的人生觀。辨味而不是充饑，變成了我們吃飯的目的。舌頭代替了腸胃，作為最後或最高的裁判……最巧妙的政治家知道怎樣來敷

衍民眾，把自己的野心裝點成民眾的意志和福利；請客上館子去吃菜，還頂著吃飯的名義，這正是舌頭對肚子的藉口，彷彿說：「你別抱怨，這有你的份！你享著名，我替你出力去幹，還虧了你什麼！」其實呢，天知道──更有餓癟的肚子知道──若專為充腸填腹起見，樹皮草根跟雞鴨魚肉差不了多少！真想不到，在區區消化排泄的生理過程裡還需要那麼多的政治作用。

至此，吃貨的三重境界隱然可見：會吃者食不厭精，膾不厭細，好酒好菜，放馬過來；善做者見多「食」廣，廚技精湛，各色菜系，手到擒來；臻於化境者則煮酒論道，夾菜談天，借吃諷世，亦莊亦諧。別看一日三餐，學者們吃出了味道，吃出了學問，吃出了境界，吃出了真諦。誰又能說吃貨沒有品味？怕是尚未窺透吃貨的真實世界吧？

學人的「怪癖」

　　細數中國歷史，往往在政局更迭、時勢動盪之際，文化亦隨之轉型，卓越學人於其間噴薄而出。民初之世，政治上變動不居，思想上極為活躍，一批內心自信、風流瀟灑、簡約雲淡、不滯於物的名士應運而生，這與阮籍、嵇康等人的「魏晉風度」何其相似。他們莫不是清峻通脫，表現出的那一派「煙雲水氣」而又「風流自賞」的氣度。耐人尋味之處在於，此氣度卻常與怪癖是孿生兄弟，總惹來後人之捧腹。

　　由於行事不循常規，常給人雷人印象，大儒章太炎被人戲稱為「章瘋子」。對此綽號，章非但不以為忤，反倒自鳴得意，一次乘公眾演講之機，他就所謂「瘋癲」談了一下自己的看法：「大概為人在世，被他人說個瘋癲，斷然不肯承認，獨有兄弟卻承認我是瘋癲，我是有神經病，而且聽見說我瘋癲，說我有神經病的話，倒反格外高興。為什麼緣故呢？大凡非常可怪的議論，不是神經病人，斷不能想，就能想也不敢說。說了以後，遇著艱難困苦的時候，不是神經病人，斷不能百折不回，孤行己意。所以古來有大學問成大事業的，必得有神經病才能做到……為這緣故，兄弟承認自己有神經病」。演講將畢，章太炎大聲疾呼「我要把我的神經病質，傳染諸君，傳染與四萬萬人！」聽過這番「瘋言瘋雨」，難怪章之好友宋恕曾半開玩笑地說：「像章君這樣手無縛雞之力的儒生，竟欲顛覆滿洲三百年的帝國基業，為啥會如此的不自量力呢？莫非是明末遺老們的魂魄附體了不成？」

　　與乃師異曲同工，黃侃之怪癖也甚為有趣。黃是一等一的吃貨，就是憑著這股子「食不厭精，膾不厭細」和「好酒好菜，

放馬過來」的精神，他成為一名地地道道的美食家。川菜、魯菜、粵菜、閩菜、蘇菜、蘇州船菜、回回菜、湘菜、東洋菜、法國菜、俄國菜、德國菜，他皆要一飽口福。北京、上海、瀋陽、南京、太原、蘇州、武昌、成都等地的著名酒樓，他都曾到此一吃。無論是颱風下雨，頭疼腦熱，只要是有酒有菜，黃侃立馬就精神百倍，左右開弓地大嚼起來，推杯換盞，來者不拒，頗有些吞食天地的架勢。難怪有人戲稱他為「老饕餮」。然而，食多傷胃，酒醉傷肝，黃侃飲食從不節制，貪戀碟中之菜，杯中之物，導致身體健康每況愈下，他僅得中壽，與此不無關係。為了解饞，黃侃甚至揩學生的油。他講授《說文解字》，學生都覺得晦澀難懂。因此，每次期末考試時，都有學生不及格。後來，有學生上他的課時，就投其所好，湊錢辦了一桌酒席，請黃侃赴宴，黃欣然前往。這一招果然立竿見影，期末考試時，學生全部及格。校長蔡元培知道這件事後，責問他為何違反校規，吃學生的請。黃理直氣壯卻說：「他們這些學生還知道尊師重道，所以我不想為難他們。」

此外，黃氏脾氣甚大，大到可以徑直挖苦官場大老。有一天，黃侃不巧碰見國民黨元老戴季陶。戴問他：「近來有什麼著作？」黃回答：「我正在編《漆黑文選》，你那篇大作已被編進去了。」黃侃最擅長教《昭明文選》，這裡的「漆黑」是由「昭明」反意而來，意指戴平日為人做事不夠光明磊落，諷刺意味十分明顯。戴季陶當場被奚落，十分尷尬，又不敢對黃侃怎樣。

說到怪癖，不得不提辜鴻銘的辮子。進入民國，辜身為人師，不僅沒有藏辮避人的意思，反而肆無忌憚地張揚髮辮，泰然自若地登臺授課。與此同時，他還特意包下一個留著同樣髮辮的車夫，經常拉著他在大街小巷到處亂跑。兩條辮子相映成

趣，蔚為北京街頭一大景觀。因此有人說，到北京可以不逛紫禁城，但不可不看辜鴻銘。更為奇妙的是辜氏家中有個僕人，名喚劉二，也是一個堅持留辮不剪者。來辜家拜訪的人，常常要把他錯當主人。此事不久也傳為笑談。人們感慨時過境遷，辜氏竟還能找到這樣兩個同類，苦心孤詣地為自己營造一個相對舒心悅目的小環境。

人們看見這主僕二人公然地招搖過市，自然議論紛紛。辜鴻銘偶爾也聽到這些議論，但他常常視如過耳之風，不屑搭理。實在忍不住的時候，他就用英語切齒罵一句：「沒有辮子的畜牲，野獸！」或用漢語罵一句「猴子猴孫！」當看到那些剪了辮子，然後又帶上帽子的人時，他還會主動直不愣登地、莫名其妙地罵上一聲：「沐猴而冠！」有膽大一些的學生，出於對先生的愛護，勸說辜鴻銘剪掉辮子。這時候，他便怒目而視，予以毫不留情的斥責：「你以為剪掉辮子，穿上洋裝，就夠摩登嗎？！」

氣得學生欲言又止，無可奈何。

老派學人有狂癲的資本，新式學人亦有其與眾不同的怪癖。

在西南聯大的課堂上，劉文典喜歡用「《莊子》我是不太懂的！」這句話作為「《莊子》研究」課程的開場白。說得台下的學生一愣一愣的，心想這個其貌不揚的教授還挺謙虛的啊。然而沒料到，他緊接著又補了一句：「那也沒有人懂！」劉之所以有這樣的膽識，是因為就連被學術界公認為大家的陳寅恪，都不止一次肯定他在《莊子》研究方面的成就。因而，很多人在不同的場合又聽到劉文典的另一番「瘋人瘋語」：「古今真正懂《莊子》的，兩個半人而已。第一個是莊子本人，第二個就是我劉文典，其他研究《莊子》的人加起來一共半個！」

文物大家王世襄平時喜歡做菜，且每逢朋友請他上家裡露

手藝，主料、配料、醬油、黃酒……都是王自己帶去，這癖好確實獨一無二。一回，幾個朋友在一家會餐，規定每人備料去表演一個菜。大家個個都摩拳擦掌，不惜花費血本買來各種珍奇美味作為原料，以期烹出一道驚豔佳餚來長長自己氣勢，滅滅世襄威風。一會兒王世襄來了，大家一瞅，又驚又樂：原來他手裡僅提了一捆蔥。只見他不緊不慢地掌勺倒油，做了一個菜——悶蔥。結果其色、其香、其味、其形俱佳，叫人口舌生津，饞蟲蠕動。大家個個嘖嘖稱奇，甘拜下風。

　　明末學者張岱曾言：「人無癖不可與交，以其無深情也。人無疵不可與交，以其無真氣也！」誠哉斯言！學者治學為人，若無執著心與真性情，如何自成一家、推陳出新？秉承執著心自然特立獨行，不趨俗流，展露真性情不免率性而為，毫無掩飾，於是乎各種怪癖便由之而生。惜如王船山所講：「孔融死而士氣灰，嵇康死而清議絕」。民初之後，此種名士風範、學人怪癖便風流雲散，一去不回。學界少了份清氣，多了點銅臭；文壇沒有了傲骨，滋生出媚顏，緣何至此，值得深思！

菊殘猶有傲霜枝

　　二十世紀上半葉的學界，頗興盛一股唯新是求之風氣。於新式學人眼中，前清宿儒幾乎成了腐朽的同義詞。如1922年8月28日，執彼時學壇牛耳的胡適，在日記中慨歎「現今中國學術界真凋敝零落極了」，「舊式學者只剩王國維、羅振玉、葉德輝、章炳麟四人；其次則半新半舊的過渡學者，也只有梁啟超和我們幾個人。內中章炳麟是在學術上已半僵了，羅與葉沒有條理系統，只有王國維最有希望。」一股捨我其誰的氣勢躍然紙上。只是胡適這般評估學術，恐怕並非實事求是，半是自我標榜，宣示掌控學界話語權，半是擠壓對手，令其儘快撤退至邊緣。故在新派口中，所謂老師宿儒，大都被打入頑固保守之列，甚至等同於前清遺老。與之關係稍近的學界後進，亦受株連，被視為遺少。其實即使不幸言中，所謂「遺老」，亦有其不足道之隱衷。

　　晚清民初著名翻譯家與文學家林紓本純然為學界中人，對政治毫無興趣。辛亥年武昌首義，全國影從。京城內謠言四起，官民恐慌。為保闔家平安，1911年11月9日，林紓攜全家老小前往天津的英租界避難。一日，林紓在街上遛彎，發現天津一帶「報館各張白幟，大書『革命成功萬歲』，見者歡呼，此亦足見人心之向背矣。」現實讓他明白革命大勢所趨。即使再痛苦，自己也必須做出抉擇：究竟是做前朝之遺老，還是做新朝之國民？恰巧此時有一件事讓他澈底打消了疑慮。他的大兒子林珪原在河北大城縣任知縣。直隸光復後，新政府非但沒有反攻倒算，而是令其留任。兒子能夠繼續做「國家公務員」，且前景不錯，這使得林紓頗為欣慰。

　　他決定贊同革命。按照他的話講，即「共和之局已成鐵案，萬無更翻之理……僕生平弗仕，不算滿州遺民。將來仍自食其力，扶杖為共和之老民足矣。」林紓的理由倒也充分，一來革命已成，無可逆轉；二來回顧幾個月的情形，新舊鼎革雖然看似激烈，但流血極少，民國不是「殺出來的」，更像是「談出來的」。況且新政府中的要職都由舊派人物出任，也讓林有種「似曾相識燕歸來」之感。難怪他有些迫不及待的宣稱「新正當易洋裝，於衣服較便」。

　　不過，這位「老民」還沒做幾天，就被迎頭潑了一盆冷水。

　　1912年正月十二晚上，林紓在北京小有天三樓宴請南方臨時政府專使團成員劉冠雄。就在酒意正濃之際，忽聽窗外喊聲震天，火光四射，「樓下炮聲過爆竹」，不知有多少兵馬在混戰。更為要命的是，空中流彈穿梭，「火光已射欄杆角」。這子彈可飛了不是一會兒，而是一夜，林、劉二人也就被困在樓上，整宿心驚膽顫，未敢合眼。堂堂青天白日之下的中華民國，哪來的這麼多囂張猖狂的亂軍流匪？林紓深深不解。之後先是新舊黨爭愈演愈烈，接著宋教仁遭人暗殺，不久「二次革命」硝煙再起，時局動盪不安。

　　民初亂象讓林紓如遭當頭棒喝。此情此景，怎讓人不心生絕望？恰如林紓所言「時局日壞，亂黨日滋。天下屹屹，憂心如搗。無暇作譴，但有深悲。」他又一次站到了人生抉擇的十字路口，只是這一回的處境更加逼仄：民國讓人無奈，清朝又回不去，何處才能安放林紓這顆孤魂野鬼般的心靈？思來想去，也只得去做遺老了，把自己鎖進「同光中興」的回憶裡。

　　林紓被時局逼回了「前清」，而狂士王闓運則相對灑脫，雖對民主共和尚存疑慮，但拒絕復辟之逆流。鎮壓國民黨之後，

袁世凱就迫不及待地欲復辟稱帝。他想借重王闓運之名望，故聘其擔任總統顧問。王早已識破袁之把戲，於是撰聯一首加以諷刺：「顧我則笑，問道於盲。」後袁一再催逼，不得已，王闓運出任國史館長。有則段子曾流傳一時。王初抵京城，袁世凱即施以高規格的恩寵，不僅陪王闓運遊覽三海（中南海、團城和北海的合稱），而且大集百官，設宴為這位文壇耆宿洗塵。吃飽了，喝足了，聊嗨了，侃暈了，袁世凱還一個勁猛拍王闓運的馬屁，禮性周至，狀極謙卑，王則以「慰亭老世侄」稱之。返回客棧的路上，王對隨行的弟子說：「袁四真是個招人喜歡的角色啊！」馬車經過新華門，他抬頭喟歎道：「為何要題此不禎、不祥之名？」同行的人大吃一驚，趕緊問他何故有此一歎。王說：「我人老了，眼睛也昏花了，那門額上題的不是『新莽門』嗎？」王真夠機智戲謔，「莽」字與繁體的「華」字的確有點形似。西漢末年，「一代影帝」王莽發動宮廷政變，改國號為「新」，總算過了一把皇帝癮。可他慘澹經營的十五年短命王朝旋即土崩瓦解，他本人也被綠林、赤眉一舉掀翻在地，死於非命。王翁話中藏話，暗示袁世凱若蓄意稱帝，其下場很難好過演技超群的王莽。不過他對袁之反感有增無減，甚至於國史館門上手書對聯一副：「民尤是也，國尤是也，何分南北；總而言之，統而言之，不是東西。」橫批「旁觀者清」。嬉笑怒罵，皆寓於聯中，實乃近代對聯經典之作。此老翁似是意猶未盡，還曾撰聯一首：「男女平權，公說公有理，婆說婆有理；陰陽合曆，你過你的年，我過我的年。」聯內藏話，弦外有音，其警告袁世凱勿逆潮流而動之意溢於言表。

　　曾先後執教北大、廈大的老輩學者陳衍曾點評他人將「遺老」一詞寫入詩詞文章中一事，道：「惟余甚不主張遺老二字，

謂一人有一人自立之地位，老則老耳，何遺之有。」可謂平情之
論。新文化人硬給前輩扣上「遺老」名號，與之分道揚鑣，有其
特殊時代緣由。若後人繼續沿襲其論斷，則一誤再誤，難窺歷史
實相。此處想起北宋蘇東坡送給好友劉景文的一句詩：「荷盡已
無擎雨蓋，菊殘猶有傲霜枝。」無論如何，二十世紀上半葉的學
術乃循清代而來，故無老輩焉有新人？知此理，願今後世間對這
批易代之際的學人，能多持一分同情之理解。

閒話用典

　　古人撰文吟詩，喜用典故。南朝梁代學人劉勰在其《文心雕龍》中如此解釋「用典」：「據事以類義，援古以證今」。即借古比今，以古證今，借古抒懷，古今交融。用典既要師其意，尚須能於故中求新，更須能令如己出，而不露痕跡，誠如禪語所喻「水中著鹽，飲水乃知鹽味」，方為佳作。民初以降，白話文風靡，古文漸趨式微，故用典之法，被傅斯年等新文化人視為「後世作家繼承古風，用上古典故喻今事，用詞浮誇籠統，遂形成不敢直言，多賴曲筆的惡習」，隨之成為明日黃花。然時人尚有用典之習，不妨閒擇幾例，體會其中之妙趣。

　　作為漢學殿軍，章太炎自然諳熟古文路數，用典之法頗為嫻熟，有時甚至妙施「暗典」，於字面上窺不出絲毫用典痕跡，須詳加玩味，方能領會個中三昧。章氏寫得一手好字，且極少贈人，故大多數人是千金難換其一字。有人軟磨硬泡以求索其墨蹟，結果則被章老爺子好生戲弄一番。曾有一個姓王的暴發戶，附庸風雅，求章為其題字，章自然置之不理。但這暴發戶仍不死心，願出高價託人代為說情，章太炎實在是不耐煩了，又鄙夷其為人，於是大筆一揮，寫下一聯：

　　一二三四五六七，孝悌忠信禮義廉

　　暴發戶拿到章老爺子的親筆聯語，甚是得意，馬上命人將對聯懸於高堂，逢人便講：「這可是國學大師章太炎為我題的字！」一天，有一位明眼人含笑對暴發戶說：「寫倒寫得很好，

可惜上聯忘八，下聯無恥，似乎有點取笑傷人之意。大概意思就是說『王八，無恥也！』」暴發戶聽後，頓時明白此聯居然暗藏玄機，氣得七竅生煙，羞愧萬分。

老師頻頻用典，弟子往往爭相效仿。民初章氏大鬧總統府，惹惱袁世凱，終被其囚禁於京郊龍泉寺內。章一怒之下，宣佈絕食。麵不吃，米不進，飯不思，茶不想，其身體當然一天比一天羸弱，精神一天比一天衰減，這不僅使袁世凱大傷腦筋，也令章太炎的諸位高足弟子心焦不已，他們千方百計設法使章太炎改變死志，立即進食。得知章太炎絕食的消息後，章的舊友馬敘倫，弟子吳承仕、錢玄同等人急忙前去看望。從早到晚，弟子們一直勸先生進食。章太炎只是躺在床上，兩眼翻白，一味搖頭。無可奈何之下，吳承仕忽想起三國裡的故事，便問：「先生，你比禰衡如何？」

章太炎兩眼一瞪，說：「禰衡怎麼能跟我比？」吳承仕忙說：「劉表要殺禰衡，自己不願戴殺戮國士之惡名，而借黃祖之手。現在袁世凱比劉表高明多了，他不用勞駕黃祖這樣的角色，叫先生自己殺自己！」

「什麼話！」

章太炎聽到此處，翻身跳下床來。弟子們趕緊端出早已做好的荷包蛋，請老師吃了下去。章太炎就此停止絕食。吳承仕套用三國中「禰衡擊鼓罵曹」的故事，是謂「明典」，令人一望即知其用典出自何處。此典妙就妙在明為比喻，實為激將，讓章氏忽然明白自己比三國之禰衡更為清狂，也更加睿智，豈能重蹈當年狂徒悲劇？

以古人喻今人，在彼時仍頗流行。如張之洞逝後，曾同這位晚清大吏相伴了二十多個春秋，可謂感情甚篤，且對張之為人亦

知之甚深的辜鴻銘，特意送了這樣一幅輓聯到靈堂：

> 邪說誣民，孫卿子勸學崇儒以保名教；
> 中原多故，武鄉侯鞠躬盡瘁獨矢孤忠。

孫卿子即戰國大儒荀子，武鄉侯指後蜀名相諸葛亮。荀子之學說大醇小疵，諸葛亮之抱負壯志未酬，辜將張之洞比作荀子、諸葛亮，可見他準確地把握住了張的學問功過，實在是不刊之論。對於辜鴻銘這樣的蓋棺定論，張之洞若靈下有知，真不知會作何感想。

除卻明暗兩種用典，尚有「翻典」一說，即反用以前之典故，使產生意外之效果。此種案例在民國似不多見，黃侃倒是用過一次，被「黑」之對象，仍是胡適。胡一生著述頗豐，洋洋數千萬言，學界中人十分佩服。但他也有一個缺點，就是許多有代表性的著作都沒有寫完。《中國哲學史大綱》、《白話文學史》等都只有上半部，沒有下半部。原因之一是太忙，二是興趣太多太雜。黃氏常以此詬病胡適，有人還呼他為「上卷博士」。黃還曾拿此事在課堂上當作笑料。他對在座的學生說：「昔謝靈運為祕書監，今胡適可謂著作監矣。」學生問其原因。黃道：「監者，太監也；太監者，下邊沒有了也。」以一官職暗諷他人學問氾濫無歸，一語雙關，且可偷樑換柱，黃氏此典用得雖過於戲謔，倒也精彩巧妙，不失為一神來之筆也。

同是章門弟子，錢玄同則對二千年的舊文學進行了無情批判。尤其是對興起於清中期的文學流派「桐城派」（該派代表人物行文皆喜用典故，講究義法格律），錢氏將其歸結為八個字：「選學妖孽，桐城謬種」。他認為這種糟粕被歷代民賊文妖們所

利用，成為他們愚民的工具。既然其已腐壞如此，無藥可救，那就應當「要用質樸的文章，去剷除階級制度裡的野蠻款式；正是要用老實的文章，去表明文章是人人會做的，做文章是直寫自己腦筋裡的思想，或直抒外面的事物，並沒有什麼一定的格式。對於那些腐臭的舊文學，應該極端驅除，淘汰淨盡，才能使新基礎穩固。」經過百年歲月淘洗，國人行文果然變得質樸、老實，只是似總缺了那麼一點點雅意與趣味。想想終日靠閱讀「內涵段子」、看「抖音」、「快手」打發時光的大眾，我們對傳統古文的驅除與淘汰，會不會也存在潑洗澡水時將小孩一起倒掉的問題？

學人詩趣

　　傳統學術乃一整體系統，故而古之學人除遍曉諸經外，尚需吟風弄墨，達至詩書雙絕。清末以來，隨著科舉之廢除，往昔憑依制度優勢維持的傳統學術趨於邊緣，士紳階層終漸潰滅，賦詩不再是時尚。然民初仍不乏學者作詩唱和，趣意盎然。

　　當年章太炎初出茅廬，擔任多家報刊編輯，但由於種種原因，未能充分施展其才情與思想。直到1903年，章主筆《蘇報》，一改該報以往保守立場，大張旗鼓地宣傳革命主張。在一篇文章中，章氏以詞牌的形式對慈禧太后奢華鋪張的壽典進行冷嘲熱諷：「今日到南苑，明日到北海，何日再到古長安？歎黎民膏血全枯，只為一人歌慶有；五十割琉球，六十割臺灣，而今又割東三省，痛赤縣邦圻益蹙，每逢萬歲祝疆無。」

　　辛亥後，雖已從政壇隱退，但章依然關注政局民生，一有機會便抨擊時弊。1925年3月，孫中山病逝，靈柩運到南京。在中山陵舉行奉安大典時，章專程來到南京弔唁。想起沿途所見所聞，他深感許多革命黨人已腐化變質，心中很是氣憤。章是革命元勳，達官貴人們自要設宴為他接風洗塵。席間，有人附庸風雅，請他題字留念。他有感而發，揮筆寫下對聯一副：

　　　諸君鼠竊狗跳，斯君痛哭；此地龍盤虎踞，古之虛言。

　　眾人見了，面面相覷，但礙於章的元老身分，又不能發作，只好任憑章太炎數落了。

　　其師之詩文風骨崢嶸，自成一體，徒弟也不遑多讓。在中

央大學任教時，黃侃同時在金陵大學兼課。金大農學院長某君，剛從美國獲農學博士頭銜歸來，炫耀不可一世。一日，他忽來雅興，宣佈在大禮堂公開表演「新法閹豬」。海報張貼出來，大肆宣揚，轟動全校。到那天，前去圍觀的學生特別多。黃碰巧當天也有課，他走進教室，發現只剩下稀稀拉拉幾個人，知道學生都被「洋博士」吸引去了，便說：「今天上座不佳，大家是不是去湊一下熱鬧？」剩下的同學欣喜萬分，都高興得要往外走。黃平生對「假洋鬼子」教授素來瞧不起，這回「新法閹豬」的宣傳，使他也起了懷疑，便道：「好！咱們也一起瞧去！」

誰知道進大禮堂一看，一隻活生生的豬，被緊縛在手術架上，肚破腔開。這位院長因所學的洋玩意兒不到家，手忙腳亂，卻始終找不到豬卵巢的部位。閹豬變成了宰豬，旁觀者笑成一片。黃侃看在眼裡，笑在心上。回到課堂上，他即興填了一首詞：大好時光，莘莘學子，結伴來都。佳迅竟傳，海報貼出；明朝院長表現閹豬。農家二兒牽其一，捆縛按倒階除。瞧院長，捲袖操刀，試試功夫。渺渺卵巢知何處？望左邊不見，在右邊乎？白刃再下，怎奈它一命嗚呼？看起來，這博士，不如生屠。

這闋詞嬉笑怒罵，滑稽至極。全校爭相傳誦，讀者無不捧腹。這位當眾出醜的院長，自然耳聞，羞愧難當，只好悄悄辭職而去。

章氏另一得意門生錢玄同曾認為中年以上的人趨於固執和專制，因此憤言：「人到四十就該死，不死也該槍斃。」胡適聞後，就開玩笑說：「好！等你到了四十歲，我就送你一首詩，叫做手槍。」果不其然，胡適後來真的作了一首「亡友錢玄同先生成仁周年紀念歌」，寫在寄給錢的信中，其中有這麼幾句堪稱戲謔至極：「該死的錢玄同，怎會至今未死！一生專殺古人，去年

輪著自己。可惜刀子不快，又嫌投水可恥，這樣那樣遲疑，過了九月十二。可惜我不在場，不能來監斬你！回家挖下一坑，好好睡在裡面。用草蓋在身上，腳前點燈一盞，草上再撒把米，瞞得閻王鬼判，瞞得四方學者，哀悼成仁大典。」

眼瞅錢氏看似無聊的舉止，身為同門的魯迅自然感觸極深。魯迅不久寫下諷刺錢玄同的詩一首：

做法不自斃，悠然過四十。何妨賭肥頭，抵擋辯證法。

上句諷刺錢玄同自身已經固步自封，哪有資格說別人因循守舊？下句則是警告錢玄同，馬克思主義必當成為日後中國的主流理論，這並不是你一兩個錢玄同所能抵擋得了的！也就從此刻起，昔日的戰友澈底轉化為敵人了！

若說到寫詩，自然不能落下第一打油詩高手劉半農。雖整日舞風弄月，但對於那些苟且偷生、尸位素餐的無恥之輩，劉亦絕不放過，痛罵戴季陶便是最好一例。1934年4月11月，考試院院長戴傳賢（即戴季陶）從西安發出致中央研究院蔡元培等人的通電云：「為保護古墓古跡，培植國民道德，請一致禁止學術團體隨處發掘，以免破壞民族歷史云」。值得玩味之處在於，「蔡院長」排在電報的第一位，其次才是行政院長汪精衛，教育部長王世杰等人，這明顯是對蔡元培的「罵山門」。戴傳賢反對考古家發掘古墓，雖也反對私人掘古墓，但後者只是陪襯。

一周後，蔡元培發表〈致戴傳賢〉的公開信，指出了學術機關考古發掘的實況及其對民族歷史的貢獻，並指出古墓古跡的破壞，主要由於中外古玩商人與地痞土劣的操縱，以及地方機關的睹通契合。對戴氏的禁止發掘古墓，認為「當出之以慎重。」行

政院最終的議決案，還是依了蔡先生，宣告戴傳賢的挑戰失敗。

劉半農恰是考古學術機關成員之一，加之個人與蔡元培私交甚篤。無論如何，劉都要說幾句公道話，替蔡院長助陣。於是揮筆寫成〈月旦精華——南無阿彌陀佛戴傳賢〉一文。此文一開頭，劉半農即寫諷刺詩道：

> 赫赫院長，婆盧羯帝！胡說亂道，上天下地！
>
> 瘋頭瘋鬧，不可一世！那顧旁人，皺眉歎氣！
>
> 南無古老世尊戴傳賢菩薩！
>
> 南無不慚世尊戴傳賢菩薩！
>
> 南無寶貝世尊戴傳賢菩薩！

一看就明白，戴傳賢平常不務正業，只醉心於念佛。劉半農的詩，非無源之水。戴就任考試院院長後，把南京雞鳴山下的一座關帝廟改作了「考試廟」。廟門口站崗的士兵，身上穿的是二十世紀的軍裝，佩的卻是同孔夫子時代一樣風格寶劍。廟門是藍色的，木製的門匾和楹聯，上面刻著斗大的或碗般大的白色字，即戴院長自己的詩句和墨寶。院長辦公室旁，設有精緻佛堂一座。院長偶然到院，即入佛堂禮佛。院長曾在廟中招待中外和尚，令所屬職員以鞠躬謁見諸和尚。這哪是考試廟，活脫脫一個和尚廟！劉詩對戴氏此種做派之描繪，可謂入木三分。

宋儒黃庭堅於〈東坡先生真贊〉曾云：「東坡之酒，赤壁之笛，嬉笑怒罵，皆成文章」。仔細尋味，嬉笑含趣味，文章有關懷，如此一來，不拘形式然妙文已天成也。

文人的面子

　　研究或關注西南聯大這段歷史之人，大都知道劉文典講《莊子》的掌故。「《莊子》我是不太懂的！」在西南聯大的課堂上，劉最喜以此句作為「《莊子》研究」課程的開場白。說得台下的學生一愣一愣的，心想這個其貌不揚的教授還挺謙虛的啊，然而沒料到，他緊接著又補了一句：「那也沒有人懂！」劉之所以有這樣的膽識，是因為就連被學術界公認的大家陳寅恪，都不止一次肯定他在《莊子》研究方面的成就。

　　劉氏這般狂傲，自有其理由。古來中國讀書人皆講求傲岸於世，超凡脫俗，惟其滿腹經綸，方可不依附權勢。民國以降，知識階層之誕生，又汲取西方知識份子傳統中自由獨立之精神，故清高自許當中不免暗含一絲傲氣。此傲氣在不少學者身上，甚或體現得極為明顯。青年錢鍾書四顧清華諸人，曾擱下一句狠話：「整個清華沒有一個教授有資格充當錢某人的導師」。後來任教西南聯大，不及半載便負氣離職。究其原因，其性格孤傲似頗為關鍵。傳聞錢在聯大冷嘲熱諷，罵遍周遭同儕，「西南聯大的外文系根本不行；葉公超太懶，吳宓太笨，陳福田太俗」。

　　學界大老豈能容忍後輩如此對己肆意臧否、指手畫腳？故系主任陳福田不給予錢氏續聘，實在情理之中。

　　年少未免輕狂，才高易於自負，這屬於學術人生必履之階，本不必多費口舌與筆墨訾議。然怕只怕人到中年或暮年卻依然傲氣十足。1948年，已年屆55歲的顧頡剛給妻子的信中寫道：

　　「好大喜功，乃是生命力充足的表現，天下的大事業哪一件不是由好大喜功的人擔當起來而獲致的成功」，雖然恩師胡適

屢次批評其「為人太傲」，顧氏不以為忤，反以為喜，「我自己知道，我是一個外和而內傲的人，我決不能向人屈服，我有獨立自由的精神，願用十分的努力作獨立自由的發展，我決不想沾人一分光，決不想不勞而獲，便是傲的原因。傲和驕不同，驕是自己滿足，看不起人家；傲是仗著自己的力量而工作，不依傍人家，不在痛苦時向人家乞憐」。由是觀之，顧氏心中之傲，卻也有其值得欽佩之處。這亦是彼時學者之常情。如余英時先生回憶乃師錢穆，「我跟錢先生熟了以後，真可以說是不拘形跡，無話不談，甚至彼此偶而幽默一下也是有的。但是他的尊嚴永遠是在那裡的，使你不可能有一分鐘忘記。但這絕不是老師的架子，絕不是知識學問的傲慢，更不是世俗的矜持。他一切都是自自然然的，但這是經過人文教養浸潤以後的那種自然。我想這也許便是中國傳統語言所謂的『道尊』，或現代西方人所說的『人格尊嚴』。傲氣與傲骨之所以長存，正是因自尊的強力支撐。

　　傲骨自然難得，只是傲與驕的差異往往一線間，稍不留意，便滑向另一自大自負的軌道。康有為自封『聖人』，號稱『吾學三十歲已成，此後不復有進，亦不必求進』。唐德剛從康氏之『傲』中窺出了中國知識份子的軟肋，乍聞之下，我們會覺得康有為害了自大狂。其實非也。這是我國傳統知識份子的通病。傳統儒生治學有了自信心，往往就有『以天下為己任』的自大心理──一種捨我其誰的個人英雄主義。我們中國知識份子幾乎全是個人英雄的『單幹戶』和『個體戶』。他們真要『大位』，中了頭獎，當了『總統』、『主席』、『大元帥』、『最高領導』等等，未有不是『獨夫』的。得不了獎，齎志以歿的，也不甘心與草木同朽。他們還是要以『帝王師』自詡。大家都有『捨我其誰』的抱負，誰也不會想到『以天下為公任』」。唐氏這段評論

不免有些過頭，卻也道出知識階層自負之因，終日自視甚高，架子擺得這麼大，腦袋仰得那般高，又有幾人真能謙虛下來？宋人曾鞏批評王安石「勇於有為而吝於改過」，其實更是自古讀書人之流行病。

不過若無真才實學，知識份子心中所憑依的傲氣，又會如同阿Q式的精神勝利法一樣，看似銅牆鐵壁，實則在現實衝擊下，極易淪陷為不堪一擊的「馬其諾防線」，滑入卑懦的谷底。魯迅在家鄉紹興照相館的《二我圖》及《求己圖》裡，悟到了讀書人高傲與卑懦的兩面性：「兩個自己即或如賓主，或如主僕，名曰《二我圖》。但設若一個自己傲然地坐著，一個自己卑劣可憐地，向了坐著的那一個自己跪著的時候，名色便又兩樣了：《求己圖》……凡是人主，也容易變成奴隸，因為他一面既承認可做主人，一面就當然承認可做奴隸，所以威力一墜，就死心塌地，俯首貼耳於新主人之前了。」

故而過傲常心浮，心浮則滋生氣躁，於是一旦遭遇挫折，讀書人便出現傲卑之間的左右搖擺。季羨林先生曾道：「中國知識份子也是極難對付的傢伙。他們的感情細膩、敏銳、脆弱、隱晦。他們學富五車，胸羅萬象。有的或有時自高自大，自以為『老子天下第一』；有的或有時卻又患了佛洛伊德講的那一種『自卑情結』。他們一方面吹噓想『通古今之變，究天人之際』，氣魄貫長虹，浩氣盈宇宙。有時卻又為芝麻綠豆大的一點小事而長吁短歎，甚至輕生，『自絕於人民』。」因此不少曾傲骨嶙峋的知識人驟然丟失節操，做出不堪之舉，亦非不能理解。

由於掌握較多的知識資本且一直處於社會階層的中上端，所以知識份子心生傲氣卻屬常情。物極必反，驕傲太盛，又會跌入

卑懦之地。魯迅於晚年曾反思自身，「我倘能力所及，決不肯使自己發狂，實未發狂而有人硬說我有神經病，那自然無法可想。性急就容易發脾氣，最好要酌減急的角度，否則防自己吃虧」。可見學會謙遜與包容，是每位知識人的必修課，畢竟這不僅是一項修養，更是一種境界。

「學閥」的詭異演變史

　　1928年11月29日午後，天色陰沉，安徽省安慶市，一件驚天動地的好戲即將上演。國民政府主席蔣介石正赴此處視察，這時蔣剛把黨政軍大權一併緊握手中，位高權重，好不風光。一路上「歡迎領袖」之聲不絕於耳，蔣自然聽在耳中，爽在心頭。不過，甫至安徽大學，一件頗為棘手的案子便擺在他面前。幾天前有學生跑到隔壁的安徽省立第一中學鬧事，動靜頗大。蔣立即召見代行校長職權的劉文典問話，並責令他儘快懲處肇事學生。

　　來到蔣的跟前，劉連聲「主席」都不願喊，反而神情不屑地答道：「此事內容複雜，尚有黑幕，在事情尚未調查清楚之前，我不能嚴懲肇事學生。」蔣聽後勃然大怒：「你這新學閥橫行，不對你撤職查辦，對不起總理在天之靈！」

　　眼瞅蔣扯起總理大旗來壓自己，「老革命」出身的劉亦火冒三丈，只見其「嗖」地站起身來，從容應答：「提起總理，我和他在東京鬧革命時，還不曉得你的名字呢。青年學生雖說風華正茂，但不等於理性成熟，些微細事，不要用小題目做大文章。如果說我是新學閥的話，那你就一定是新軍閥！」

　　身為黨國領袖的蔣介石平日裡都是前呼後擁、萬人追捧，哪裡聽過這麼刺耳的聲音，自然怒不可遏，猛地站了起來，用力拍了一下桌子，指著劉文典的鼻子大吼：「瘋子！瘋子！給我押下去！」半年後，劉文典恢復自由身，一場風波，總算了結。

　　對於熟諳民國掌故的人而言，此段趣聞自耳熟能詳，了然於胸。除卻劉之魏晉風度讓人嘆服，其同蔣介石之互相稱謂頗有耐人尋味之處。蔣喊劉為「學閥」，劉回敬了一個「軍閥」，毫無

疑問，此二詞滿帶火藥味，皆非褒揚。然誰曾知曉，「學閥」與「軍閥」似並不是中國製造。

近代意義上之「軍閥」一詞，由日本輸入。據康有為的學生任啟聖記載：「某年徐勤在滬請天遊同學三數人晚餐，余亦在座。余偶提軍閥二字，徐高聲說『軍閥』二字，由梁任公翻譯而來。日本軍人可稱閥，概皆幕府子弟。若中國軍人都是窮光蛋，何閥之有？只可稱軍人，不能稱軍閥也。」與之相類，「學閥」亦是從近鄰轉借（另有人認為「學閥」一詞源於毛澤東。毛少年時在舊私塾裡讀書，無意中從一本東漢語言學家的著作裡發現該詞，毛當時非常厭惡私塾教育，故用此詞來抨擊教書先生，稱他們是收錢賣知識）。在日語中，所謂「學閥」，指在特定的職業或組織中，由某個高校畢業的學生所形成的固定勢力，或在某個地區或職業上影響力較大的學校所形成壟斷性的力量，詞義大體屬於中性。恰如古語所云「橘生淮南謂之橘，生於淮北則為枳」，一旦來到世變日亟的中國，學閥也逐漸變換了內涵。

「學閥」自與學派有關。古時治學，往往因人成派，故開山祖師或集大成者被譽之為「宗主」或「重鎮」。若想登此高位，學人至少須有三把刷子：其一得寫出幾本於學界普遍認可的佳作，其二要善於培養弟子並形成獨樹一幟的學派，其三當跨出學界具有一定社會影響力。照此看來，傳統「學閥」如無一定手腕甚或霹靂手段，頗難成勢。此一情形，在五四新一代知識人眼中，則淪為阻礙學術發展之毒瘤。傅斯年就指出，「中國學人，不認個性之存在，而以為人奴隸為其神聖之天職」，因此教育崩潰要因之一，即「一切學問文章經濟皆是八股」，「學校辦得越多，社會上寄生蟲越多」。破舊方能立新，故新文化人極力將各路學術耆老攆出主流學術圈，便顯得合情入理。

　　雖說胡適、傅斯年諸人對前輩「學閥」之批判時常逾出學術話語，略帶人身攻擊意味，但畢竟僅止於口誅筆伐而已。若政治力量也拿「學閥」一詞說事，則往往會採用真刀真槍，奪人性命。北伐期間，章太炎屢屢發表與國民黨相左之言論，上海黨部於是呈請中央「通緝著名學閥」章炳麟，理由乃「近來該學閥等不僅不知斂跡，且活動甚力；顯係意圖乘機反動，殊屬藐視法紀」。此處之「學閥」，已脫離學壇霸主的內涵，儼然是「反動學術頭子」之代名詞。好在章適時而退，躲過性命之虞。而列名第二「學閥」的張君勱，卻逆風而上，終遭囚禁，致腿部受傷，落下終身殘疾。

　　當然，同一個詞語，在不同人口中，於不同的情境下，會被賦予不同之意涵。曾經激烈批判傳統「學閥」的胡適，卻立志要做一名新「學閥」。1921年，胡適就在北京大學的開學典禮上對學生們坦言：「人家罵我們是學閥，其實『學閥』有何妨。不要因為人家稱我們為學閥便不高興，否則倒真是名實未虧而喜怒為用了。我們應該努力做學閥，學閥之中還要有一個最高的學閥。」此處之「學閥」，指因學問博通精深而躍升為學界大老，頗有點褒義色彩。胡適如此解讀，實將其創立學術典範、領袖民國學壇之抱負展露無遺。

　　不過胡之秉性尚算斯文，故霸氣著實不足。真正具備「學閥」氣質與能力者，非胡弟子傅斯年莫屬。傅曾對友人講：「天下事是傻子幹出來的！」換言之，夠格的「學閥」，必須用近乎霸蠻的方式，推動學術事業的發展，並且犧牲自己的時間、精力，去成就他人。如其主政史語所時，見到董作賓在《殷曆譜》之進展，一面暗喜，一面又設問題刁難，故意挑刺，讓大家都得到一種學問的刺激與興味。又如看到陳寅恪的論著中發現李唐祖

先非漢族血統，他覺得是一個大創獲，為之狂喜，認為足以解消抗戰之煩悶等。同時，但凡遇到與自己理念不符之事，傅總會像緊繃的彈簧，跳出來與人爭論。抗戰勝利後，傅代管北大，堅持不要接收「偽學生」、「偽教授」，逼得他們灰頭土臉，搞得金文學家容庚慨歎「公嘗自負為『喑嗚叱吒，千人皆廢』之西楚霸王。庚辱知交十餘年，未嘗不冀公能變化氣質，為『豁達大度，善於將將』之漢高祖。」將傅比作項羽，此喻確把其「學閥」範兒刻畫得極為傳神。

然而「學閥」也終將步入黃昏。1934年，北大學生因對學校不滿，集體圍在紅樓反映訴求。恰這時胡適路過，有人舉手大喊：「打倒胡適！」胡適大聲應道：「不怕！」繼續向樓裡走去。學生又喊：「打倒學閥胡適！」胡適再回聲道：「你們不配！」怒沖沖地進了辦公室。

可見，胡適辛辛苦苦改造的「學閥」一詞，終究正能量耗盡，逃不過負面化之結局。令人百思不得其解的是，往昔打倒傳統「學閥」之主將們，為何一步步變成了當初自己最厭惡的那類人？抑或他們本來就想做新一代的「學閥」？時耶？命耶？

後跋
略談當代中國知識份子的困境

> 我不願把我與這個充滿行動的世界隔開，不願把一棵橡樹
> 栽在花盆裡，讓它在那兒挨餓、憔悴。
> 知識份子不是獨立於世的，他是現今這個靈魂萎靡的隊伍
> 裡，一個執旗的人。

這是美國著名思想家拉爾夫・瓦爾多・愛默生的名句，其言說的物件即為知識份子。提到知識份子，人們便會有成千上萬種的理解與定義，堪稱言人人殊，難有定論。不過想必有兩個特徵應是大家的共識：作為一名知識份子，他必須既有知識又有關懷。申言之，他一方面必須以接續和創造某種規範性、學術性的知識體系為其畢生安身立命之所；另一方面，他又必須將參與世事，批判社會視為吾輩義不容辭之責。只有專業知識，無公共參與，他不能成其為知識份子；同樣，只有公共參與，而無專業知識，亦不能成其為知識份子。若套用愛默生這句充滿文學色彩的話，知識份子必須手執兩桿旗幟：一桿是知識，一桿是關懷，他須是知識與關懷的有機結合，二者缺一不可。

依此回望當今中國的知識份子，不禁讓人心生喟然。自市場經濟大潮勃興以來，面對商業主義氾濫、評價機制嚴苛、大眾文化突起等一輪輪的「驚濤拍岸」，知識份子們頓時發覺：自己已從昔日熱血滿腔的英雄降格為冷眼觀世的看客，「吾曹不出，如蒼生何」的擔當精神日漸消逝，「百無一用是書生」的困窘感卻

愈見清晰。

（一）

　　毋庸置疑，知識份子須以學問為志業。然而，當中國社會進入轉型期後，專業研究的細碎化、評價機制的標準化和腦體倒掛的日趨嚴重，使得知識份子們陷入尷尬的困境之中。

　　現代學術研究的一大特徵便是高度專業化。學者們各自「占山為王」，專攻一隅，這客觀上確利於研究的深化，但其負面效果亦甚明顯。學者們如同一個個活在象牙塔中的工匠，其技藝日益高超，其作品精細無比，但卻缺乏宏大的氣象與現實的關懷。以筆者較為熟悉的晚清史研究為例，學者們的著眼點越來越小、探討的問題越來越細。每逢召開學術研討會，大家多是各說各話，旁人幾乎無從評點，結果便是壁壘自立，難有共鳴。長此以往，恰如齊格蒙·鮑曼所講的那樣：「局部性的知識份子愈成功，其封閉孤立的專業領域就愈受文化精英階層的歡迎，對後者就愈具有吸引力，就會有源源不斷的新的參與者。」大家紛紛「躲進小樓成一統」，身上的匠氣愈來愈重。

　　當然，唯有從事專業研究，才能應對標準化的評價機制。學術評價趨於量化，這已是當前高校及科研機構不爭的事實。特別是對於中青年學者而言，若不能在一定時間內獲得一定級別的課題項目，完成一定數量的學術論著，那自己勢必與職稱晉升、薪金增加、榮譽稱號無緣。既然冷酷的評價機制看重的是數量而非品質，在乎的是結果而非內容，那學者們只能在各自領域絞盡腦汁，深挖細鑿，盡力在短期內多出成果。學人黃侃潛心學術，曾聲稱「五十歲前不著書」。每出一言，每撰一文，必須慎之又慎，若是輕下結論，暴露自己學問不扎實之事小，而誤導後輩學

子盲從之事大。況且文章一經發表，其水準高下自然盡收於同行眼底，優劣得失判然分明。而其中之敗筆、硬傷更會讓他人記於心間。故就學術研究而言，量化標準絕非福音，學者切勿任其牽著鼻子走。

（二）

據社會學學者鄭也夫先生研究，中國大陸建國後，腦力勞動者與體力勞動者之間的收入差距日益縮小，而改革開放以來，腦體倒掛現象則漸趨明顯。特別是文史哲類的學者，從昔日萬眾矚目的天之驕子陡然滑落到如今少人問津的普通教書匠。一個名牌高校教師的收入，尚不及一般私企的普通員工，如此判若天壤的巨大反差，誘使他們從一個極端倒向另一個極端。要麼進入行政管理層，通過行政權力來牟取學術資源，近年來高校學術腐敗案頻發，或正肇因於此；要麼放下身段，為稻粱謀，與媒體合作，投身通俗寫作。他們成為明星學者或暢銷作家的代價，便是自身學問的荒疏。

由上可知，當代中國知識份子的學院化生存狀態並不理想。這種學術不僅與社會現實關聯不大，也與文化的積累、傳承與發展風馬牛不相及，其存在的意義已漸漸蛻變為打著學術的幌子去達到一個非學術的世俗目的。就此而言，這既是學術之不幸，更是知識份子們的悲哀。

（三）

專業領域的困境進而會引發知識份子們在公共參與上的窘迫。「先天下之憂而憂」歷來是中國知識份子們夢寐以求、矢志不渝的至高理想。尤其是目前處於轉型期的中國社會，各種問題

叢生，諸多矛盾凸顯，因而知識份子們胸中往往有批評乃至參與公共事務的強烈衝動。然而一旦進入到言說或行動層面，他們又常常感到心虛氣短、力不能及。究其原因，無非兩條。一是專業研究的過於細化，學者往往對本領域之外的問題瞭解甚少，知識儲備不足自然使得他們對自己的發言能力有所顧慮，同時公眾也會質疑憑什麼讓一個外行來講房價、談醫改、論時政，這不是「狗拿耗子，多管閒事嗎？」他們到底有沒有這個資格？二是市場經濟地位的確立，要求任何價值的判斷都須經過市場現實利益的估量，人文知識份子往往並不直接創造看得見、摸得著的財富，因而他們的權威性和話語權便由此受到商業主義的嚴重挑戰。正如陳平原先生所言，「1992年很可能是中國文化發展的重要轉折關頭。這一年，早已醞釀、積蓄多年的商品經濟大潮，終於得到官方意識形態的認可。此後，文化菁英們所主要面對的，已經由政治權威轉為市場規律。對他們來說，或許從來沒有像今天這樣感覺到金錢的巨大壓力，也從沒有像今天這樣意識到自身的無足輕重。」

（四）

那當下中國的知識份子們對於公共事務，到底「說」還是「不說」，「做」還是「不做」？答案自然是肯定的。

首先，雖然對於非本專業領域的問題涉獵不深，但他們畢竟接受了十多年甚或數十年的系統學術訓練，其觀察問題的方法、思考問題的邏輯、判斷問題的路徑，都是非常科學、專業的，而且具有普適性。所以知識份子們完全有能力與資格對專業之外的問題發表意見。同時為了保證知識份子的權威，還可以採取一種「公共問題專業化」的折衷思路。即對於某一公共

社會話題，知識份子可僅從專業的角度予以解釋點評，這樣既維護了知識份子的個人學術形象，同時也參與了公共事務的討論，可謂一舉兩得。

其次，知識份子參與公共事務，更是其自身角色的內在要求。一個社會的正義和良知的標準應該由知識份子提出，知識份子也應該是社會正義和良知的踐行者與捍衛者。知識份子在大是大非面前，必須要體現正義的立場，他們要敢於擔當大義。作為各個領域的專家，知識份子比常人更有能力將真相公布於眾，此時專業非但不是影響他們公共參與的障礙，反而成為一種必不可少的資格。薩特曾說：「一位原子能科學家在研究原子物理時不是個知識份子，但是，當他在反對核武器的抗議信上簽名時就是個知識份子。他說出了我們不甚瞭解的事情，即如果要成為一位知識份子，那就是要成為除了技術人員、專家，甚至科學家、學者或者藝術家以外的別的什麼人」。可見知識份子對於社會事務的責任何其重大。

（五）

身處社會轉型期的當今中國，知識份子們所面臨的困境與窘迫，所遭遇的誘惑與迷茫，都是躲不過、繞不開的。唯有認清自身的兩重屬性，扎根學術研究，參與公共事務，才能調整自我，擺脫尷尬境遇。

路漫漫其修遠兮，知識份子們仍需上下而求索……

史地傳記類　PC0787　讀歷史91

弦斷有誰聽：
二十世紀上半葉的學人、學術與學校

作　　者 / 王學斌
責任編輯 / 鄭夏華
圖文排版 / 林宛榆
封面設計 / 楊廣榕

發 行 人 / 宋政坤
法律顧問 / 毛國樑　律師
出版發行 / 秀威資訊科技股份有限公司
　　　　　114台北市內湖區瑞光路76巷65號1樓
　　　　　電話：+886-2-2796-3638　傳真：+886-2-2796-1377
　　　　　http://www.showwe.com.tw
劃撥帳號 / 19563868　戶名：秀威資訊科技股份有限公司
　　　　　讀者服務信箱：service@showwe.com.tw
展售門市 / 國家書店（松江門市）
　　　　　104台北市中山區松江路209號1樓
　　　　　電話：+886-2-2518-0207　傳真：+886-2-2518-0778
網路訂購 / 秀威網路書店：https://store.showwe.tw
　　　　　國家網路書店：https://www.govbooks.com.tw

2019年4月　BOD一版
定價：340元
版權所有　翻印必究
本書如有缺頁、破損或裝訂錯誤，請寄回更換

國家圖書館出版品預行編目

弦斷有誰聽：二十世紀上半葉的學人、學術與學校
  ╱王學斌著. -- 一版. -- 臺北市：秀威資訊科
技, 2019.04
    面； 公分. -- (史地傳記類；PC0787)(讀
歷史；91)
  BOD版
  ISBN 978-986-326-669-3(平裝)

  1.人物志 2.民國史

782.18   108002563

讀者回函卡

感謝您購買本書，為提升服務品質，請填妥以下資料，將讀者回函卡直接寄回或傳真本公司，收到您的寶貴意見後，我們會收藏記錄及檢討，謝謝！
如您需要了解本公司最新出版書目、購書優惠或企劃活動，歡迎您上網查詢或下載相關資料：http:// www.showwe.com.tw

您購買的書名：_____

出生日期：_____年_____月_____日

學歷：□高中 (含) 以下　　□大專　　□研究所 (含) 以上

職業：□製造業　□金融業　□資訊業　□軍警　□傳播業　□自由業
　　　□服務業　□公務員　□教職　　□學生　□家管　□其它_____

購書地點：□網路書店　□實體書店　□書展　□郵購　□贈閱　□其他

您從何得知本書的消息？

　□網路書店　□實體書店　□網路搜尋　□電子報　□書訊　□雜誌
　□傳播媒體　□親友推薦　□網站推薦　□部落格　□其他_____

您對本書的評價：(請填代號　1.非常滿意　2.滿意　3.尚可　4.再改進)

　封面設計____　版面編排____　內容____　文／譯筆____　價格____

讀完書後您覺得：

　□很有收穫　□有收穫　□收穫不多　□沒收穫

對我們的建議：_____

_____

_____

_____

11466
台北市內湖區瑞光路 76 巷 65 號 1 樓

秀威資訊科技股份有限公司　　　收

BOD 數位出版事業部

･･･

（請沿線對折寄回，謝謝！）

姓　　名：＿＿＿＿＿＿＿＿＿　　年齡：＿＿＿＿　　性別：□女　□男

郵遞區號：□□□□□

地　　址：＿＿＿＿＿＿＿＿＿＿＿＿＿＿＿＿＿＿＿＿＿＿＿

聯絡電話：(日) ＿＿＿＿＿＿＿＿＿　(夜) ＿＿＿＿＿＿＿＿＿

E-mail：＿＿＿＿＿＿＿＿＿＿＿＿＿＿＿＿＿＿＿＿＿